台湾“中研院”口述历史系列

万耀煌口述自传

国民党陆军二级上将亲述

万耀煌 口述
沈云龙等 访问
郭廷以 校阅

中国大百科全书出版社

图书在版编目（CIP）数据

万耀煌口述自传／万耀煌口述．—2版．—北京：中国大百科全书出版社，2016.1

ISBN 978-7-5000-9702-0

Ⅰ．①万… Ⅱ．①万… Ⅲ．①万耀煌（1891～1977）—自传 Ⅳ．①K825.2

中国版本图书馆CIP数据核字（2016）第003247号

策 划 人 郭银星
责任编辑 郭银星
封面设计 程 然
责任印制 魏 婷
出版发行 中国大百科全书出版社
地　　址 北京市阜成门北大街17号　　**邮政编码** 100037
电　　话 010-88390969
网　　址 http://www.ecph.com.cn
印　　刷 北京君升印刷有限公司
开　　本 787毫米×1092毫米　1/16
印　　张 24.75
字　　数 370千字
印　　次 2016年1月第2版　2016年1月第1次印刷
书　　号 ISBN 978-7-5000-9702-0
定　　价 49.00元

本书如有印装质量问题，可与出版社联系调换

万耀煌(1891~1977)

1936年与夫人摄于南京

同庚会会友

第二行右一万耀煌，右四熊斌；前排右一贺国光，左二张知本，左三狄膺；
第三行左一刘文岛(1951 年合影)

1961 年万耀煌接受口述自传访问

下图左起：郭廷以、万耀煌、沈云龙

出版说明

万耀煌（1891~1977），字武樵，湖北黄冈人。17 岁时投笔从戎，入湖北新军为“学兵”，后经武昌陆军第三中学，依军制保送保定陆军兵官学堂。未久，辛亥革命爆发，即由保定南下参战，是最早的革命军人。1911 年 6 月，兵官学堂更名为保定军官学校，万耀煌等被召回继续受教。1916 年考入保定陆军大学第五期，1919 年毕业。可以说，他是我国最早接受完整的新式陆军教育的军事专家之一。

毕业后，万耀煌从鄂军参加国民革命军，曾任夏斗寅部参谋长，转战两湖，历北伐、讨桂、讨唐、讨阎，至抗战诸役，以能征善战著称。由副师长、师长、军长、军团长，至上将，为国民党军中著名军事将领。抗日战争前后，曾担任陆军大学、中央军官学校和中央训练团教育长，为国民党军中很有声望的军事教育家。在抗战胜利后一段很短的时期内，担任过湖北省政府主席，但自判“无功可述”，因控制不了所谓的“民选”乱局，最终请辞。万耀煌一生多任军职，故终生以军功自诩。

《万耀煌口述自传》原名《万耀煌先生访问记录》，是台北“中央研究院”近代史研究所自 1961 年至 1965 年间，由沈云龙、贾廷诗、陈存恭等人先后访问40次，采录而成。近代史所所长郭廷以亲自校阅整理其口述记录稿。因万耀煌存有历年的日记，故这部口述自传资料更为详实具体，对于研究中国近现代历史，特别是军事史有重要的参考价值。

但万耀煌作为国民党正规军将领，始终追随蒋介石，坚持反共立场，其口述自传中难免历史叙述的个人偏见，对国民党军队多表同情、惋惜。在编辑过程中，我们对诬蔑性名词或称呼进行了中性处理，其叙述基调和整体内容保持原状。现将其列入我社“百科史学·口述自传丛书”，供国内近现代史专业读者和历史爱好者参考使用，望广大读者在阅读时注意以今天之历史高度予以辨别和评析，以批判的眼光认真鉴别，慎重对待作者的一些观点。

目录

原版前言

万先生耀煌，字武樵，原名奇，于民国纪元前二十一年（清光绪十七年辛卯，西元一八九一年）生于湖北黄冈。黄冈万氏，夙为簪缨巨族，诗礼名家，累代以科第显达，为世所称。先生十七岁，肄业武昌两湖师范附属小学，愤清政之不纲、外侮之侵凌，誓志投笔从戎，遂入湖北新军第二十一混成协四十一标三营前队为学兵，于军中集合同志，发起群治学社，即辛亥策动武昌起义之文学社的前身，盖先生固早具革命思想者也。

民国纪元前四年，先生被挑选入湖北陆军小学，未一年，即升入武昌陆军第三中学，历二载，卒业，依军制，须保送保定入伍生总队四个月，始得升陆军兵官学堂。先生至保定未久，而辛亥革命爆发，乃南下，先后供职沪、鄂军都督府。民国元年六月，北京政府陆军部改兵官学堂为保定军官学校，令召原肄业之入伍生及应届毕业之陆军中学生赴校报到，于是先生复北上入学，至民三以保定军校第一期卒业，分发湖北陆军第一师见习。民五，复考入陆军大学第五期，至民八完成学业。我国有数之军事耆宿，其能接受完整的新式陆军教育，先生实为其中之一人。

先生于肄业陆大期间，曾参预湖北“荆襄自主之役”，失败后随鄂军退入湖南，故与湘军亦具渊源。民十一，先生初任湘军宋鹤庚部参谋，继任留湘之鄂军夏斗寅部参谋长。民十五，鄂军参加国民革命军行列，于两湖战役，颇著功绩，旋调驻宜昌。翌年五月，以武汉国民政府与南京国民政府对立，乃力促夏斗寅率全军官佐通电并率师东下，时尚在何键部团长许克祥发动长沙“马日事件”之前数日，卒使宁汉分而复合。自是以后，于北伐、讨桂、讨唐、讨冯、讨阎、抗日诸役，靡不参预。先生综绾帅干，转战四方，由副师长、师长、军长、军团长积功至上将，抗战期间，先后担任陆军大学及中央军官学校教育长。胜利之初，出主湖北省政，嗣调职中央训练团教育长及战略顾问委员会委员。一九四九年来台以后，主持革命实践研究院凡四载，至一九五三年始奉令退役。是其一生经历，胥与大局动荡有关，宜为治民国史者所重视。

先生虽年逾七旬，而精神矍铄，记忆犹新，其手书日记，累数十年未辍，尤足珍贵。本所经于一九六一年三月三十日起，至一九六二年一月十九日止，计访问三十八次，继又于一九六五年七月七日至同月十四日，访问两次，前后共四十次。至于负责记录整理，第一次至第十五次为贾君廷诗；第十六次至第二十八次为周君道瞻；第二十九次至第三十八次为夏君沛然；第三十九次至第四十次为陈君存恭，总计达二十六万言，虽文字非出一手，而脉络仍力求分明，纵内容不无疏漏，而先生日记已全部借抄，自可相互参阅，藉明全豹，兹以校阅既竟，爰缀数言，以弁其端。

台湾“中央研究院”近代史所

口述历史组　谨识

小 引

我生于西历一八九一年，即逊清光绪十七年（辛卯），历经武昌起义、北伐、抗战、国共战争，凡参与此四役者多已逾古稀，我从十七岁时即参加革命至去岁退役垂五十四载。自学兵至上将退役，其间曾从事军事教育，亦曾承乏省政，虽一生戎马，献身于革命阵营，而实无何建树，言之殊多感喟。

近年养疴乡间，有时涉猎回忆录之类书籍，未尝不想效颦，可惜许多资料留在大陆，无从检阅，况年逾七旬，筋力已衰，手颤不便写字，因此迟迟难以下笔，今承贵所访问，拟就记忆所及，将前尘往事，一一从头叙述，烦请代为记录，以供贵所参考。

一、 家世渊源

我万氏祖先于明初自江西迁居湖北黄冈武湖之滨，子孙散处，累世簪缨，有清一代，自康熙三十七年至光绪二十九年，凡九科进士、四代翰林、三十六科举人，科名之盛，冠于本邑。高祖鼎琛公，嘉庆庚申翰林，官广东琼山、始兴、南雄、曲江知县，卒于护理韶州府任，享年仅四十余。曾祖裕沦公，监生、候选县丞。祖成镛公，邑庠生。父咸宾（晓村）公，少习书史，以诸生教读作幕，居家时少；性慷慨，济困扶危，不以贫而易志，晚岁多病，卒年五十四。母夏太夫人慈祥淑慧，著于乡里。育吾兄弟姊妹七人，三弟十余岁误于庸医夭逝，母伤痛逾恒，后卒于武昌，年六十有五。外祖父夏公耀奎，名进士，签分浙江候补知县（俗称虎头班，有缺即补），入民国后，曾任江西省长之戚扬即其门生。大舅父夏公福康，邑廪生。二舅父夏公寿康（仲膺）光绪壬寅进士，由庶常授编修，清末任湖北咨议局副议长，入民国后任肃政史及大总统府秘书长暨湖北省长等职。先兄毓崑，字玉拂，习法政，曾参加武昌首义，时任职于咨议局，后任国务院铨叙局主事、佥事，并历任河北深县、湖北汉阳、贵州黔西等县知事。湖北新提关监督，抗战时，病逝于重庆，年五十有九。

黄冈人稠地瘠，而文风甚盛，多向外发展，尤以出外教读或服官为当地之风气，我万氏家族历任仕宦，视读书为唯一之出路，鲜有涉足工商界者。祖先辈中著述颇丰，其中尤以叔曾祖裕沄（澍辰）公所著《周易变通解》及族高租希槐公所著《困学纪闻集证》等书为国学中之巨著；穷经研史，为士林所尊崇。上二书在前清时即有数种版本，在当时讲训诂词章之风很盛，两书尽收诸家疏注，加惠后学不浅。惜原书版本已散失，现正在台北设法重印，《周易变通解》已出版，由“中华”丛书委员会印行。

二、 童年教育

1. 私塾启蒙

我的世代家风，既如上述，故母亲对我们的童年教育，自必选择名师，以为将来取科名的基础，依吾乡当时风气，通常六七岁启蒙，至十岁读完四书五经，十几岁即能应试，武湖滨镇同族几每家均有考取秀才者。我幼时从族祖虎臣先生（贡生）开蒙，他对年长学生讲解及改文章已不暇给，对小学生甚为放任，有一年只读了一本诗经（呦呦鹿鸣），后来做八股文章只做到半篇，及至光绪二十七年（辛丑）废八股，考试策论，我们的先生更不知策论如何着手。次年（壬寅）余十二岁，始勉强读完五经，仅能做二三百字的文章，固然天资不太聪颖，名师过于放任亦误我不少。是年随族叔信民公赴武昌寓花园山，由他教读，在他悉心讲解下，我始获进益。

2. 初闻革命

族叔信民公又是我的姨丈，逊清秀才，做过江西横风县知县，其爱女嫁给陶希圣，我跟他在武昌读书时，族中叔伯兄弟在武汉教书任学者不少，每逢假期，时相众晤，适值光绪二十九年冬（癸卯）日俄战起，多谈时事，以故我对国家观念及满汉关系，多少有点认识。

信民公与李廉方先生（曾参加武昌首义，后任湖北教育厅长）友善，同寓花园山，常相过从，时日知会设在花园山下高家巷圣公会内，为革命机关（光绪三十一年冬成立），主其事者为潜江刘静庵先生（原名大雄，亦名贞一，又字敬庵），每周藉传教而宣扬革命排满；并分发《猛回头》、《警世钟》、《黄帝魂》等小册子，以鼓荡人心。该会设有书报社，购到新书新闻杂志甚伙，每日来阅览者踵趾不绝，并利用假日聚集同志，讲演时势，抉剔症结，声情激昂，咸为感悚。我以稚朴乡童甚为好奇，几于每次必参加听讲，对他们的学问及理论，心领神会，极为钦佩；彼等和蔼可亲，相处日暱，以后与该会会员沔阳张难先（义痴）、利川范腾霄（银槎）、荆门季雨霖（良轩）、黄冈熊十力（原名子贞）、吴贡三（名之铨）等都成了好朋友，遂对革命意义更了然于心。

3. 就学两湖师范附属小学

我在武昌从信民公读书时，堂兄荐湄以我仅读私塾，科学知识毫无，不足以应考；命先入贡院前初等小学就读，我因根基较厚且知用功，两月以后，功课突出人前，是年即考入两湖师范附属高等小学就读。时湖广总督张之洞（香涛），驻节武昌，提倡教育，巡抚端方（午桥）、知府梁鼎芬（节庵）兼两湖书院监督，秉承意旨，极力推行，故新式学校一时兴起。以武昌而论，有我就读之两湖师范附属高等小学（梁鼎芬兼任监督）及东、西、南、北、中五路高等小学（王世杰即北路高等小学毕业，刘宏烈为五路高等小学的监督）。中学有文普通中学、武普通中学、两湖师范、武昌府师范、汉黄德道师范及方言学堂（外文），稍后之存古学堂等。当时小学毕业相当于秀才，中学、师范毕业相当于举人。张之洞为模仿西方科学技术而开兴学风气，湖北之新式教育遂甲于全国，以后文武学堂的学生多革命分子，尤以湖北为最，此岂是兴学者的初衷！

是时中学及师范之课程以经义为主，科学为辅，亦即张之洞"中学为体、西学为用"之实践，高等小学毕业后偏重职业教育，故进一步创设许多专科如：矿业、铁路、理化、农务、兵工、方言、测绘及优级师范等学校。学生都是高等小学毕业，教员都是由东西洋留学归国的专家、学者，学养很好，以后建国人才，都出于此。

按照规定，高等小学以上学生，所有衣、食、住、书籍文具，概由学堂供给。两湖师范附小全校学生一百二十人，宿舍六人一室，蚊帐被服一律供给，每人有一衣柜，每六十人一教室，一自习室，一饭厅，监学及学生同食，八人一桌，早餐稀饭馒头，午、晚两餐均三荤三素，我等来自乡间的贫寒学生，获此待遇，如在天上。监学教员都是秀才，出身于两湖师范，亦有一二留学日本者，旧学有根基，新知识丰富，虽不敢倡言革命，而富国强兵，军国主义之说，影响学生思想甚钜，盖其时出国交通工具虽较现在落后，然种种手续不如时下之诸多限制，故出洋赴日留学极便，一如今日自台北至台南之简单，由于留学生之出入频繁，风气顿时大开，吾等之见闻因之益广，革命风潮亦随留学生之风涌而声势壮大，武汉几成为革命人才荟聚之地，已呈山雨欲来风满楼之势。

余肄业两湖师范附小三年，功课成绩相当优越，知识进步尤速，星期假日仍往日知会听讲，直至光绪三十二年（丙午）日知会被封、革命志士被捕（刘静庵后死于狱中）与逃亡为止。这时康（有为）梁（启超）的维新学说由其在日本所创之新民丛报传至中国而大盛，为士大夫喜谈时事者所推崇，孙中山先生的革命思想，亦由其在日创办之民报所传播，在青年人心目中潜滋暗长。我除正式功课外，常读中外名人传记。窃慕拿破仑、俾斯麦、华盛顿、马志尼、加富尔之功业不朽，因之雄心渐长，大有以天下为己任之志，其时适两湖师范附小前堂长胡钧（千之）先生自德国归来，将莅校测验学生志趣，以“言志”为题，命学生各作文一篇，我当时虽不敢言革命，但我文章主旨，却重在强国必先强兵，说明我的志向将从事于海陆军，作为建功立业的基础，后来评分结果，我的文章列为全校第一。并张贴出来，顶批“斩金截铁”，尾批“奖励备至”，于是我志益坚，气益壮。

三、 军中生涯开始

1. 决心投笔从戎

我在两湖师范附属小学最后一年，学校废除供给制，我因经济困难，不得已改住宿为走读，勉强维持了一个月，我知道家中无力资助，又不愿向人借贷，乃被迫中途辍学，决心从军。当时我已受革命思想的浸润、及留日归国学生盛倡康梁富国强兵学说的影响，再加陆军小学学生之服装整齐美观，益使余向往不已；然当时社会仍抱有“好男不当兵，好铁不打钉”之观念，经多方解释恳求，我母始勉强应允，适族兄逢霖（勃士）已在陆军小学肄业，即由他介绍入伍，时为光绪三十三年（丁未）十月，我年十七岁。

先是光绪三十二年（丙午）九月，清廷为预备立宪，先从厘订官制入手，途归并原有之兵部、练兵处、太仆寺等机构，改设陆军部，并由该部计划将全国陆军编为三十六镇（师）。当时北洋已成立六镇（一至六），湖北一镇一协（旅），番号为第八镇及第二十一混成协。江苏为第九镇及第七镇、第十二镇，各仅编成一个混成协，奉天为二十镇及第二混成协，其余各省已有成协者，有仅成标（团）者，按当时编制，每镇有步队两协，马、炮队各一标，工程、辎重各一营。步队每协两标，每标三营，每营前后左右四队，每队三排，每排三棚，每棚十四人（什长一，伍长一，上等兵二，一等兵四，二等兵六），马炮标则每营三队。并为准备全国三十六镇之下级干部，规定每省先设一陆军小学，每校每期学生约八十至一百人，三年毕业。（当时全国共二十一省，即关内十八省，关外三省。）各学校之学制、教授课程，及招考学生入学均有规定。惟湖北陆军小学，张之洞不按规定，独行其是，迳由军队中选送优秀士兵至陆军小学肄业，内分仁、义、礼、智、信五班，盖由于清廷自光绪三十一年（乙巳）下诏废科举后，一般读书人均无出路，反之陆军小学除由公家供给一切外，且按月另发银钱，故能献身军伍，亦为谋取出路之大好机会。然欲进陆军小学则非先入伍不可，而入伍者又多清寒优秀之子弟，张之洞复从中选拔，使之入陆小肄业，亦无非为培植人才起见，日后此辈遂成新军下级干部，且多参与辛亥武昌革命，当为张氏始料所不及。

2. 发起群治学社

湖北第二十一混成协，辖四十一、四十二两标，四十二标驻汉口、汉阳及京汉铁路沿线，四十一标与隶第八镇之三十一标，同驻武昌大东门内左旗兵营，我入伍时系补入四十一标三营前队七棚，初由管带（营长）面试，最后由统领（协统）面试，及格始补为二等兵。管师曹进系秀才出身，湖北将弁学堂毕业，统带（标统）易申鹏，日本士官毕业，协统黎元洪（宋卿），辛亥起义时出任都督。我刚入伍时更名万奇，因身穿学生制服，以学生而愿当兵特别引人注意。于是军中朋友日渐增多，彼此交换知识，进而披肝沥胆谈革命，咸认为有组织团体之必要，遂于我入伍后一月余由大冶黄申芗（原名绍香）、安陆郭抚辰、黄冈邹润猷（午桥）、汉阳萧骥（德称）、房县丁人杰（景梁）、湖南宁乡章裕昆（德藩）、湖南慈利唐牺支（以祀），京山曹振武（士杰）、湖南湘乡杨王鹏（子鬯）和我，共同发起组织群治学社，推黄申芗为社长，表面以集合多数人交换知识研究学问、提倡自治为宗旨，实则奉同盟会宗旨为圭臬，且在社员规约中订有：一、绝对守密，有事一人当之；二、社员限于士兵，不得介绍官佐；三、社费由社员捐出。以后湖北革命团体如振武学社、文学会皆由群治学社演变扩张，成为辛亥武昌起义之原动力。

光绪三十三年（丁未）秋赵尔巽（次珊）继张之洞为湖广总督，未久江北盐枭作乱，赵总督派第八镇第三十一标去剿匪，出发前赵亲莅兵营集合全标训话，他说："汝等有任何困难问题，尽可写信给我……"此言出于位高如总督对士兵之训话，可见晚清疆吏中亦不少开明之士，我因年纪小、阶级低，无所顾忌，迳自跑去看热闹，我听到了赵尔巽的训话，印象极深刻。

此事过去不久，即届旧历新年，军队向例有一星期休假，不意颁发的操课表，除初一（元旦）为星期日，定为架枪休息外，操课照常。因而全标大哗，我和萧骥商量，用四十一标全体名义，引军中内务条例规定与人心愤慨两点，写信给赵制台（总督的通称），并将我亲闻他的训话告之，信由萧写好后，同棚刘某自请投递。次日赵即下令协统黎元洪记大过二次，摘顶戴三日，罚薪半月，以平众愤；并将原信交湖北提督兼第八镇统制张彪，张旋即交黎元洪，黎交四十一标标统易申鹏，标统交管带曹进，曹由字迹认知为萧骥所为，立将萧关入禁闭室。此事旋即轰动全军，几无不知萧骥其人者，皆纷纷向萧慰问并投赠食物，我遂挺身向曹管带报告，恳其将萧释出，并以此信之写成实由我主谋，任何处罚，应由我承当，而刘某则争论说信系由他送去，应由他负责。曹管带见我两人争愿受罚，乃和颜悦色说："你们年轻不懂事，将来尚须担当大任，此时对你们任何处罚，都是终身之玷，影响远大前程。此事有我负责，不要再提。萧骥禁闭两星期即释放，事情太大，不能不略予处分。"曹之爱护青年，使人感奋。

这次事件之后，我的朋友日益增多，因我曾在日知会听过革命名流演讲，所获革命知识比较充分，和这些朋友谈话时，词理都颇动听，因此他们潜伏的革命情绪自然流露，纷纷请求加入群治学社。这些人有时颇不顾利害，胆子甚大，在酒店，在运动场都畅言无忌的高谈排满革命，甚至在猜拳饮酒时亦喊"要革命，要排满，全福寿"，官长不便去酒店，即去亦视若无睹、听而不闻，其革命风气之热烈由此可见。

我在新军中升级非常快，入伍才半年，由二等兵而一等兵、上等兵，到考陆军小学时，我已升为第九棚的伍长。有人当兵十载尚未升为伍长，队官不愿我投考陆小，他说："你的学术科都能应付考试，明年必能进升排官，若进学堂，须七八年以后方能升为排官。"话虽如此，但我的志愿不在此。

3. 湖北陆军小学概述

光绪二十九年（癸卯）十一月，清廷设练兵处，旋颁定学制，规定每省设立陆军小学，皆须于光绪三十一年开办；并筹备在清河、西安、武昌、南京开办四所陆军中学，容纳陆军小学之毕业生；二年毕业，再入伍六个月升入保定军官学堂；两年毕业，分发陆军各镇，见习六个月始任排官；服务两年后，各镇选优秀者参加初试，初试及格再由军咨府复试升陆军大学。

光绪三十一年，各省陆军小学一律开学，都按照陆军部规定之章制办理，独湖北不同。张之洞派留日陆军测量学生刘邦骥当陆军小学总办，不招普通青年，而在各部队挑选优秀士兵入堂，称学兵而不名学生，年龄都是三十岁左右。至三十三年，已有仁、义、礼、智、信五堂，编入二十九、三十、三十一、四十一各标各营之一队。生活管理均归各该队负责，每日上午由官长率领，携带当日应用之书籍及饭盒至教室上课，下午课完仍带归原队。功课除科学照部定课程外，军事则援士官学校四大教程，教育之目的在使学兵毕业后充作部队之下级干部，似未作升学打算。三十三年陆军部派员视察各省陆军小学，发觉湖北的不合章制，不准升入陆军中学，是时总督为陈夔龙，督练公所总办铁忠，商请陆军部准湖北于翌年陆小学生毕业以后招考高等小学毕业生及同等学力者入学，并派荆州副统顿垣龄为总办，铁忠为监督，熊祥生、石星川为副监督，均刚自日本士官第六期毕业，新招收之学生于光绪三十四年六月考试，八月开学，次年五月毕业升入陆军第三中学。

是时铁忠为荆州副都统，此人不失为一干练之才，凭彼之关系，得陆军部尚书铁良之允许，湖北陆小始得继续开办。陆小本为三年制，然吾等不及一年即毕业。

4. 没落的旗人

湖北陆军小学，旗人很多，尤其是教职员，上自总办、监督，下至理发兵、伙夫，除两位副监督及两位国文修身教员为汉人外，其余无不是满人，一百二十名学生中有二十人为荆州驻防的满人。

我未进陆小以前，暗中倾向排满革命虽已数年，事实上不知满人究竟如何可恶，因为未曾与满人相处过；进了陆小才开始发觉到种族间的差别，人与人间的不平。满人虽在其皇室动摇之际，犹抱有优越感，在同学中，有一位叫松崑的是铁忠的外甥，老以长官自居，对我与张笃伦特利注意。我同张以及耿丹最要好，张笃伦的朋友李植芳在日本跟章太炎学习，每期民报总设法寄回国内，我们在严厉监视下，依然秘密传阅；某一天总办恒龄突击检查，好在我们平时早已小心谨慎，他自然不会发现我们有何图谋不轨的证据。过了几天，他曾特别召见我，并给我一部圣武记——内载康熙之文治武功，我始终不知道他为什么对我特别关注。

我入学后两月，即光绪三十四年十月，光绪皇帝及慈禧太后相继逝世，全国军民戴孝二十七天，校方令学生削发（前额上方一圈）戴孝，孝期以内不准理发，当日有一位同学在理发室大发狂言说："死了两只狗也要我们戴孝。"不到一小时，监督铁忠即令全体学生集合训话，大意是："大清三百年深仁厚泽，何负于汉人？今大行皇帝、皇太后宾天，你们居然有大逆不道的狂言，我可以灭你们三族……"不时以手击枱，声色俱厉，经过一番恫吓后，又转变态度以温和口气劝勉说："你们是受外界不正当言论的影响，你们本身纯真善良，只是因无知而犯过错……"最后向我们说："你们服不服？"大家回答说："服。"而作罢。铁忠为当时满人中之佼佼者，自然会察知革命风潮已不可阻挡，只好以此态度处理。

四、 从武昌至保定

1. 湖北陆军中学概述

陆军部原拟办四个中学，或因经费关系，将计划设在西安的第二中学搁滞未办，只办了三所。第一中学设北京清河镇，收直隶、山东、山西、河南、奉天，吉林、黑龙江七省陆军小学毕业生。第三中学设于武昌南湖，收湖北、湖南、广西，贵州、云南、陕西、甘肃七省学生，第四中学设在南京，收江苏、江西、安徽、浙江、福建、广东、四川七省学生。

在陆军中学筹备期间，陆军部特设一陆军速成师范学堂，该堂除培植陆中教员外，并负责研究陆中的教材、教法，编订教科书，各中学之总办、监督由陆军部派任，陆军中学之开办费共达银 1500 万两，凡各校之教程、教范与教材无一不由陆军部颁发。

各校建筑房舍，亦依照部定形式，校舍整齐，规模庞大，以第三中学为例，校址在武昌南湖，马炮标之南，两面环河，建有尚武桥通出入，左数里大湖，右数里为长江，前数十里为纸坊，环境幽静宽敞，本部大楼居全校之中央，其前为教职员单人宿舍，其正后两百米为礼堂，在礼堂与本部大楼之间有四栋大楼，楼上为宿舍，楼下为教室、自习室，每栋两端各有两教室相对，每教室容四十人，一栋楼有四个教室，可容一百六十人，正好一队一栋楼，其他浴室、理发室、盥洗室、洗衣房、医院、厕所，凡学生所需的设施无一不备，在本部以外尚有教职员宿舍、商店、马厩、马场、大操场、射击场等，所有用具、被服，衣物无一不是质料最优、式样最新的，教员一律蓝长袍，特殊场合需外加黑马褂，学生则一袭黑呢戎装，各中学完全一致。

我们第一期学生于宣统元年秋入学，编为一、二两队，三、四两队则于第二学期成立，学生年龄都在二十岁左右，个个精神焕发，每逢外出行进于马路时，目不斜视，挺胸前进，当时三所中学实已成为各省优秀青年汇集之地，诸如：何应钦、谷正伦、贺耀祖（以上三人于次年由第三中学选送日本士官学校）、唐生智、何键、李品仙、袁祖铭、王天培、刘文岛、龚浩、刘峙、李宗黄、张笃伦、耿丹等皆出身于第三中学的名人。

李钟岳为本校的总办，范尚品为监督，各队长均陆军大学第一期毕业，排长均速成学堂毕业，教员则均毕业于陆军速成师范学堂，陈调元当时是教军事学的教员，教语文的有张华辅、杨文恺，学校虽为初创，两年间成绩斐然，学生在学受益实非一般学校四年所能及。

2. 剪辫子的风波

满清入关强令汉人改蓄发为薙发，所谓薙头蓄辫子，今人多已不甚明了是怎样一回事，我想简单述说如下：自小孩时起将头发周围用刀剃去一半，只留头顶部分，到少年时用头绳扎根，编成辫子，辫尾扎一结；到成年时不扎根迳编辫子。日本人指辫子为猪尾，在外国留学的青年多半将辫子剪去，回国后仍需蓄辫子；官吏自不消说是要留辫子，就连军人仍然也要留辫子，出操时将辫子盘在帽内，在室内则将辫子垂下。两百六十余年来，汉人一直带着这种耻辱的标志，我们要革命先要剪掉辫子，舆论已有鼓吹，青年都想剪去，但谁也不愿首先发难。

一日在自习室，我同邻座的同学毕家珪偶然谈起，我问他："我们剪辫子好不好?"他立表赞同，我拿出剪刀，请他先替我剪，虽然我们的座位在自习室的一角，不易被人发现，没想到我还没有剪完，顷刻间自习室内的人都走光了，原来大家都跑到楼上寝室里关起门来剪辫子，刹那间剪辫子的狂热传遍了全校；因剪刀少，再加上剪得又慢，第二、三、四队整整剪了一夜还没有剪完。第二天早上八时，总办命令集合训话，大家自然猜得出是为了剪辫子的事，有的人只剪了一半，不得不加速剪，甚至有些还没有剪的人，觉得机会不再，竟一面向集合场跑，一面剪。

集合完备，总办命剪发的同学向前走五步，结果向前走的竟达百分之九十，又命剃光头的再向前走三步，于是像和尚头的同学又有百分之三十。总办起初认为只有少数同学剪掉辫子，将予重惩，甚至不惜开除，今见此情形，不得不另作别的打算；他遂即训示我们说，留辫子是国家的制度，剪辫子等于违反国法，我们必须把头发留起来，剪辫子的，每人先记大过两次，名单送陆军部。我暗中想，人心既已如此，革命的大势是阻止不了的。

我进陆中的时候，原来四十一标中群治学社的同志离营的很多，萧骥因上书赵尔巽不得志，去广西跟瞿瀛任学务公所的科员；黄申芗、杨王鹏、曹振武、邹润猷等有的去江苏，有的去了湖南，只剩下郭抚宸、章裕昆、丁人杰等人领导，幸亏新入营的蒋翊武、刘复基都很有作为，他们因群治学社为人注意，遂改称振武学社，活动比以前更积极。到了宣统二、三年，文学社在湖北军中组成了，此一组织不像前二组织之严密，竟然各单位都选出代表开会，队有队代表，营有营代表，标有标代表，每队都有若干士兵同志，他们虽不许官长参加，但对于官长也毫不顾忌，军队内部已发展到如此不安的程度，要是一经发难，谁能阻止！

3. 保定入伍生总队的编制

宣统三年（辛亥）五月，因川汉铁路收归国有引起的风潮，在川鄂两省闹得最激烈。鄂省咨议局议长汤化龙智谋多端，口才又好，在他领导下，社会名流多闻风而从，最感动人的要算是日本留学生代表张伯烈、夏道南，他们回到汉口在四官殿领导召开大会，张伯烈演说就铁路国有的害处讲得非常透彻，指邮传大臣盛宣怀祸国殃民，激昂慷慨，颇获同情。

经这一幕，武汉的人心更激愤，遂推选代表由夏口名人宓昌墀率领进京请愿，当时一般百姓固然激动，军人尤其愤慨，革命党人乘机宣传煽动，我的舅父夏寿康和我的哥哥玉拂在咨议局也参加活动；我当时做了不少顺水推舟的工作。从此以后，赞成革命的人越来越多了。

当铁路风潮如火如荼之际，我恰好由陆军中学毕业，按最初学制的规定，应该到军队中去接受入伍训练，陆军部顾及军队素质太差，怕毕业学生得不到良好的教育效果，遂在保定速成学堂原址办入伍生总队，我和同学们奉命于六月赴保定入伍。总队长是萧展舒先生，营长、队长都是日本士官毕业，有办教育及带兵的经验，教官都是刚回国的日本士官第八期毕业生，排长皆保定速成毕业的优秀分子，教育军士则选自北洋六镇的技术最精、品学较优的军士及三个中学的学生混合编入各队。

我们第三中学的同学专车由汉口出发；因当时铁路还没有夜间设备；由汉口到北京需分三段宿营，第一天到驻马店，第二天到彰德府，第三天到保定（民国元年才昼夜全线通车），到保定后立即编队，我被编到步兵第二队。

我们的队官及教官中如戢翼翘、路孝忱、臧式毅、王兴文、谭学夔、马林等均日本士官学校毕业的高材生。我们的精神教育着重在灌输忠君爱国的思想，术科是全部训练的重点，几乎每天在操场上要操练十二小时，完全采日本入伍训练的教范，内务之整齐清洁、动作之灵活迅速，确实可与日本士官学生媲美，而无愧色。是时第六镇统制吴禄贞驻保定，对我等精神焕发的学生极有好感，他称赞我们较日本最好的军队尤有过之。

4. 对吴禄贞的印象

吴禄贞字绶卿，湖北云梦人，日本士官第一期毕业，清末曾以陆军协都统衔督办吉林延吉边务大臣的身份，就间岛事件对日人强硬交涉，甚为成功，早为国人所尊敬。我在武昌时曾听过他演说，对他更加敬佩；来保定后，某一星期日我以同乡后辈去拜访他，他原是革命同志，对我很爱护，叫我各事小心，并告诉我他已保荐耿觐文（字伯钊，仲钊之长兄）为马队标统。吴才气不凡，志大心雄，惟眼界太高，目无余子，态度傲慢，因此易遭人忌。不久，武昌起义，清廷和袁世凯都猜疑他，遂派人于九月十五日将他刺杀于石家庄，使他壮志未酬身先死，这种悲剧的结束，恰是此一英雄人物必有的归宿。

我们在保定入伍生队整日过着严肃而有规律的学习生活，每人都像生龙活虎一般的勇猛精进，到八月十九日武汉的枪声一响，震动了全国人心，唤醒了每个爱国青年的良知，我们平静的心田上立刻蒙受了一阵狂风骤雨，往日热心向学的气氛完全没有了。

我同张伯常（笃伦）、袁余芹几位好友连夜的研究如何响应或参加武昌革命，次日听说陆军大臣荫昌奉派率军乘专车南下督师，我想在他经过保定时炸毁火车，可恨找不到炸弹，连手枪也没有，我们的步枪空无子弹，况且原属荆州驻防的旗籍同学已在暗中监视着我们，使我们无计可施，又传闻起义后的湖北都督是黎元洪，这也是意料中的事，记得有一次在洪山秘密会议时，就有人作此主张。我们被困在学校，只好偷偷地研究当时的情势，保定是北京的门户、京汉铁路的枢纽，经常驻兵两镇，现在第三镇已经调往滦州参加秋操演习，还没有回来。只有第六镇留驻保定，统制是吴禄贞，我们早知他是倡导革命的健将，又听说，入伍生总队长萧展舒、兵站总监吴经明都到了保定，他们三人都是湖北人，又是士官同期同学，只要在保定独立，以他的声望，登高一呼，各省新军必群起响应，况且奉天有陈宧、蓝天蔚（第二混成协协统）、石星川、滦州第二十镇统制张绍曾等，和他们联合进兵，京畿不战可下，我决定去劝吴起义。

八月二十五日（星期日），我设法避过满人的监视，赴第六镇司令部，吴统制命他的随从副官曹文思（进）接见，曹是我当兵时的管带，原在第九镇任标统，因故遭撤职，刚调来不久，我们异地相逢分外高兴，我先将当年做他的部下时，组织群治学社的经过告诉他，并指出曹振武、曹珩也都是群治学社的一分子。然后谈到了我的真正来意，说出了我的计划，并且说，我所以敢贸然来见吴统制，是因为在武昌时，我听过他演讲，知道他的政治见解。曹很高兴，答应替我转达，并告诉我要守秘密。

八月二十七日，孔子诞辰，我出营时发觉有人跟踪，只好返队，当日又设法避过监视，前往第六镇司令部，曹一见面神色紧张地说："我们四周都有巡防营的人监视，朝廷已在怀疑吴统制，你以后不要再来，你上次讲的那些话，统制叫你不要和任何人提起，至要，至要。"到此我的计划全完了，我由第六镇司令部走出来，心灰意冷，刹那间一连串的问题涌上心头，巡防营敢监视第六镇吗？朝廷既然已经对吴起了疑心，并派巡防营监视，那他的安全就有问题了。为了汉族，为了他个人，都应该起来干一番惊天动地的事业，为什么这样畏缩呢?！他也是为了做官吗？他为什么不先害我以免我向朝廷邀功告密呢？我越想越不懂，我这些问题一直到稍后吴被简放山西巡抚在石家庄被刺时，才得到了答案，才明白了清廷的用意，原来先调虎离山，在火车站上容易下手，要是吴按我的计划行动，不但可以免杀身之祸，而且不会使袁世凯以后有窃国的机会了。

五、 回鄂参加武昌革命

1. 自津赴沪途中

由第六镇司令部回来后，我同张伯常去见萧翼如（展舒）先生，劝他起义，他说他计划请陆军部调入伍生队去北京守备，然后伺机行动。以他和暂署陆军大臣寿勋的关系，他的请求当会被采纳，我觉得他只是在敷衍我们，我们在保定不可能有什么作为了，荆州的旗籍同学几乎全体都在监视我的行动。第二天我和伯常约好南下，决定我先一日去天津，在天津碰面；只是路费尚成问题，我身无分文，正在伤脑筋，同室的两位福建同学王渭临和叶玉衡，察言观色，看出了我的困难，他们问明后，立刻将他们仅有的七元大洋同一银壳挂表送给我做路费。我马上请了两小时的假，带着陆军中学的毕业文凭离队，赶赴车站。

我从西门乘洋车去车站，逃难去天津的人很多，车站拥挤不堪，只好托人购票。我虽然是亡命，可是仍旧穿着学生制服上车，车箱里挤满了人，连车顶上都是人，车行极缓，到丰台让道给南行的兵车，耽搁了六小时，上午十时车由保定开出，入夜一时始到天津总站。我穿的是军服，光头，也没带行李，下车后茫然不知去何处落脚，正徘徊不决，忽然听到有人喊我，回头一看是湘省同学夏醉雄，原来他也是这班车来的，他因丁忧请假回家，带着行李，我们结伴投宿，进了旅社被领到一间大栈房里，听说有警察要来巡查，我怕被警察查到，刹那间灵机一动，我和夏立即冒充侦探，同住的旅客听说我们是侦探，都迁出另投别的旅社去了，当时同住的有北京法政学堂的学生，他们既怕警察更怕侦探，也慌忙迁出，第二天张伯常果然也来到天津。

在我未离开保定之前，队里谣言很多，说外面盘查极严，并指剪辫子的就是革命党（北方同学都没有剪辫子），还有说拿着革命党即就地正法，所以谁也不敢作离队的打算，我到天津后，立刻去信将沿途无阻的情形告诉袁余芹、谢效许，并告诉他们湘省也已独立，他们得信后，两湖同学首先纷纷南下，其他省份的同学也都相继离队，保定入伍生总队就这样解散了。

为了等船，在天津呆了三天，这三天里见闻很多，满洲贵族和王公大臣的眷属几乎都逃到天津租界居住，北京、保定的文学堂都自动解散了，北京女子师范由师长带领搬来天津法租界，拥挤在两栋租来的小房子内，有些官吏携眷南下，南去的轮船也像北京来的火车一样拥挤不堪，由这些情形，可以看出清廷已到土崩瓦解的时候了。

我们等了三天，总算搭上了招商局的新丰轮，三人都是统舱票，可是甲板上的走道都被乘客阻塞，我们无法通过，只好由船窗爬到舱里去。我们三人都已剪发，颇引人注目，见者多肃然起敬。船过烟台时，船长宣布："上海独立了。"船工乘客大多表露出喜悦的神情，我们坐的统舱里，有专门跑天津接客的，高谈孙文、黄兴、黎元洪，把他们说成天神一般，把革命党人都说成三头六臂的英雄，尽管这些话可能为有识者所笑，可是这足可证明人心所向。

2. 上海都督府见闻

船抵黄浦江，满江白旗飘扬，这是当时各地起义的旗号，我一时高兴得竟要流出泪来。

抵岸，驱车往望平街找民立报馆，东行在满街白旗间，我几乎要叫出来：革命终于实现了！到了民立报馆，我们问渔父、血儿、英士以及许多别的作者的笔名，我们知道他们都是革命党人，但不知道他们的真实姓名是什么。报馆里的人，见我们很天真纯洁，也就很诚恳地告诉我们："除了英士先生，别的都不在这里，英士先生今天已被选为都督。"我们此时才知道英士姓陈，根据他们的指点，我们即往上海县城海防厅，新成立的都督府设在那里。

英士听说有青年军人自保定来见他，立刻亲自出来接待我们，他慰问了几句后，遂即询问北方的情形，并就上海独立的经过大略说了几句，接着他说："都督府今天才成立，一个军人都没有，你们来得正好。"即时命我们做他的参谋，伯常管理卫队，我负责组织督练处。我们由英士先生处知道了武昌的情形，他并告诉我们湖北在上海的办事处设在棋盘街经武公司，负责人是马刚侯（伯援），我们很想知道湖北的情形，即立刻去见刚侯，刚侯一面电告湖北的老朋友，一面为我们买船票。我们去向英士先生说明要回鄂的意思，英士不肯放我们走，我们也只好答应再在上海待几天，等有人接替工作，再回鄂。参谋长黄膺白（郛）先生，人很诚恳，对我们很爱护；我在陈、黄两先生指示下，草拟了都督府章制，又依照督练公所的编制，拟定了督练处的章程。在警察教练所成立督练处，有一部份部队已经编成开始教练，交给张国威负责督练，由追随总理很久之某华侨替我掌管财务，不久留日士官生覃任发由日归来，我请求由他来代我的工作。巧逢马刚侯先生送来武昌蒋翊武、黄申芗、耿丹的来电，要我快回鄂，我立刻向英士先生辞职，英士先生说："请你立即募一协兵训练，以图中原，我不是安于沪上一隅的。"我想我是当年武汉革命组织发起人之一，今日阳夏战事正酣，同志们在前线浴血，我不能不去，和他们站在一起，我遂向英士先生建议："清廷本会崩溃，今袁世凯出山，北洋各镇已有重心，军事不是一时可定，公既有先成一协之意，即请迅速成立，毕业于日本士官的学生，及保定入伍生都已纷纷抵沪，干部不成问题，今黄克强先生正在武汉作战，我去可拉拢地方人士参加革命战争。"英士先生见我去意很坚，遂授我沪军都督府联络参谋名义，除正式行文鄂军都督府外，并将写致黄克强亲笔函要我回鄂面交。我这次在上海停留的时间虽很短暂，但对英士、膺白两先生认识却很深，我对他们的作为很感动、很敬佩。

我刚去沪军都督府任职时，就碰到谍报科科长应桂馨（夔丞），他看我们是保定来的军校学生，就对我们说："陈英士是上将，我是中将，你们是少将……"又有一次见他提着许多大印，我问他才知道是由各县收来的，有谁会想到这人就是以后宋教仁案的谋杀犯呢？

3. 回鄂初谒黎元洪

我搭乘日本大元轮顺江上行，同船的有张伯常、辜仁发、张大昕、宁调元、胡朝宗等，陈英士发给路费两百银元，船过南京未停，警戒森严；过芜湖时，知驻军已举起义旗；过九江时，知九江已于九月初三日独立，曹振武和丁人杰在此相晤；到汉口停日租界，雇“摆江”（船名）渡江，其时上游正炮火连天，只租界江面尚没有战事，偶尔有流弹落下，但租界内还算平静，我们至武昌下新河毡呢厂登岸，同行数十人，检查哨均不准进城，只有我带着沪军都督府公文才得放行。

我们到武昌时，武昌和汉口正成对峙的局面，（按：革命军已于九月十一日退出汉口，清军焚烧汉口华界市街，损失甚钜。）只有沿江英、法、俄，日租界禁止两军射击，尚可使武昌和汉口间维持轮渡，尤其日本租界往来较便，当时跑长江的轮船，只有设在日租界的两家公司，一家是日本的，一家是英国的，招商局已停止航行长江，因不能避免南京等驻军的干扰，由汉口日租界过江有一毡呢厂，革命军派鲁邦道驻在那里负责接待工作，因渡江及往来上海人员的方便，革命军代表借汉口英商顺昌洋行作为联络的地方。

当我至武昌都督府见过黎都督后，他即派顾问黄恺元持令将张大昕、宁调元等接到西大街招贤馆，黎公曾就我过去的经历以及华北及上海的情形，问了好多话，我从四十一标时组织群治学社起一直至建议吴禄贞举义及津、沪的情形一一陈述。黎公当即任我为参谋部参谋之职。

鄂军都督府设在咨议局，内分秘书处：秘书长杨玉如；参谋部：部长杨开甲（原第八镇统带）、次长吴麟、杨玺章；军令部：部长杜锡钧（原第八镇管带）。以上各机构都设在都督府。军务部起初设在审判厅，以后迁到两湖书院，部长孙武、副部长张振武、蒋翊武，我到武昌时，学生军已经成立，团长是刘绳武，晏勋甫也在学生军任职。当时耿丹任参谋部参谋，稍后吴兆鲤也被任命为参谋。

4. 参加反攻汉口之役

到武昌的第二天，我就到汉阳城外昭忠祠战时总司令部晋谒黄克强先生，黄先生接读陈英士先生的信后，遂问我北方及上海的情形，他留我在参谋处服务，我说已奉命在都督府参谋部工作，黄先生说你可兼任，负责两处的联路工作。当时他正准备出发，反攻汉口，我对克强先生钦慕已久，若能追随他作战，自然非常高兴，我当然就遵命留下了。总司令部的参谋长是李书城（筱垣），次长吴兆麟，秘书田桐（梓琴）、萧骥，张大昕。

九月二十五日，随克强先生出发，他人太胖，路又泥泞，不能骑马，大家都徒步到花园，企图截断清军后路，迂回袭击，一举成功，在途中遇湘军协统王隆中。黄总司令告诉王：部队正向琴断口行进，王问："现在有什么消息?"黄说："福建于十九日独立了，都督孙道仁，又是我们湖南人。"我听了这句话，心为之一冷，像克强先生这样的英雄，当以天下为己任，怎么也会有地域之私！将来写历史的人自然会把他写得如何伟大，原来自古英雄都是文人一枝笔刻画出来的。本来黄先生这句话若出自一个普通人，当然是很合情理的，但他是我心目中最崇敬的伟大，怎可以有乡土观念？这怎能不使我觉得天下英雄都不过如是而已呢？

这天，天气阴雨，路狭而泥泞，部队只能单行前进，湖南兵都无雨衣，打纸伞，光脚穿草鞋，一步一滑非常缓慢，到琴断口开始潜渡襄河。用民船排成一条浮桥，上铺跳板或门板，桥面又窄又滑，有人掉到河里去，夜幕低垂，昏暗难行，工兵司令唐蟒焚民房一栋以照明，勉强才过了河，部队零乱不整，时已深夜，官兵们在高声喊着人的名字，例如有人喊四十九标某某，因看不到，只好这样联络，行军到汉口上数里的罗家墩，大家衣服全湿，又饿了一整天，官兵疲惫不堪，士兵们闯入民家烤火，抓了东西就烧，我劝他们不要乱来，可是在这种情形下也不应过分苛责他们。

我在罗家墩参谋处看到作战命令，判断此役不易成功，因为我明了双方的实力，对方四、六两镇是北洋久经训练的劲旅。每镇有七座的五野炮两营，每营三队，每队四门，共二十四门，另过山炮十二门，两镇合计有野炮四十八门，过山炮二十四门，据说禁卫军最新管退野战炮八门也已经调来，总共八十门炮布置于汉口狭小地区，火力自然很强，两镇共有八个标，每标配有最新式的三八式机关枪六挺。除了优势的火力外，尚有有利的防御地形，左凭长江襄河，右凭后湖，前据张公堤，除守桥口外，凭藉张公堤狭小正面，可节省大量兵力。再者，清军在汉口打仗，退却是不可能的，若不投降，则非打硬仗不可。而相反的，我方的情形则是兵少，火力弱，就我在行军途中询问余鸿勋、高建瓴等所得知的大略如下：湘军王隆中一协，是由原四十九标、五十标各选一部编成，是我方最精锐的主力，但人数不足，而且有好多士兵是新补充的。再就是甘兴典的一协，这一协是由巡防营改编的，本来就缺乏训练、临时编成后，到了武昌才换汉阳厂的七九步枪。昨天会议时，甘再三说，他的军队不能打仗，至于熊秉坤的第五协，那更是新成立的了，大半官兵都是工兵营的兵卒，新招的又没有训练。在武器方面，我们的炮队只有炮八标及混成协一营，这次过河参加作战的只有六门山炮，湘军没有炮。依照作战命令规定行进的道路只有一条，渡河的浮桥又系民船及跳板搭成的，再加天雨路滑，军队行进迟缓，原命令要二十六日午后五时三十分到达锅底山东北花园附近，六时以后要到博学书院，天好都不可能赶到，现在夜半才到罗家墩，原拟夜袭，现任部队位置都弄不清楚，夜袭自然不可能。面临此种情势，不知总司令作如何处置。我约张伯常去见总司令，克强先生在一间很小的民房中，房内煤油灯一盏，他坐在一把竹椅子里打瞌睡，李筱垣与日人大元及另一日人共坐在一条板櫈上指划着地图，研究敌我情势，待了多一会，晓垣推醒克强先生说：必须退却。克强先生睡眼惺忪，连忙说："决心退却，决心退却！"我说："此时说进攻是不可能，退却也不可以，重新部署，就地防御，怎么样？"晓垣只瞪着我不发一言，克强先生也不作答，我认为退却比进攻还危险，我们所依靠的全凭一股革命排满的浩然之气，军队经一日一夜的行军已经饥饿而且疲劳，原来的那股气已经消了一半，若不战就退，那更要气衰力竭了。如果就地防御，将部队略加调整，气势或可重振，然后再看情形决定下一步行动，总司令既已经下定决心，我也就不便再说话了。

我走出了那间小屋，恰巧遇到了唐蟒，我把刚才的情形及我的看法告诉了他，这位先生确是很莽撞，立即说："到这时候还说退却，我是不干的，我搭桥费了那么大的力。"遂大呼："谁愿干，跟我来！"唐是湖南人，附近的王隆中部是湘军，他一喊立即有数百人应声而来，此时天色渐亮，天气也已转晴，克强听到外边在吵，就走了出来，我见目前的情势已毫无犹疑的余地，立请克强先生决定仍照原来部署进攻，克强先生当即下令。七点钟以后部队已经展开攻击，我方左右两翼进展颇速，中央进攻部队于平坦开阔地带展开，遭受敌人猛烈火力压迫，进展迟缓，而且队形紊乱。克强先生率领备队凭堤指挥，筱垣在旁始终不发一言，两位日本人早已离去，只有我和张伯常、余鸿勋、高建瓴跟随着克强先生到张公堤上督战。激战至中午，全线均无进展，伤亡渐多，已呈动摇之象。至午后中央进攻部队后退，克强先生拔刀阻止也无效果；午后三时全线向后转进，敌炮延伸追击，王隆中由四兵扶持气喘奔逃，唐蟒也杂在溃兵内后退，克强先生愤恨几乎想自戕，由余鸿勋、高建瓴两人扶持后退。

我第一次参加作战，就见打败仗，只觉愤恨，不知害怕，好友耿丹和辜仁发两人不见了，我和张伯常在战地上找他们，敌人没有来追，只发炮，最后兵都退光了，也没找着，只是遇到熊秉坤，大家一同跟部队后撤，到琴断口才得知耿、辜二人早已回汉阳去了，这是辛亥九月二十七日的事。

回到琴断口，克强问那两个日本大佐那里去了，并派人去找，要他们回来，他说："他们若不回来，就地把他们斩了！"夜间总司令命各部队沿汉阳河岸布防。我们的攻击战是失败了，可是我们的部队都撤下来了，要是敌人即时追击，那真不堪想象。这是五十年前的往事，一切犹历历在目，第一次的作战经验对我的印象太深了。

此一战役，我方伤亡不大，枪枝弹药略有散失，炮丢了六门，但最大还是精神上的损失。由于战略上的错误，使湘军未能发挥力量，反而先使他们在精神上遭受挫折，黄克强先生能打游击战，但打正规的攻防战显然不是他的长处，发动攻击战时，不能不先衡量敌我的力量。

次日我们在汉阳昭忠祠总司令部重新部署了一番，才返回武昌，张伯常去上海，临走时和我、仲钊、达岸合照了一张像，后来题名为辛亥武昌革命四友。

5. 鄂军都督府与湖北"三武"

都督黎元洪先生，沉静寡言，一切事责尽量委派别人，自己很少过问。汉阳战事请黄总司令负全责，武昌的军事则由参谋本部负责，顶多对于参谋本部的计划予以裁可而已。虽然如此，黎公整日还是很忙，诸如对外交涉，和独立的省市间的电报往返都要亲自决定。自黎公被推为中央军政府大都督以后，关于外交事务尤其繁多，而且有些新独立的省份多向武昌要饷要械。再加指挥海军作战等等，非亲自处理不可。杨玉如秘书长也陪着黎公忙得不可开交，出入都督府的人群更是川流不息，昼夜无间。在忙乱之中，还能表现出一股蓬勃而热烈的气象。

都督府所辖的各机关中，军务部权力最大也是最忙的单位，诸如内政、外交、军事以及各省联系，虽由都督府主管，但事实上都要通过军务部。部长孙武、副部长张振武、蒋翊武俱是领导起义的首脑人物，他们自然特别受人重视。因此事无巨细，人们都要向他们请示，他们也愿意过问。事情管多了，总有顾不到的地方，得罪的人也就会渐渐的多了。当时武昌已有“三武”的称号，这是说明湖北只有“三武”，上面没有都督，下面更不用说，实际上他们对都督还是很尊敬，对黄总司令更是唯命是从，记得黄总司令有一次打电话到军务部要铁丝、麻袋，并要限时送到汉阳，尧卿（孙武字）立刻命令军务部的人员筹措按时送到。这是我亲自看见的事，而且总部的人也都说，只要克强先生交办的，尧卿从不打折扣。

最令人敬佩的是总监察刘仲文（公）和总监察部的监察蔡汉卿、高尚志、吴醒汉、王宪章、蔡大辅、黄元吉等，他们都是首义的元勋。刘仲文本来起义前就被举为都督，后来他怎样也不肯接受，他抱定宗旨为了革命不要做官。宁愿以总监察身份监督各机关。他们不争权，不谋利，只想使事情做到合理公正。相反的像杨开甲、杜锡钧等，本非革命人物而以统带身份被推为部长，可惜这种高尚的政治情操到后来终因现实上的需要而未能使他们贯彻到底。

6. 汉阳之失守

自反攻汉口失败以后，敌我隔江对峙，炮战日夜不息，在汉口的清军以冯国璋为军统，第四镇协统王遇甲，第六镇协统李纯，这些部队都是训练精良的部队，但纪律不好，自火烧汉口又击退我军攻击部队，目前更是骄暴。敌人的主力现正向上游运动，已从新沟渡襄河攻蔡甸，我常奉命巡视前线，居觉生正在鄂，他和鄂省的同志们关系最深，他常参与决定全盘性的政策，对于战地他也有很浓厚的兴趣，得闲就邀我一同去前线巡视。田梓琴先生短小精悍，处理总部公文稍有闲暇，他也常和我去前线，有一次自早至晚沿大别山、黑山、扁担山、美娘山、仙女山、锅底山一直到三眼桥巡视整个战地，我们的印象是，前线的士气虽然很高，可是兵力薄弱，装备不足，训练太差，尤其守三眼桥的甘兴典部，毫无纪律，若敌人自蔡甸来攻，定不堪一战，我们返回报答黄总司令请迅速调防，克强先生说来不及调，只好设法调部队去增援，不幸言中，这次首先溃败的果然又是甘军。自十月朔日起，清军分路向我各阵地攻击，他们的管退炮威力甚强，机关枪火力也很猛，我军伤亡不少，经数日，我军仍苦守阵地。一天我奉命去都督府报告情况，晚上在参谋本部见李筱垣率程守箴、王勇公等六、七人往都督府后楼宿舍去，我很惊讶，战事正紧，他们怎能都返回武昌？我立即去问晓垣前线的战况，他说：“没有什么。”我说：“上午情况我是知道的，现在有无变化，你们没有办法，不见得我就没有办法。”勇公见我声色俱厉，遂回答说：“很危急。”我立刻往军务部见孙尧卿商量。尧卿说：

“我们是革命的，谁来这里，谁就准备牺牲，我立刻下命令，军务部以及招贤馆的全体官佐和学生军都去汉阳。”夜晚各机关人员都在阅马厂集合，张振武到参谋本部和我说：“孙部长要我来问如何处理。”我说；“参谋本部的意见，是请张副部长亲率敢死队学生军往汉阳听黄总司令命令。”张立即率五百余人渡江赴汉阳。张是小学教员出身，反而喜欢舞台上军将那一套，他带关公刀，打英雄结。不一会，吴兆麟也来参谋本部，他要杨玺章去汉阳陪伴黄总司令，自己想回来休息，杨说：“我刚才从青山回来，很累。”本来杨吴都是参谋部副部长，他们交情好，皆行伍出身，又是参谋班同学，吴原是工程营队官，杨是马标队官，其时杨带领第三协自青山过江攻汉口刚退下来，他说完即伏案欲睡，吴一再催杨动身，杨不肯。吴取手枪对着杨说：“你怕死，我先打死你。”我连忙把吴的手枪夺下。杨说：“你逼我，我更不去。”我劝他们说：“事已紧急，大家说不上辛苦，我陪你们二位，大家都去好不好?”吴、杨俱欣然接受。渡江至千里铺已经是第二天的早上了。张振武已于拂晓率学生敢死队袭取锅底山，敌正反攻。我们到千里铺，同往高地视察战况。不幸，我们走了不远，杨玺章即被流弹射中睾丸，他连笑不停，当我们用门板把他抬到汉阳西门时，他已气绝。我们的伙伴就这样离开我们而去了，实在令人痛惜。

7. 催迎赣军与黄兴离鄂

汉阳的战局非常吃紧，克强先生认为若没有生力军，无法解围。他写信给江西李协和（烈钧）求援，要我带信面交；我先回武昌见黎都督，黎也写一封信要我交李。我过青山时遇第三协统领成炳荣，第三协日前从五通口攻敌人左翼，未奏功退回，部队不整，纪律废弛，成炳荣志气很颓丧。我在青山登汉冶萍的汉兴轮，这是一种最快的铁驳子，下驶至石灰窑遇赣军上驶，我先见到赣军统领冯嗣鸿，他告诉我，李协和不在九江，他把信拿去派专人送给李，我请冯乘汉兴轮，并拖一运兵船上驶，汉兴轮拖力强，速度快，次日到阳逻。革命军的海军司令汤芗铭派汽艇招我到海筹巡洋舰，汤告诉我，汉阳已经失守，赣军不要上开，暂时留在阳逻掩护我军右翼。赣军照他的意思留在阳逻，我由青山乘马入城，因为汉阳失守，人心恐慌，自青山至武昌的三十里大道上，逃难的人拥塞于途，我沿途告诉逃难的人赣军已到阳逻，海军数十艘军舰停泊在青山和阳逻之间，有长江天险，清军不能飞渡，你们尽管放心。有些人听了我的话，迟疑不决，也有的人返回武昌。路上碰到从兄捷五，我请他告诉我的父母，我已回鄂多天，因有职务缠身，不能回家省亲。这是十月初七日的事。

我入城，知克强先生已离开武昌，听说昨晚克强退到武昌在都督府开会，先是黎都督说了几句话，大意是要在政治上挽回军事的失败。他似乎已有以政治解决军事的想法，克强先生刚由汉阳回来，穿军鞋、背水壶，他先分析汉阳战败的原因说："官长不用命，军队无教育，缺乏机关枪所致。"最后说："我决心放弃汉阳，请都督放弃武昌先退至九江再攻南京，等攻下南京后再回头收复武昌。"这种意见使大家大吃一惊，惹起了全场不满。海军学生范瀛槎（腾霄）首先表示反对，慷慨激昂，力辟弃守武昌为非计，大意说，武昌为首义之名城，居长江上游，控南北交通枢纽，为全国精神之所寄，武昌若失，各省震动，必会土崩瓦解。虽欲卷土重来，有谁肯响应来援助我们，事情已到今天这种地步，我们誓死要和武昌城共存亡。最不客气的是军务部副部长张振武，他愤怒的大声说："武昌是我们举义的地方，我们要和武昌城共存亡，倘有敢再言弃武昌的，就杀他的头。”群情激动，克强先生遂即退席，黎也陪黄一同走出去，黄对黎说：“我去上海，等南京攻下，我再带兵回来。”黄即时离武昌赴汉口搭船东下。于十月十四日抵沪。

8. 停战议和

汉阳失守，武昌人心惶惶，很多人逃离武昌，幸而各机关镇定如常，驻军的纪律很好，才算使人心渐渐安定下来。克强先生走后，都督召集会议，推蒋翊武代理总司令，总司令部设在洪山宝通寺，沿江上起金口下至青山重新布防，此时共有部队八协，炮队一协，马队两标。翊武请我到洪山帮忙，他迟我两年入四十一标，他组织文学社代替原来的群治学社，他自然知道我是群治学社的发起人。因此我这次归鄂，虽是初次和他见面，确是有一见如故之感，他邀约我，我就和他一块去了。这是十月初十日的事。

也许有人会问：北军为什么不乘胜立即攻武昌？当时在汉口和汉阳的北军只有第四镇和第六镇，战线长，兵力不足分配，再加都是久战疲敝之师。渡江缺乏船只，长江下游有起义的海军巡弋，上游的旧式水师虽然较弱，但防阻敌人过河尚能胜任。武昌正面江岸太陡，再向下是汉口的租界。因此要想过江来攻武昌，必须远绕上游，自非三两日所能办到。北军当然也不敢置汉口及汉阳于不顾，而远绕长江上游来攻武昌。

清军占据汉阳后，不断用重炮从大别山、龟山射击武昌，在武昌蛇山的都督府（前咨议局）后楼被击中起火，杨开甲、杜锡钧率队护黎都督出城往离城十里的卓刀泉，据传说汉关羽在北卓刀泉洗过刀，所以后人在此设有关帝庙，我回到武昌听说黎已出城，我急忙赶到卓刀泉，他们正打算去葛店，我责怪杜锡钧护黎出城，并警告他不要再挟都督去别处。黎很可怜，自己作不了主，我不好意思说他。

我返回洪山，黄昏前都督府顾问孙发绪陪同英国驻汉口副领事来见蒋翊武，意谓领事团见两军交战，使汉口商埠损失甚重，不宜再战，希望双方同意停战三天议和，清军已经同意，如果都督签约盖印，当即生效。

我愿意去请都督回武昌签停战条约，翊武和畏三（吴兆麟字）均赞同，我带孙发绪的信和畏三的弟弟吴兆鲤一同去请黎都督回武昌，我们两人借张廷辅两匹马驰行，追到王家店以东不远的地方，看到一座小轿，再仔细一看，邝杰及柳国祥在左右随行，我想那必然是都督了。我赶上前去要他们停住，我向黎都督报告了议和的事并将孙信交给他，当时天色已晚，都督擦火读信，信看过了他说："离葛店不远了，到了葛店再说吧！"我说："汉阳失守以后，人心动摇，都督出城，人心更为惶惶。能停战三天，可以有个喘息的机会，和议会不会成功，还在其次，请都督快回去主持大计。"黎都督说："这里离葛店很近，葛店交通很便，到了葛店再说，你不知道武昌电报已经拆除了吗?"我再三劝说，陈明利害，他才不再坚持，不过都督府印信已持往葛店，我请都督当夜宿王家店，我去葛店取印，才走了不到一里路，遇见都督府秘书陈邦镇手持大印奔回，原来陈听说停战签约，要盖都督印，便立刻去追回，我回经王家店时，黎公已驻节真武观。遂拜别黎公，赶回洪山，已是深夜，次晨我又去王家店迎接都督，那是十月十三日，也就是开始停战的一天，本来规定停战谈和的期限到十五日为止。

我所以坚持要黎都督回武昌，除了顾念当时大局上的需要外，对于黎公个人的爱护也是重要原因。盖自黎公出武昌城到卓刀泉后，居民纷纷离城，秩序不能维持，人心动摇，参谋们多对黎怨恨，吴醒汉主张请黎来总部会议，质问他为何出城，我替黎辩护，和吴吵了起来。当孙发绪陪同英领事来商停战事，孙说黎已去葛店，吴对汤华灼说："他走了很好，我们就举刘仲文当都督。"赞成的人很多，黎若不快回来，我也就不能替他说话了。站在公的方面看，黎元洪的名望绝不是刘仲文先生所能比，所以在刚起义时，有人推刘仲文为都督，刘坚决拒绝。假若刘接受了，指挥稍一不慎，他的性命恐难保，也许会成为焦达峰第二。所以不管从哪方面说，我不能不把黎公请回来。曹亚伯的"武昌革命真史"上说是邹燮斌把他追回来的，完全弄错了，此时饶汉祥还没有佐黎，秘书长是杨玉如，"真史"又弄错了。

在停战议和期间，军事冲突虽然停止了，可是双方都不得不做和谈破裂的打算，一面谈判，一面调集援军，布置防务，都督府迁入武昌城内的昙花林东路高等小学堂。待停战届期继续延长十五日，都督府再迁至汉阳门内司门口旧藩台衙。当黎都督回到武昌时，蒋翊武即派我巡视防务并往葛店布置作为后方基地，因此时南京于十月十二日攻下，上海又为南北议和地点，武昌都督府的军用物资及往来长江下游的人员频繁，葛店是来往长江下游的运输起讫点，极具重要性。我和高尚志及耿丹一同去葛店查察，固群（尚志字）毕业陆军特别学堂，旧学颇有根基，是起义最有功勋者之一，其时任都督府总稽查，在武昌很有影响力。仲钊（耿丹字）和我主张由他来成立中央大都督府近卫军，固群欣然赞成我们的提议，返回武昌，报告都督即获核准。

在居觉生等坚持之下，谭人凤被推为武昌防御使，蒋翊武代总司令不过九天即解除职务，谭无带兵的能力而且想集权，军中将领颇不满，黎公只好派谭往上海为议和代表，由吴兆麟（畏三）出任战时总司令职，畏三曾受参谋补习班教育，颇有军事知识，其所遗参谋长一职由吴允洋升任。武昌防务重新部署，整个防线划分为三区，窦秉钧为第一区司令官，何锡藩为第二区司令官，张廷辅为第三区司令官，罗洪升为第一支队司令官，邓玉麟为第二支队司令官，王安澜为总预备队司令官，右端自葛店的白浒山起，向左伸到金口为止，赣军为右翼军在阳逻、仓子埠警戒，海军在青山、葛店间巡弋，金口以上至新堤则由长江水师负责。除此之外，三十一标在四川资中杀死查办川汉铁路钦差大臣端方后，举执事官陈镇藩（育武）为革命军统领，率队回鄂，编为鄂军教导团，有此一支生力军到，武昌士气更旺。广西独立后，都督沈秉堃率军离桂，驰援湖北，湖南都督谭延闿乘机派兵和桂军联合北上至金口，武昌形势渐形巩固。

清廷派唐绍仪（少川）为议和代表，唐于十月二十一日到汉口即渡江在下新河毡呢厂和黎都督会谈，黎公请他赴沪和伍廷芳会议，当时伍为各省公举的外交总长，唐立即回汉口乘轮东下，谈和的消息使人心大振，其间袁世凯也曾派刘承恩、蔡廷干来谈和，被革命军拒绝。

武昌起义后，第四镇协统王遇甲是清廷命令南下的第一个大将，王一到汉口就打电话给黎都督，劝黎不要“造反”，黎反要劝王投降，王是武昌人，黎对他说：“排满革命乃一致要求，我原非革命党，不知革命力量之大，现在已完全明白……”他们间的谈话都被电话局长晏勋甫（成猷）听到了，晏觉得黎说话太多，遂将电话线截断。

另一个插曲是黎派人劝说张彪，黎、张感情很好，黎很想救张一命，因为清廷对于失土的带兵大员很可能有杀头的可能，黎劝他投降，愿以都督职相让。年少（十九岁）英俊的耿丹虽有点结巴，但很善于辞令，他自告奋勇愿去说服张彪，耿穿着漂亮的陆军中学制服，迳去刘家庙东站谒张。张接见耿，耿即将黎函呈上，并力陈利害，劝其顺应人心，把握时期，张彪说："我受大清厚恩（按张彪为哥什哈出身，受鄂督张之洞的赏识，妻以婢女，有丫姑爷之称。）朝廷无论对我如何处置，我只有接受，替我谢谢宋卿的厚意，希望他好自为之。"张派人护送耿丹回来，未加扣留，可见张彪对清廷之愚忠，但对于革命青年也很爱护。耿丹敢于冒险前往送信作说客，其勇气亦复令人佩服。

9. 革命军内部之歧见

停战后，和议在上海进行。但自黄克强先生由鄂赴沪以来，东南一带因传闻失实，对武昌批评甚厉，鄂人极感不平，遂推军务部长孙武赴沪解释，并审看形势，由蔡济民代理军务部长，并编成三个军以防和议破裂后准备北伐。第一军总司令吴兆麟，第二军总司令李烈钧，第三军总司令赵恒惕。

惟其时各省已相继独立，政治重心也随新的情势渐渐转移到上海。各省都督所派代表纷纷至沪，准备成立中央军政府，最初议决以武昌为中央军政府所在地，黎元洪为大都督。并决定各省代表赴鄂会议，每省留一人在沪为通信机关。嗣以南京攻下，抵鄂代表又决议临时政府改设南京，并议决临时政府组织大纲。但在沪各省代表则于十月十四日推举黄兴为大元帅，黎元洪为副元帅，鄂人闻之大为不满，迨赴鄂代表返抵南京后，黄坚辞大元帅职，乃又改推黎元洪为大元帅，黄兴为副元帅，暂行大元帅职务，以为调和之计，但鄂人仍不主张黎元洪就此职，遂成僵局，幸孙中山先生于十一月初六日自美归国抵沪，各省代表于初十日在南京开会选举孙先生为大总统，各方愤慨之情始稍平。孙先生于十一月十三日即中华民国元年元旦抵京就职，各省代表旋即推选黎元洪为副总统。惟孙先生提出国务员九人，包括陆军部长黄克强在内无一人为参与武昌首义之人士，遂又引起了鄂人的极度不满。而孙武在南京、上海颇受冷落和歧视，尤为愤慨。后来孙武在武昌都督府会议席上将京沪政客要人对鄂省的情形报告后，引起全场的不平，愤激之余，遂决议扩军，以现有军队成立八镇，期能保持实力，谋求发展，乃至孙武发起组织民社，以湖北人拥黎为中心，致启同盟会分裂之端，亦种因于此。

不久，南北和议告成，清廷于二月十二日下诏退位，全国统一。但武昌发生了一件不幸的事件，那就是碧血会于二月二十八日夜半起事。碧血会为阳夏战役之伤患官兵所组织，因不满军务部长孙武而想倒孙，适第二协协统黄申芗因事见孙武，其意见未被接纳，引起愤恨，碧血会遂拥戴申芗，由申芗领导其辖下之第三标标统单道康暗中部署，黄并于起事前告我，要我援助，他知道我曾在第二协任教练官，深得官兵信赖，同时，第二标的官兵参加碧血会的很多，黄秘密命令他们听我的命令。我将碧血会起事消息告知陈镇藩（育武）望他率教导团守卫都督府，如有必要，我当立即驰援。我回营即令第二标武装待命。夜半事起，枪声满城，第三标全部出动，第二标虽和第三标同住左旗兵房，因我持以镇静，第二标始终未有行动。因碧血会目的只在反对孙武，事态未扩大。次日早上，黎元洪允将孙武撤职，改曾广大为军务司长，遂告和平解决。黄申芗乃将第二协司令部迁至左旗，单道康部仍归营。当起事时，孙武、蔡济民、邓玉麟、高尚志都走避，只有张廷辅遇害。事后申芗亦辞职。以武昌首义之区，革命成功未久，内部竟发生人事倾轧，不惜以兵戎相见，可见共患难容易，共安乐就不免发生问题，历史覆辙，终于重蹈，至为不幸，以后有关鄂省种种纷争，俱由此而起了！

附：有关武昌首义诸问题之解答

（1）问：辛亥三月二十九日广州之役，牺牲甚大而未能成功，武昌起义则一夕而定，何故？

先生答：广州起义是由外面发动，策划甚久，即使敢死同志再多，也未必成功。武昌起义是自内部发动，一声枪响，清廷疆吏如瑞澂、张彪都逃跑了。无人负责主持，是最大弱点，在时间上，武昌革命团体，广布军中，下级官佐，参加甚众，也较广州之役成熟；在地利上，武昌居全国之中，控制长江上下游及南北交通，易收传檄而定的效果。

（2）问：广州之役与武昌起义的关系如何？

先生答：黄花岗七十二烈士殉难震动全国，尤其激起了全国青年革命的热潮，当时的爱国青年，不论已、未参加革命党，闻烈士之慷慨就义及清吏之昏庸残暴，无不愤恨填膺，再加上海民立报的不断鼓吹，人人都想步烈士的后尘，这不仅推动了武昌起义，也为以后全国响应打下了基础。

（3）问：瑞澂、张彪如当时不逃走，情形将如何？

先生答：以当时的情形，瑞澂、张彪若不走，只有被杀，绝不会起什么作用，因为这次起义一切有计划，有准备，自“标”至“队”各级都有代表，每棚都有同志，除少数旗人外，几乎全体士兵都赞成革命，他们若不走又能指挥谁，就连守卫制台衙门的兵中也有同志，用不著炮队轰击，步兵围攻，就是喊话都可以把他们喊过来。

（4）问：武昌首义是否事起仓促，成于偶然？

先生答：孙中山先生说此次起义是偶然间发生的，我认为决非偶然。在武汉很早就有鼓吹革命的书籍普遍流传，各种革命的团体到处展开活动，“革命排满”的口号，早已深入人心，所以成功决非侥致。

（5）问：假若无广州之役，会不会有武昌起义？

先生答：无广州之役，武昌起义也必然会发生，而且一定会成功。因为当时读私塾的人固无出路，即连学堂毕业的人也无出路，再加其他各种因素，人民对于清廷早已极其不满。不过广州之役，激使各省对武昌首义响应的快，是决无问题的。

（6）问：武昌首义，何以不推选革命党人为都督而推选黎元洪？

先生答：在起义之先，计划推刘仲文为都督，然革命党人志在革命排满，不为做官，刘仲文本人不愿就，因为他不懂军事。他认为在军事时期应找军中最有声望的人物做都督，况且起义时他在汉口，不在武昌。也曾经有人推汤化龙，汤的意见和刘相同。其次，革命领导人，孙武受伤在汉口治疗，蒋翊武出差在湖南。所以起义后，一时有群龙无首之感，而黎元洪素来稳健，在军中很得人望，地位也高，中外知名，即连革命党对他也有好感。起义前，在洪山开会时即有人提议推他做都督，因黎从未迫害过革命党。所以他出任都督，很顺理成章，也是大家一致赞成的。

（7）问：黎元洪最初完全出于被动，究竟能发生什么影响？

先生答：黎在武汉不仅是军队信仰他，即士绅、百姓也对他有好感，汉口租界，外国领事也早闻其人。所以二十一日黎元洪的布告一出，武汉人心大安，清廷为之惶惑震惊，过去领导革命者是孙、黄，现在居然连清朝的新军协统也参加革命，各省新军遂闻风而起，汉口领事团立刻承认武昌都督府为交战团体，这些都与黎出来领导关系至大。

(8) 问：八月十九日举义，A、首先发难的是工程营，即混成协辎重队？B、首先放枪的是熊秉坤抑系金兆龙？C、各标是否在威胁下采取的行动？D、吴兆麟出任总指挥是被动抑系自动？是指挥全军抑指挥某几部？攻督署的部署如何？

先生答：A、发难计划是十八日机关未被破获以前决定的。其时以总司令蒋翊武名义所发的命令，除炮八标未按时收到，因之当夜十二时未发动，其他给各标营的命令都已送到，分别指定了任务及执行的时间，因此十九日晚间仍按原计划进行，工程营发枪和辎重队放火几乎是同时进行。B、首先发枪的固然是金兆龙，但该营的代表是熊秉坤，事后呈报及报纸宣传，都说熊先放枪，以致历史记载都归功于他。其实当时金兆龙为了对付排长陶启胜而发枪，可以说是几个人通力合作的，但不管是谁先发枪，如果因闯祸而追查责任，则并无轻重之分的。C、十九日夜里发难虽然仓促，但各部队都有条不紊，一切都按计划行动，士兵中或有少数畏缩，但绝无威胁之事。D、吴兆麟是工程营有资望、有学识的队官，熊秉坤等本不计名位，再加声望不及，故推吴指挥，吴未指挥全军，他命工程营及到达楚望台之同志协同攻击督署并掩护炮队。

(9) 问：第三十标不全是旗人吗？何以毫不抵抗，即已星散？

先生答：三十标在成立之初，几全为旗人，统带宝瑛很精干，几年下来，人事变迁，统带早换成杨开甲，三个管带都是汉人，在武昌的第一营只有两个队官是旗人，第三营只有一个队官是旗人。第二营驻汉口，亦仅有一个队官是旗人。全标旗人当排官的很少，士兵中旗人连三分之一都不到，而且都和汉人一同编组。该标中有不少革命党人，重要的像蔡济民、张廷辅等都是。排官中如王文锦、马明熙、田兆麟、王宪章、吴醒汉、杜武库等也都是革命党人。全标革命同志推举的代表约有数十人，只要一声令下"打旗人"，旗人即惊慌逃散。仅第一营部某率百余旗人潜绕龟山，次日一度袭击都督府，被击退逃散。

（10）问：各标营官长何以只有极少数未逃？部队的建制瓦解，武昌的秩序如何维持？

先生答：原来群治学社的规约只要士兵参加，所以除蔡济民及张廷辅是在士兵时参加，以后升官仍为同志外，其余的官长因不是革命党自然要逃跑。武昌的秩序全赖陆军中学维持，守卫都督府、官钱局、藩库、造币厂以及巡查街市的任务都由陆中学生担任。所以熊秉坤曾说："所赖以镇定武昌者，都督之虚名及陆军中学耳"。

（11）问：同盟会与文学社的关系如何？武昌起义是不是同盟会领导的？

先生答：同盟会在日成立，鄂省留日学生参加的很多，民报发行以后，他们常秘密带回湖北。可惜因带回的数量不多，又不能公开阅读，因此只有部分人有阅读的机会，不过口头传说的情形很盛。当时青年人对孙中山先生领导的革命很向往，但没有办法取得联系，居觉生、谭石屏、宋逊初先后来鄂也仅能和极少数人连络。因此只能说同盟会对群治学社、振武学社、文学社、共进会有精神上的领导作用，而无实际上的积极支援。同盟会认为湖北起义不易，这可由胡瑛自监狱中去信给宋遯初说武昌起义决无可能一节得到证明，所以武昌起义虽不能说与同盟会无关，但也不能说是由同盟会实际领导的。

（12）问：湖北咨议局与革命的关系如何？

先生答：湖北咨议局议员都是在地方上很有声望的人士，在省里能和督抚抗衡，在北京能透过咨议局联合会向朝廷请愿。颇能为人民代表，故为社会尊敬。四川争路风潮期间，湖北咨议局始终立于领导地位，颇得军民信仰。故八月二十日，即有人请汤化龙出来领导，汤不接受，才举黎元洪。其后，汤任民政长咨议局议员大都在都督府担任秘书或顾问，民政、财政及教育也由他们负责，他们对于维持武昌的安定有很大的帮助。但是汤化龙素来主张立宪，所以革命党人对他甚有微词，他在武昌时，都督府的重要规章总给他审议或由他草拟。克强先生离鄂时，他亦随之东下，因此他对湖北方面，也颇有不利的地方。后来他和梁启超组织进步党，与革命党处于对立地位。民二国会成立，他当选众议院议长，汤本人很有组织天才，善辞令，美中不足的是声调无抑扬。我在陆大读书时他是政治教官，每周一小时，虽然他的事情很繁忙，但从不缺课。后来他当了教育总长，他仍然不肯放弃这门课，张伯烈请他让出这门课，他说："总长可以不做，但这门课不能不教。"他的弟弟汤芗铭为他一手培植起来，所以很怕他。

（13）问：最初的国号，及国旗是怎样制定的？

先生答：根据同盟会以前的宣言，定国号为中华，国体为共和。黎元洪称为中华民国军政府鄂军都督。以黄帝四千六百〇九年为纪年。武昌举义之初为十八星旗，内外各九星，以示十八行省组成的意思。因为起义的晚上，革命军都是臂缠白布为记号，所以二十日起全城都是悬白旗，汉口、汉阳光复也都如此，以后各省举义也一律是白旗，白旗简单纯洁，容易购制，可能是当时采用的原因之一。后来则改用红黄蓝白黑五色旗为国旗。以示五族共和之意，十八星旗改为陆军旗，青天白日旗改为海军旗。

（14）问：起义时的人事与军事如何？

先生答：起义时的人事，文武官员都是推举。起初成立步队四协，炮队一协，不久又成咨立炮队第二协。军队纪律严明，人民对于民军很友善，汉口刘家庙之役，人民冒敌人炮火送食物去前线援助民军，民军最初一次胜仗，攻占刘家庙二道桥，欢声动天地，彷佛法国大革命的马赛进行曲，汉口租界各国人士颇为感动，因此次日即承认民军为交战团体。

（15）问：黄克强与武昌起义的关系如何？

先生答：黄克强出身于武昌两湖书院，宋教仁出身于湖北文普通学堂，他们都和鄂人有既广且深的交往，因此鄂人也有参加华兴会的。东京同盟会成立，鄂人参加的很多，例如刘仲文、田桐、曹亚伯、吴崑以及士官生李书城、耿觐文、朱绶光、范熙绩、何成濬、任本昭、石星川、唐克明、刘绳武等，其中尤以士官生与黄克强往来最密切，武昌日知会的刘静庵也与黄经常保持连络。武昌起义之人士和黄有私交者颇多，故发难之初，莫不希望黄克强前来领导。当汉口战事正趋于颓势的时候，忽然黄克强抵鄂，士气民心为之大振。黄立即被推为战时总司令，文武官员齐集都督府（咨议局）前阅马厂临时架起的拜将台上，黄、黎并马莅临检阅，然后登台授旗、授印、授剑，礼仪隆重，最后是点兵，其时适湘省援军王隆中、甘兴典部到达武昌。黄的战时总司令部遂设于汉阳的昭忠祠。当时不仅武汉人士对黄倚重极殷，全国革命志士也无不寄望于他，稍后汉阳虽失，然我军已尽最大努力，而且吸住了不少清兵。

（16）问：既然如上所说，何以黄克强与鄂人感情上不很愉快？

先生答：黄和鄂人间并无不愉快，而是在黄幕中的鄂人，如李书城、白逾桓辈所制造出来的派系纷争。李为黄的参谋长，和其他的留日士官学生王勇公、程守箴、黄恺元看不起未出国的吴兆麟和姚金镛等，因此他们之间难免常在意见上有冲突。而白逾桓及其他的同盟会同志深以为未能直接领导武昌首义而由没没无闻的文学社、共进会的孙武、刘仲文、蒋翊武辈立了首功，并且举非革命党的黎元洪为领袖，老党不乐意，于是通电污蔑黎元洪为床下都督，鄂人极感不平。袁世凯利用此一弱点分化湖北同志和革命党的关系，袁氏之挟黎、孙武之受辱，以至成立民社与共和党非无故也。

（17）问：张之洞任湖广总督时对国家影响如何？

先生答：张之洞号称清季的新派人物，历任两广、湖广及两江总督，以推行新政名闻一时。庚子之役，与刘坤一联合保持东南半壁免于战祸，为世所知名。张在鄂时间较久，诸如立学校、办实业、兴兵工、练新军俱颇有成就。但他经办新兴的事业虽多，可惜没有重点，他的《劝学篇》以中学为体，西学为用，结果中失淳厚，西更浅薄，湖北学堂在当时为全国之冠，但不二十年却为全国之末。张之洞保送去东洋及西洋的留学生都成了同盟会的会员，他练的新军成了辛亥起义的主力，这一切都非张氏始料所及。之洞好大喜功，骛名不实，李鸿章谓香涛为政数十年仍是书生之见，此言实非过当。其长处是不植私党，练兵而不拥兵，开东南半壁的新兴风气。

（18）问：汉阳既失，武昌情势混乱，设无停战之事，武昌能守否？

先生答：武昌倚恃长江天堑，易守难攻，再加海军完全在我们这一边，青山以下的江面由海军防守，赣军由仓子埠威胁敌后，青山以上有各国租界，敌不能通过，武昌城临江边，强行渡江登岸，殊非易事，自白河洲到金口的一段由我主力防守，牌洲、新滩口由长江水师驻守，上下可保无虞。湘桂援军正在来鄂途中，只要坚守几天，援军即可赶到。况武昌守城士气高昂，虽无停战之议，亦可保无虞。而清军负责进攻的将领，在当时奏折中，已说明无力攻取武昌，再从湖广总督段祺瑞致内阁电中，更可见彼和冯国璋之意见纷歧，盖其兵力俱不足以攻击革命军也。

六、 保定军官学校之回忆

1. 清末的军事教育制度

民国元年四月一日，中山先生辞去临时大总统职，先期推荐袁世凯继任，经临时参议院通过。袁氏就职后不久，成立保定军官学校，通令各省原为保定入伍生总队之学生，从速前往报到入学，于是我由武昌黎都督咨送，再去保定，恢复学生生活。

因此，必须说明的，就是保定军官学校的由来，和清末军事教育的关系，依照清光绪三十年练兵处颁布的办法，采取列邦学制，分为四等：第一，先由各省普设陆军小学一所，教以普通课及军事初级学，并养成其忠爱、武勇、机敏、驯优之性质，以植军人之根本，三年毕业，挑入陆军中学堂。第二，全国分设陆军中学堂四所，教以高级普通课及紧要军事学，并作成其立志节、守纪律、勤服习之实际，以扩军人之智能。二年毕业后，分入步、马、炮、工、辎重各队，历服正兵、弁目诸务，期以四个月，名曰“陆军入伍生”，再挑入陆军兵官学堂。第三，陆军兵官学堂教以实行兵学，分讲堂、校场、野外教授演习，为造就初级武官之所，一年六个月毕业，仍入原队半年，名曰“学习官”，练习官弁职司、期满后，由该管官出具考语，回学堂复试，具有武官资格者，补各军队官排长等职，其在营二年以上，核其最优者，拨入陆军大学堂。第四，陆军大学堂二年毕业，教以高等兵学，统汇各科，淹通融贯，具指挥调度之能，为造就参谋及要职武官之所。故一个受过全部陆军教育而成为具有调度指挥之优秀军官，至少非十年以上莫办，其规定之严格，可以想见的。

惟当时清廷，以陆军正规学堂之依次设立，进度迟缓，难求速效，而又急于编练新军三十六镇，需要下级干部甚众，乃复规定先于近畿开办陆军速成学堂，定额八百名，就各省之武备学堂学生咨送考选，如不能足额，即由附近京畿各省招足，二年毕业，毕业后分发部队，实习六个月，其成绩较优者，发还各省以队官排长备补，另就直隶武备学堂内挑选优等学生一百名，改为陆军速成师范生，从速加习师范课程，以为教授陆军小学堂之用，一年以后，即可任使，备充教习，此为清末有关陆军教育之大概情形。

2. 保定军官学校的由来

现在再说到保定军官学校，其前身原为上述之兵官学堂，成立之初，意在培养新军干部，不料在宣统三年入伍生队尚未结业，武昌起义即爆发了，各省学生纷纷南下参加革命，兵官学堂等于无形解散。迨民国成立，陆军部改兵官学堂为保定军官学校，下令召集原来的入伍生和将届毕业的陆军中学生赴校报到，是为第一期。保定军校办至第九期毕业结束，代之而起者为黄埔军校。民国以来，高级将领多为保定军校出身，关系中国之政治及军事至巨。而领导此一正式军校并掌握国内军政大权者则为各省留日士官学生。由此系统造就的军事人才取代了自袁世凯小站练兵以来的北洋派。而在精神上实际领导保定军校的是浙江海宁蒋百里（方震）先生。我是保定第一期毕业的学生，现在叙述其经过，可以略窥保定建校精神的全貌。

保定军校设在直隶省旧省会保定府东关外三里，陆军速成学堂旧址及陆军预备大学原址（关于陆军预备大学，以后再详述），规模广大，建筑虽系平房，但很坚固，除教室、办公室、寝室等主要房舍外，并建有马号、炮厂、大操场、射击场、体育场、医院、仓库等。

民国元年六月，各省学生纷纷来校报到，我亦是其中之一。学校当局对于学生的饮食起居初未派专人负责，一概听任自便。盖自是年二月末，袁世凯不欲南下就临时大总统职，嗾使曹锟的第三师在北京、天津、保定相继发生兵变，劫掠焚烧，甚为惨重，我重来保定，见往日之繁华街市呈现一片萧条景象，甚为感慨。但自军校一千余学生的到来，又给保定带来新的生机，尤其来自南方各省的学生，其中参加过起义、任过相当官职的人，无不带来很多现金，在学校毫无管束的情形下，吃、喝、玩、乐无不尽量挥霍，于是保定市面日渐繁荣，戏院、饭馆相继开张。

我们到保定一月余，陆军部才派赵履泰来主持校务，赵校长到校，即命队长开始编队并加强管理学生的生活，准备上课。他是安徽合肥人，天津武备学堂出身与陆军总长段祺瑞有同学及同乡之谊，赵曾任安徽混成协协统，为袁世凯嫡系，深为袁、段所信任。因为保定军校，是一所全国性的军事学校，像袁、段等野心人物，自然要牢牢抓住这个学校，所以派他们心腹来做校长，而用陆军速成学堂的毕业生做各级队长及兵科教官，以便调度指挥。但有少数兵科如战术、兵器、筑城、地形等四大教程，是速成出身的教官所不能担任的，则由留日士官出身的教官授课。不过由于过去一个多月的学生生活太随便，再加上参加过革命，不免志骄气浮，忽然间严格管理，自然不习惯，因此一有不如意，即容易乘机闹事。

我记得编队之次日，有一陕西籍的学生请假外出，逾限两小时始归，该连报请学校当局挂牌开除，此生一再恳求，官长置之不理，同连的学生群至教务处向教育长请他为国家爱惜人才，依照章程予以记过处分，结果也被拒绝。于是立即引起公愤，学生自行到大讲堂开会，并请某些日本士官出身的教官出席讲话，遂引起速成出身教官的误解，乃一变而扩大成为反对速成出身教官的运动，学生们找出速成学堂的章程，其中有一条规定，速成优秀毕业生可选送兵官学堂肄业，今竟来做教官，大家高喊罢课，本来就没有上课，这样一来上课更遥遥无期了。各连的官长都自动离队，学生举出代表自行维持秩序，推选代表进京向袁总统及参众两院陈情，同时通电各省都督请求声援。赵履泰遂请驻保定第二师师长王占元派兵包围学校，逮捕代表，南方各省都督多同情学生，江西都督李协和等电袁世凯说："如此事不能解决，我们召回学生，自办学堂。"参众两院，国民党的议员也都支持学生，江西议员郭同向段祺瑞提出质询，袁世凯深恐酿成政治风波，遂改派蒋百里先生长校，当时蒋先生适因应云南都督蔡松坡（锷）之邀，准备由天津经海道入滇，袁命人将他追回。等他到了保定，全校师生震于他的名望，风潮立刻平息。

3. 蒋百里自戕的一幕

蒋百里师留学日本、德国，道德学问名重一时，他对建立国防军尤其有伟大抱负，莅校那天，受到千余学生的热烈欢迎，他到校后，并无变动队职人员，教育长则以张耀庭（承礼）先生担任。各兵科科长教官如谭学夔、臧式毅、马林、刘国栋、涂永、路孝忱以及其他国内有名军事学者，莫不放弃优差来校任教职。百里师想把我国历代忠臣名将的忠诚智勇和立己立人的不朽精神以及欧洲的骑士精神、日本的武士道精神以及中国的游侠精神熔冶于一炉，他都一一对学生讲解。至于操场和野外的训练，百里师每次必到，并亲任指挥，骑高马着大氅，庄严和蔼，循循相诱，日夜与学生在一起，短短几个月下来，学生均如脱胎换骨，把往日妄自尊大的幼稚想法一扫而光，这对我们日后的处世做人影响太大了。

如能让百里师多在保定官校做几年，国家的建军必有可观的成就，不幸陆军部囿于北洋派系成见，一心想造成军队私有，对百里师完全大公无私、为国家培植军事干部的想法，甚为嫉视，因之处处掣肘，对于经费开支限制甚严，且时有拖欠，以致设备不够完善，在在均使百里师不能完成他的理想。一日清早，他命全体官生着外出服在尚武堂前集合，百里师即以极庄严地态度登台讲话，大意是他要求我们学生的事，我们都做到了，可是他自己应该做的事却未做到，这是他校长失职，国家既不予处分，他要自行处分以谢天下。说毕，命全体立正，他转身步下讲台，向后堂走去没几步，取出手枪自戕，从背后射穿胸部，再转身以军刀撑持向外走两步面对学生，脸色惨白，学生趋前将他抬入外室，当时哭声震动天地，大家以为他必撒手而去了，但仔细一看，幸未中要害，仅受重伤，这是他言必行，行必果，以牺牲生命给我们示范，他没有半句推卸责任的话。

当时全校师生立即电告袁世凯，稍后并电各省都督指控百里师为陆军部迫害。袁世凯迅即请日本使馆派医生来，并派统率办事处唐在礼以专车接医生同来，当时车中还有一位日本优秀的护士梅子小姐，她就是日后的百里师的夫人。

学生们总不甘心，我们很有秩序地和陆军部对抗，以文字往来争辩，到暑假时风波未息，而二次革命即起，学生们都散了，百里师伤势调理复原，即调统率办事处，保定军校校长一职，又归还了北洋系的正统，由曲同丰出任。百里师在保定官校只不过做了一年的校长，以后继任者除曲同丰外又更换了很多人，不但我对于那些校长不全清楚，即以后的学生也不会对他们全清楚。只有蒋百里师例外，凡是保定的学生没有不知道他的。

百里师的枪伤在日本医生悉心诊治之下，尤其在梅子小姐细心看护之下，不数月渐渐康复了，可是正在他离开了死的边缘时，却又陷入了爱的漩涡，梅子小姐自然比谁都会先体会到百里师对她的深情，她更深知一个日本女子嫁给一个中国军官，日后必会有无穷的麻烦。因此她拒绝了百里师的求婚，在百里师康复不久，她就回国了。梅子小姐回国后，百里师一日一信，后来他在信上说："你不来我就自杀了，你救了我，也害了我！"梅子小姐读至此处，不由得泪水盈眶，她又怎能摆脱得了她的命运呢？结果终于成就了这段美满的姻缘。

梅子夫人学问也很好，对百里师爱护无已复加，他俩感情始终甚笃。梅子夫人生五女，三女蒋英嫁给钱学森，现在大陆，抗战期间百里师死在广西独山，梅子夫人迁重庆，生活甚苦，尤其中日两国作战，她在感情上遭受的苦痛尤其沉重，那正是她当年嫁给百里之初所意料到的，不过这种苦痛的经验比想象中的还要真实罢了。

百里师对金钱一向不重视。因此关于钱的事，他曾闹了很多笑话，他很旷达，对于研究学问兴趣很高，天地万物无一不是他写文章的资料，抗战时期在《大公报》一连发表了数篇文章，句句都抓到了青年的爱国心，学生都激动了国人抗日的热情。在汉口的时候，他住的地方日夜不绝有来访他的客人和学生，他又健谈，从不谢绝宾客。幸好他每天来我家吃中饭，较为清静，否则他实难有休息的机会。

有人说百里师自杀时唐生智抱住他，其实学生一拥而上，当时是谁上去抱住，记不清了。不过我记得唐生智和我住一个寝室，刘文岛是我们选出的总代表，百里先生最喜爱刘文岛，所以民国十九年国民政府要拘捕蒋百里时，命刘文岛去诱请他。

4. 曲同丰继任校长以后

现在再来谈保定军校，继百里师任校长的曲同丰，是山东人，士官出身，与吴禄贞可能是同期。他到校后，一反百里师的作风，连很小事情的处理方式都不同。他很少和学生见面，到校就职时给学生讲了一次话，我们毕业时他又讲了一次语。平时管理我们的连长，权力很大，好的教官都先后走了。有些学生因参加二次革命自不能再复学，像邓锡侯、李明扬就是其中二人，刘文岛则因为是闹风潮时的学生总代表，也被开除而去了日本。后来因留日学生反对日本的二十一条，刘又被选为代表返国请愿。

曲同丰来校后，学生仍旧努力用功，但是教官们却喜欢找岔子，例如第一连的蓝文蔚（天蔚弟）因轮值班长，表情过分严肃，引起学生哄笑，遂在“他引学生笑”的理由下被开除了。第二个他们想要开除的人是我，因为同学们有人想印行蒋百里师的著作，教官及连长他们以为我在幕后指挥策划，遂到我的宿舍，检查我的被服箱柜，将我所藏百里师的相片搜走了，别无其他证据。我还是很镇静，不理他们；过了一天，连长刘凤池自动找我谈话，说我在发起印刷蒋氏著作。我说自百里师走后我只想读书得到毕业，其他不相干的事我一概不理，况且我向来守时守法，绝不参加非校章所许可的事。他听了我的话才放了心，以后我的品行都在九十分以上，毕业时我竟名列前十名以内。

民国三年夏天，我们第一届毕业，陆军部在分发各省以前，先挑选一部分成立模范团，袁世凯自兼团长，陈光远是团副。第一次由学校选拔，再由模范团的高级干部口试。陈光远问我时，我说我当过黄克强的参谋，过去也是革命党员，他听了脸色一变，自然我就被淘汰了，而且没有一个湖北人被录取，甚至南方各省籍的被录取的就很少，可见其南北之见是很深的。当民国三年至七年，正值第一次欧洲大战时期，恰是中国复兴的好机会，自应把国防军建立起来，不意袁、段之流，囿于私利，勇于私斗，以致失去机会，真令人痛心。

北洋系对保定军校，学生除少数私人关系外，决不肯重用，山东籍学生分发到济南第五师的，都不准下部队见习，统令回家。每月给见习薪饷十五元，不独山东如此，其他北洋各师大都如此，甚至连段祺瑞的外甥也未例外。少数运气好的也不过负责教育新兵而已。后来的吴佩孚和孙传芳则大不同，他们认为保定军校毕业的学识能力，比其原来部下强，多与重用，可见吴、孙见解较段系诸将高明。阎锡山在山西注意整军，延揽不少保定军校毕业生，且不限省籍，可说是北方各省的一个例外。至于南方湘、粤、川、桂各省与北洋系完全相反，没有地域门户之见，所以民国十三年以后的国民革命军方面的中坚以及黄埔军校的重要教官，几乎全出自保定军校毕业的。后来北伐、抗战诸役的高级将领，都以保定军校毕业为主。

保定军校一期在校二年整，再加入伍半年，见习半年共三年。但因参加二次革命的不再回校，以及随时严格淘汰之故，以致毕业时比入学时少了好多人。本期同学中后来成名者很多，例如唐生智、李品仙、杨爱源、邓锡侯、田颂尧、李明扬、陈铭枢、贺耀祖、袁祖铭、王天铭、龚浩、臧卓、陈孝威、王泽民、晏勋甫、管春藻等都是第一期毕业的，张笃伦自入伍生总队解散以后即未再来肄业。秦德纯、刘峙、朱华是第二期的毕业生，白崇禧则是第三期的了。

一般说来近几十年来中国的军人派系可归纳出士官、保定、黄埔为一个系统。北洋则自袁世凯以下包括直皖二大系至吴佩孚及孙传芳是一个系统。奉系以东北的讲武堂为主自成一系。云南也自成一系。广西虽称桂系但实是保定系统，因为李宗仁是陆小出身，白崇禧是保定三期的毕业生，李济琛是由速成进入陆大的，比以上各军校较早的军事教育机构有江南陆师学堂和水师学堂，此两校教育之干部可称为南洋系。

七、 就学陆军大学以后

1. 分发湖北见习与反袁运动

我们保定军校第一期，于民国三年十月二十七日举行毕业典礼，那年正逢欧战开始，即西历一九一四年。袁世凯业已平伏二次革命，各省俱归入他的统治之下，国内没有任何政治力量可与他抗衡。假如他真有眼光、有胆识，就应该好好利用这个时机，重用这些刚刚毕业的保定军校学生，因为这期学生受过蒋百里先生的教育训练，不仅学识程度好、军事基础教育好，尤其过去的野心和骄气也都去掉了，实在是一批优良的国防军干部。可惜袁的思想太落伍，没有近代知识，只知为他树立私人武力着想，编练所谓模范团，先由他自兼团长，后改由他的儿子袁克定担任。其实，若将全部毕业生都编入模范团也无可厚非，但他只挑了北方各省学生中的一部份，其余的分发回原省散诸四方，而段祺瑞且命北洋军队不用回乡的学生，例如上次已经谈到，山东籍学生回乡，第五师要他们回家，每月干领十五元薪金而已。

这时长江流域全入北洋军阀的势力范围，汤芗铭督湘，段芝贵督鄂（其兵权实际在第二师师长王占元手里），李纯督赣，倪嗣冲督皖，冯国璋督苏，为了便于镇压起见，以上诸省原有的军队多被解散，每省只剩下一师，保定毕业学生分发回原省便纳入其中。湖北起义后军队很多，但屡经裁编，仅留下第一师是湖北本省的，其他都是北洋军队。我被分派到第一师第二团，该团恰好驻在我的故乡黄州。师长石星川，第一旅旅长朱兆熊，第二团团长胡廷佐。胡在武昌起义前当四十一标队官，起义时该标占守官钱局及藩台衙门，起义后当协统，后改为旅长，军队缩编以后改任为团长。师部驻武昌，团部驻黄州，黄州在清季为黄州府，而黄冈是首县，历史上有名的“赤壁”即在此县。

团长和营长都是起义后我在武昌和他们一同工作的同志，他们在名单中看到我被分发到他们团里，他们很高兴。但下级军官见我们去见习都很害怕，他们的学科及术科都很差。团长、营长叫我不要下部队，留在营部工作，可是每逢下操，我都愿意参加。连、排长多为我当年当兵时期的同伍。这六个月中是我最快乐的时期，在黄冈游山玩水，兴之所至，吟诗自娱。半年后见习期满我当了排长，旋升连长。这是民国四年的事。

是年八月，袁世凯调段芝贵督奉，命王占元以帮办军务代理鄂督。五年一月又任王为襄武将军督理湖北军务。其时，季雨霖、刘瑛、刘铁兄弟在襄河、天潜、沔汉一带作革命反袁运动，他们昔日起义时的部下经解散后多散处在这一带，现在重新组织起来，王占元派湖北第一师第一旅开襄河驻仙桃镇，我驻天门负责剿匪，所谓匪者即指季雨霖等组织之中华革命军而言，不过事实上季等也不好，因经费无来源，已流为土匪行为。一日，季和刘二人秘密来找我，因为是老同志，大家见面先谈天下事，渐渐谈到湖北，他们惋惜黎元洪裁兵，我们都认为黎少学而更少术，敦厚是他的长处，所用的文武僚属，文多学生，武虽稚鲁仍带几分儒生气习，他们受传统思想支配，想学曾国藩和张之洞，当年曾败太平军下南京后立即裁兵，稍后张之洞也练兵而不置私党。黎等认为和议既成，国家业已统一，且国体共和，总统出自选举，自然无用兵之必要，而且湖北自起义以后，库藏初虽丰厚，因负担过重也渐渐罗掘俱穷，为减轻人民负担，故非裁兵不可。由以上的理想及事实上的需要，遂先从自身做起，于民国元、二年间，将湖北的八师裁去七师，仅留一师干部，然后征挑年轻体壮稍有知识者成立一师。湖北的军队少了，袁世凯乘平定二次革命机会派北兵入鄂，为所欲为，并令人将黎挟之入都，这是黎自己减削兵力所造成的最大失着，使袁世凯的统治得以日臻稳固。最后他们谈到了正题，劝我参加倒袁运动，并告诉我蔡济民（幻香）希望我参加中华革命党。（原来民三孙中山先生成立中华革命党后，派蔡为鄂军总司令，回鄂运动反袁。）早在民国元年田桐、居正邀我入国民党，孙武、张大昕、阮毓崧也邀我入共和党。其时，共和党接近袁段，张大昕和徐树铮往返甚密，我因对北洋系无好感，经过考虑选择之后，我遂加入国民党，不过到保定入学后未尽党员义务。今彼等要我加入中华革命党，自然我所愿也。

但我对季雨霖和刘瑛的作为认为不当，因为他们反袁无力，害百姓有余，襄河各县时常发生抢劫，大半为刘瑛、刘铁部下所为，地方人士往往逮捕抢劫案送至仙桃镇旅部，旅长朱兆熊立即予以正法，如是“朱屠户”之称布于远近。我力劝他们在时机未成熟时暂忍耐将事，勿徒害部下生命，和百姓生存，他们幸能听我劝告，因此减少许多牺牲。及至袁世凯称帝不成、愤懑而死后，黎元洪继任大总统，刘瑛原是国会议员，因国会恢复入京，倒袁运动至此告一段落。

2. 陆军大学的沿革

按照规定，保定军校毕业，再下部队服务二年以上者，可以参加陆军大学入学考试。事实上，我服务尚未满二年，因情形特殊，也被允许参加考试。湖北籍的保定军校毕业生多被分到军事训练机构去当教官，因此他们都没有投考陆大的资格，独我和同团的谢效许参加考试，初试在武昌举行，及格后送至北京由参谋本部及陆军大学组成的考试委员会复试，我和谢终于过了最后的一关，进入陆大。

陆军大学最初叫做陆军随营军官学堂，成立于光绪三十二年四月十五日，段祺瑞为督办，隶属北洋大臣，当时所收学生系由北洋各镇有学识之军官中考选，第一期分速成、深造两班，速成班一年毕业，深造班三年毕业，第一期人数最少，深造班约四十人。第二期招收之学生除北洋各镇外，已扩及江苏、湖北之新军，约五十余人，齐燮元、方本仁即是这期毕业。宣统三年改名为陆军预备大学，隶参谋本部管辖，由各省新军中招收优秀军官入学，学生共六十人，是谓第三期。民元由保定迁北京西直门内崇光观，始正名为陆军大学，仍隶参谋本部管辖，此期（第四期）人数较多，将达八十人，徐永昌、贺国光、熊斌等都是此期的佼佼者。自第五期也就是我们那一期，开始规定招考军官学校毕业而服务部队二年以上之军官，各省先按分配之名额做初步选拔，送至北京复试，经录取入学后三年毕业，由参谋本部分发任用。该校教育之主旨在培养优秀之指挥幕僚人才，故课程着重在参谋作业之熟习以及战略战术之认识。

陆大初创时，正值日俄战争以后，因为日本能战胜俄国，很使老大而又想积极图强的中国羡慕，所以陆大侧重用日本教官来替我们培养军事人才。我们第五期，校长是胡龙骧，鄂人，原在湖北第四十一标当队官，后来考入陆大，好像是第三期毕业，因黎元洪的关系，任命为陆大校长。主要课程教官，均为日本陆大出身之将佐级、富教学经验之日人，讲义也采自日本。讲战术及战略时所用地图则为中国地图。他们一方面教学，一方面无异在搜集情报、调查作战潜力，所以日后打中国时的日军将领中，很多是此时期的教官，本来一个学校初创，自己缺乏人才，请别国的人来，楚材晋用也未可厚非，日本建军的初期即聘德国人，问题是不能长期依赖别人，真正之成就必须靠自己努力。

我们在民国五年底入校，正逢欧战期间，教官即随堂以地图讲解欧战之作战情形，日本之情报资料又快又丰富，学生们的研究兴趣自然很高。

这里特别再提一下以后陆大的演变，在北洋政府时期，并不重视陆大，第六期在民国八年至十一年毕业后，十三年第七期始入学，其时经费困难，勉强延续至十六年，第七期毕业。十七年蒋总司令兼任校长，到民国二十一年，陆大迁南京第十期开始入学，尔后每年一期，仍为三年毕业，特别班第一期与第九期同时开班，至民国二十五年又办特别班第二期。抗战开始应军事需要，将肄业期间由三年改为二年，取消寒暑假，所修课程也相当三年所学。抗战军兴，最高军事组织改为军事委员会、参谋总部、军令部，此时为使参谋的战略思想一致，各军事部门及军师参谋皆非陆大出身不可，至此，参谋系统始完全建立。

我入陆大时，同时考取的只有谢效许（后更名履，字冰如）是以前保定军校同学，我们五期同学后来有名的人物也不少，例如冯轶裴、黄振兴、钱宗泽、方策、魏益三、龚浩、晏勋甫、晏道刚、王泽民、江瑞瑄、周武夷、门炳岳、邹燮斌、荣臻、冯祝高、杨毓珣、程泽润等都是。

我们不住校，我住在西单牌楼和王士珍对门，距学校很远，每日一早返校，一路上全是骑单车及步行的男女学生，真是一片蓬蓬勃勃的朝气，我顿时觉得那是混乱的政治中的一线希望。当时北京政府昏天黑地，机关欠薪，公务员不办事。不过我们陆大的学生对于当时的政治不问不闻，不受政潮的影响，当时能在学问上有点成就，这也是重大原因。

3. 北京政潮的见闻

以下我想就在陆大肄业时我所见闻的几件大事谈一谈：

（1）肃政史夏寿康的风格

民国二年，袁世凯调我舅父夏仲膺公去北京任肃政史，舅父即辞去湖北民政长赴京任新职，到京不久，都肃政史庄蕴宽（思缄，常州人）南下，我舅父即代理都肃政史之职。

袁世凯很想整顿吏治，设肃政厅，其性质很像清朝之御史。袁规定贪污五百元以上者处死刑。适有袁之亲信京兆尹王治馨有贪污行为被夏公弹劾，经袁派人调查证实，即逮捕交步兵统领江朝宗处以死刑，江和王交情颇深，江遂请出姜桂题等老将向袁求情，袁闻讯立命江朝宗执行。刑毕，袁才接见，姜等至居仁堂一见袁即跪下求情，袁说你们来晚了一步，他已经被处刑了。此一事，舅父得罪了北洋界的老人们，他常训诫我们要小心谨慎，以免使他们抓着机会报复。其他如参五路财神案、六大精盐和盐商为引岸争执案、四千万元短期公债变为长期公债案，亦皆轰动一时。办理公债案时，袁曾特别召见，问夏公已接受此案没有，当告以业已接受；袁继问是否已经提出纠弹，又答以业已提出；袁说："那么你就办吧？"其时涉嫌最重之王克敏曾贿送夏公者二百万元，夏公拒绝不受。但此案后来还是秉承袁意不了了之。最后一案是弹劾筹安会，袁把夏公请去说："你又何必呢？他们是研究学术，讲讲理论而已，不必理他们。"夏公殊不以为然。

袁初设肃政厅诛王治馨以示信，以后肃政史所提弹劾案概不利于己，这不仅我舅父一人如此，对另外一位肃政史王瑚（铁珊）也是一样。当时肃政史均是风骨棱棱的人物，在纠弹筹安会案成立后，改洪宪之前，袁只好派他们分赴各省巡察以免妨碍帝制之进行，每人给一印章，对不肖官吏可先撤职后弹劾，肃政史们不奉召不能回京，所以他们说这是"放逐"。夏公负责巡视湖北、安徽、江西各省，乘机回籍休息。直至袁死，黎元洪继任，夏公才出任大总统府秘书长职，再回北京。

(2)"复辟"的一幕滑稽剧

我要谈的第二件事是"复辟"，当张勋及倪嗣冲召集北洋派督军在徐州会议时，我舅父对当时的局势很注意，他去王士珍家和王研究，王说："大总统一向主张裁兵，裁兵了，督军便当不成，所以督军们就对他们的部下说：'大总统要打破我们的饭碗'。"这句话在北洋军队中颇具煽动力量，王士珍当时清望很高，但无实权，平时门庭冷落，后来复辟一幕他也曾参加。

黎大总统在李经羲、王士珍等建议下，调张勋入京，张氏又在徐世昌、段祺瑞的挑拨下，要黎解散国会，我和舅父说："黎总统最后可依仗的只有个国会了，虽然国会本身没有武力，但他们总是全国的代表，假如解散了国会，黎总统成了个孤家寡人，将何所恃？张勋不一定靠得住。"舅父说："明知这是一帖毒药，但李经羲这样主张，王士珍又极力赞成，江朝宗也表示支持，黎又能如何？他恐怕非解散国会不可。"

当时先兄在国务院铨叙局任签事，七月一日天未亮接表弟（舅父的儿子）自东城（舅家住东城，我兄弟二人住西城）打来电话说半夜总统要我舅父进公府，听说在闹复辟，这消息宛如一声晴天霹雳。

向来住在北京城里的人，若仔细观察，在政变的前夕总是可以看出些征兆，例如，一向喜欢听戏的政府大员突然不去听戏，因此戏院里的人少了，钞票突然贬值。不过这次我遇到个例外，第二天天亮，我就拿了纸币去钱庄兑换，价值未贬，可见这个突然而来的政变消息，还没传到每个老百姓的耳朵。我坐胶皮车去北池子，看见电报局有辫子兵把守，经天安门时大概有一营辫子兵把守，从东华门到南池子一段夹道上皆辫子兵，因为张勋要从南池子他的官邸入东华门上朝。

我和表弟谈了几句话就去总统府，府中人心惶惶，不仅对外电报不通，连总统用的电话都切断了，门卫加严，不能随便出入。那天上午梁鼎芬请舅父陪同见黎大总统，梁劝黎奉还大政，黎公正言厉色说："先生若以清室遗民来与元洪话旧，自当竭诚欢迎，若为复辟而来，今天我是民国大总统，我统御无方，使逆贼叛变民国，我当为民国尽忠，你是清室大臣，你也该为清室尽节，我们同归于尽吧。"梁一言不发，低头退出。我亲眼见到这一幕，梁穿长袍、马褂、呢帽、长辫，留前腮胡，矮胖身材，步履颇健，脸上的表情则很颓丧。

这天总统府忙得很，大家在研究办法，终无法可筹。北京的报纸上竟说黎总统上了奏折归还大政，黎想辟谣，但电话都打不出，电报更不必说。乃派刘钟秀（总统府日文秘书）及蒋作宾（参谋次长）二人去日本公使馆，要求日本使馆给我发电报，一个电报是黎的辟谣，另一纸是黎的命令，依法请冯国璋在南京就大总统职，段祺瑞在天津出任国务总理，同时派员送大总统印信去南京。辟谣的电及命令既已发出，大总统的职权已有交代，黎遂决定以平民身份离府到东交民巷避难，刘钟秀同蒋作宾先往日使馆，秘密征得日公使的同意，于二日黄昏时由蒋陪侍乘总统红牌汽车驶入日本兵营，同行者有我的舅父、金永炎、黎澍、饶汉祥、哈汉章、刘钟秀及广传寅等。

黄昏后，北京城里只有大总统府挂着一面五色旗，其余均改挂了龙旗。当时总统府的警卫旅长是萧安国，隶属陈光远的十二师，萧是湖北人，武昌起义时是辎重营的管带，随张彪过江的就是他，他是廕昌的门生，曾留学德国，陈光远也去过德国，陈为袁世凯模范团副团长时，即以德国操训练该团，可能陈、萧在德国时认识，或因萧安国的关系，辫子兵一直未敢对总统府和总统有何行动，萧因参与复辟之谋，故先得知消息密报黎公。

在刚复辟的几天，每天发表上谕封爵封官，布告是红的颜色，改元为宣统九年，压在箱底下已六年的顶戴、朝衣又出笼了，在东华门一带蹒跚蠕动，古人所说的沐猴而冠，没想到会在北京首善之区演出，一出前门就看到龙旗，人们若无其事的照常生活着，对于城里面那些大清皇帝的臣民的动静是漠不关心的，真是一幕滑稽的闹剧。

随着段祺瑞马厂誓师，热闹的场面也渐渐冷下来了。龙旗、袍顶一天比一天少，到七月十三日段军入城，仅在南池子有轻微的枪战，辫子兵很快就瓦解了，张勋逃入荷兰使馆，一段公案宣告结束。

（3）对汤化龙的印象

复辟的一幕过去了，黎元洪自日兵营回到了东厂胡同，旋赴天津。此次政变更使我相信在我们的国度里，没有实力就无法维持一个政府，政党如无实力也是空有其名，议会都可随时被解散，还谈什么政党，连总统也是一样，若无实力作后盾，则必须听从军阀的安排，黎元洪这次诚然落得个可怜的下场，以后的徐世昌，甚至有些实力的段祺瑞也都不能摆脱军阀的干预。因此我想到孙总理为什么坚持建都南京，无非想脱离北洋系军人控制之北京而已，若就地理形势言，北平自较南京好。

本来在复辟之前，全国的政局已经乱烘烘闹得一团糟，不但西南各省没有个中心的力量，成为各自为政的局面，而北洋军人自袁死后，也分成直、皖两系，明争暗斗，各不相下，而关外的奉系，也渐渐形成负嵎之势，闹得北京政府政令不出都门，黎元洪形同傀儡，纯仰军阀鼻息。不过，政治尽管那样混乱，但北京的学校，弦歌不辍，却仍不失为干净土，学生们都能兢兢业业的埋头读书，就连我们陆大的同学也不例外。我们那时生活很快乐，一律称为学员，不带职而仍照常领薪，物价低廉，开支很阔绰，加以概不参与政争，专心学业，对于日本教官讲欧战的情形，倒很感兴趣，尤其对汤化龙的外交史听得甚为起劲，汤在袁世凯当政时期，曾做过教育总长，因不赞成帝制辞职。他的口才好，他和梁启超、汪精卫三人，是我听到的所有的演讲的人中最好的，他们的讲话无需草稿，纪录下来就是一篇好文章。

汤当时是众议院议长，有一次在上课的时候先后去接了四次电话，都是国务总理段祺瑞打来的，汤到最后一次接了电话回来说："本来不应该对人讲的，因为这是国家的秘密，但陆大就是守秘密的地方，告诉你们也无妨，国务院正在研究欧战的问题，以后电话再来，我不接了。"可见他把讲课看得多么重要。

复辟之役平定后，汤当了段内阁的内务总长，国会议员张伯烈（亚农）与汤商量请汤让陆大的这门课给他教，汤说："内务总长可让，这门课不能让。”这个故事，前面已经讲过，可见当时有政治野心的人是如何想和陆大建立关系，他们志不在每月一百四十元的钟点费，是毫无疑问的。汤任内务总长仅四个月，与段意见不合去职；民国七年赴美游历，不幸于八月在美被刺殒命，是我国政治人才一大损失。

八、参加“荆襄自主”之役

1.“荆襄自主”的酝酿

当段祺瑞因平定“复辟”，再任国务总理，不主张恢复国会，于是中山先生率领部分国会议员赴粤召开非常会议，当选为大元帅，以护法为号召。西南各省，纷起响应，是为南北分裂，而段力主武力统一，派兵侵入湖南，引起战祸；复派其妻舅吴光新带兵入川查办，但入湘之第八师长王汝贤、第二十师长范国璋，受总统冯国璋之暗示，主张停战议和，段遂辞国务总理职，改任参战督办，是为直皖两系之不和。于是在民国六年十二月中旬，驻荆州之湖北第一师师长石星川，驻襄阳之中央第九师师长黎天才，与川滇黔靖国军联络，合组湖北靖国军，黎任总司令，石副之，在荆襄两地通电独立，是为“荆襄自主”之役。

在此役发动之前，我在陆大专心课业，不问外务，可是说来也颇不容易，因为大家都从部队中来，不论对于军事或政治的关系都断不了，所以在事前，石星川（汉航）、朱兆熊（渭卿）二先生及胡廷佐（子勋）、黄继超（润琴）诸老友都来信或电报催我和谢冰如回荆州一行，我们感到十分困扰，虽不确切知道要我们回去做什么，但也猜个大概，我们认为采取行动时机尚未成熟，遂去请示蒋百里师，百里师说：“不论军事还是政治都不会成功，至于因朋友关系，在道义上你们应怎样做，那该由你们自己决定。”我说：“百里师早已替我们树立了榜样，我们明知不免虚此一行，但为了师长，为了朋友、同志决定去荆州共赴患难。”百里师亦颇以为然，我们并且秘密告诉陆大校长胡龙骧先生，胡校长只嘱咐我们早去早回。我们离开北京的那天，已读到石星川和黎天才在荆州发布的独立宣言，他们本着拥护孙大元帅、维护民元约法的主张，响应川滇黔靖国军。他们以两师之众组织联军反对北京政府，于是北京政府乃命第三师长曹锟率部援鄂，吴光新亦自重庆退宜昌回兵攻石星川。我们到荆州时，石星川攻宜昌的军队已到了董市，当我们赶到董市时，前方的军队已经溃败，胡廷佐和黄继超都阵亡了，这是民国七年一月间的事。

2. 张笃伦的策动及败退湘西

后来听说这次运动荆襄独立是张笃伦的杰作，笃伦是我的同学，号伯常，能言善辩，我叫他“申公豹”，是小说《封神榜》上一个反复无常的角色，他对人很体贴，汪精卫对他很好，他和张岳军关系也不错，有一次岳军曾和我说：“假若伯常有我这样的历史背景，他早做了行政院长了。”可惜伯常人甚聪明，读书不够，基础太差，他不肯相信书本上的理论。

当段祺瑞妻舅吴光新入川查办时，熊克武（锦帆）在重庆宣称独立，自号总司令，适笃伦此时和夏斗寅（灵炳）已去川，熊即要张回鄂运动石星川、朱兆熊等响应，张和夏回鄂以后，张先去说服胡廷佐团长，胡曾因参加辛亥起义负伤，有此种历史渊源比较容易和西南各省沟通，他有血性，勇气足，但学识不够，对于大势不能有正确的了解，他在鄂一直受王占元的压迫，早已仇恨在心，经过张笃伦几次劝诱，胡先被说服了。张又去说服旅长朱兆熊，最后去找师长石星川，石也就只好答应，最后张笃伦再去秘密联络黎天才，一切布置好了，于是黎天才、石星川被推为靖国鄂军总、副司令，朱兆熊为招讨使，孙国安为第一纵队司令，胡廷佐为第二纵队司令，就向刚退出四川守宜昌的吴光新进攻了。吴实力坚强，互有胜负，后来北京政府电令援鄂军队，急攻荆襄。到民国七年一月十九日，石星川部主力败溃，二十六日，荆州失守，自主遂告失败，其时粤桂湘联军谭浩明自桂来湘的部队，刚到长沙，救援不及，各方面未联络好，荆襄即轻举妄动，致被敌人各个击破，张笃伦实要负此役失败的责任，他不知大部队正面作战必不同于游击战，战略、战术的原则必须讲求，否则是没有不失败的。

3. 夏斗寅与鄂军步兵团

胡庭佐和黄继超二位阵亡以后，部队瓦解了大半，石星川遁走日本领事馆，黎天才亦因援绝出亡，所部为曹锟及吴光新收编，其余若石部李书城（筱垣）旅，则率残部自湘西入湘，往投粤桂湘联军。朱兆熊有一营人因守沙市，未参加作战，朱遂命全营过江至公安，适于此时，李部营长夏斗寅在败退的路上捡到两箱钞票，遂命士兵抬箱过江，过江后许多士兵多因长官阵亡或走散而不知所从，夏因捡到大批钞票，即趁此机会招集士兵，大加扩充，遂率部也到了公安。

那时湖北流亡人士如唐克明、何成濬（雪竹）等都闻讯集中于公安，唐克明曾因过继给舅父改姓黎，起义后再恢复本姓，他是日本士官毕业。武昌起义后，湖北成立八镇，旋改为八师，他就任第一师师长，石星川后来就是接他的位置，现在石星川既然已脱离部队，唐即时赶到公安以总司令的名义招集旧部，遂带大部分官兵去鄂西恩施一带与靖国军联系，他们在那里滞留多年，但始终无法发展，蔡济民和蓝天蔚后来都曾去过，蔡而且死在鄂西。

李书城此时受任为湘西督办驻常德，他辖有桂军林俊廷一旅人，常不听他指挥，幸而夏斗寅率部队投奔他，朱兆熊剩下的一督人也由胡右勋率领去湖南津市，李书城的鄂军声势才稍好一点，其时黎元洪的亲信金永炎（晓峰）在长沙做谭浩明的顾问，金力促朱兆熊将一营军队移交给李书城。张笃伦和我也从中出了大力。因为我深知朱不会有大的作为，他无大志，怕吃苦，怎会有前途？相反的我对李书城很敬重，尤其张笃伦有野心，野心是打烂仗的基本条件，我因和朱兆熊有私交，所以我可以直接劝他，金永炎和何成濬又都很赞成，于是朱的部队就移交了。

李书城将朱兆熊与夏斗寅两部编为两个梯团，由张笃伦为第一梯团司令，夏斗寅为第二梯团司令，李书城再带这批部队于民国七年三月从华容一线到岳州，当时湖南总司令程潜正统军与北军入湘之第七师张敬尧部激战，李书城部赶到时，正逢程军刚刚败溃，遂担负起掩护程军撤退的任务。李书城部旋亦率部撤退至长沙，时黔桂粤联军总司令谭浩明不及设防，业已自长沙退出，张敬尧率军前进，包围长沙，城内绅商出面请求，张允许让李书城之鄂军和平退出，张军随后入城，于是李书城率部一直退到湘南永兴，才和张笃伦一齐把剩下的部队交给夏斗寅而各走天涯了。夏部军队编为“鄂军团”，李书城在离开部队之前，对此一鄂军烬余，曾为之先容于谭浩明，继又向湖南督军谭延闿说项，于是谭乃任夏斗寅为鄂军步兵团长，而此硕果仅存之鄂军，乃得暂时在湖南托足，未受改编，以后夏斗寅的凭藉此军建功立业、参加北伐，洊至专圻，亦胥由于此。

九、 重回陆大完成学业以后

1. 山西任职与中止外蒙之行

本来在石星川攻宜昌的部队败下来时，我就想回陆大，可是朱兆熊拉着我不放，要我同他去湖南看看，我欣然接受，遂先后随着部队到过长沙和常德，我观察湘省军政的情形，感到很失望，他们的作风和北方的军阀没有什么两样，我决心回陆大完成学业。我于民七夏初，再回北京时，参谋本部的人事已有调动，由张怀芝任参谋总长，陆大一期毕业的段系大将陆锦为参谋次长，陆是江苏如皋人，另一段系要人熊炳琦做了陆大的校长，我在学校感到很痛苦，因为他们已经知道我回南方去做些什么，湖北督军王占元有详细报告给北京，我也不能否认，在精神上老觉得深受威胁，随时都会有人讽刺我。虽然如此，我还是决心要完成学业。到民国八年夏天我的课程都修完了，只剩下参谋旅行和毕业考试，实在不愿再待下去，遂决心放弃那一纸文凭。

适保定同学杨爱源来信，邀我去山西军官教导团任职，我立即接受，前往太原。阎锡山先生当时是山西督军，但作风与其他的北洋军人不同，他很重用保定毕业的同学。像第一旅旅长商震（启予）、第二旅旅长赵戴文、第三旅旅长孔繁蔚、教导团团长孔繁锦，以及所有团营长均由保定各期毕业同学担任，他们对我都很好，很想要我带队伍，但我宁愿做教官。

我在山西教了几个月的书，正好接到同乡前辈陈士可（毅）先生的电报，要我到外蒙去，那时，陈先生是库乌科唐都护使（库乌科唐系库伦、乌里雅苏台、科布多、唐努乌梁海四地之简称）兼驻库伦办事大员，另外又派了四个副使分驻四地，我只记得驻唐努乌梁海的副使是一位留俄的严式超（孟班）。陈先生带去的兵是一个混成旅，他的参谋长范绍陔（熙绩）也是湖北同乡，他是留日士官第六期毕业，和蔡松坡（锷）先生同班，范是全班最年轻的一个，陈先生属下的军官很多是我保定及陆大的同学，陈先生的电报要我去当作战后勤科长，我只好离太原回北京。在北京策划了多日，总算一切就绪，我奉派去视察张家口至滂江的交通线以便作运输计划。刚到滂江即接家兄来信，告知舅父夏寿康公已被任命为湖北省长，要我随侍他回省履任。同时舅父也去信给陈士可先生请同意调我回鄂，我对于治理边疆的工作极感兴趣，可是现在只好放弃这个难得的机会而去追随舅父了。舅父很需要我，因为舅母已去世，子女正读书（一个留法，一个在北大），他近年来身体也欠佳，能有我在傍，自然好得多。

2. 随侍舅父回鄂主政

寿康公这次是在湖北旅京人士高唱“鄂人治鄂”的声中被任命为湖北省长的，他对于此职兴趣不高，他本来在北京任平政院长，这一职位相当于今日的行政法院院长，位高事闲，对老年人极为相宜；而当时的湖北省长，虽说是一省民政长官，但政令不出武昌，并且还时时受到督军的牵制，这与老年人心意不合，因徒呕闲气，结果于事无补。然而在湖北旅京人士的要求及黎元洪致函徐世昌总统敦促下，又是政府的明令发表，他又怎能不去呢？

当寿康公乘京汉路火车抵达大智门车站时，欢迎者约数千人，大半是地方绅商，人群中有一位名字叫施泽的，利用机会演说，煽动群众，攻击军阀，走来走去，毫无畏惧，民情如此，益触军阀之忌，使寿康公办事益感棘手。后来施泽因为倡导共产主义被杀害了。

寿康公下车渡江先到武昌都府堤借住柯逢时（前江西巡抚及八省士膏捐督办大臣）的分馆，当晚即有王占元部下第二师长孙传芳的一连兵来包围，孙警告寿康公不要接任省长，并不许和外界连络。当时和寿康公一同回鄂的有新任政务厅长沈润琴（湖北天门），秘书长饶凤璜（湖北恩施），他们两人都是和寿康公同年的翰林，也都是老京官。饶凤璜因与王占元的参谋长何佩镕（韵珊）是小同乡，即往晤何和他商量应付，何知道这样做太不成话，乃和王占元讲过明白，第二天早晨包围的兵才撤退。

等到解围以后，寿康公即渡江去汉口总商会电告徐总统辞职，徐世昌旋派王士珍到汉口慰问，并陪王占元两度来访，王再三表示歉意，对于军队包围住处一事，事先毫无所知，并且定要惩罚所部，至此寿康公才答应先在汉口接印视事，不愿去武昌。于是在汉口特三区（已收回的德租界）暂设行署，本人仍旧住在总商会，但曾往武昌回拜王占元一次。寿康公的好友王芝祥在京闻讯，特别派了四个精于国术且善射击的保镖来保护，他们什么名义也不要，行坐不离，贴身随从，真是难得。

3. 建立湖北自卫武力之失败

在这样情形之下，寿康公的省长不会太长久，我想乘在他任内建立些地方武力。我先找沈政务厅长和饶秘书长商量，他们同意了，我再去向寿康公建议，当时湖北各县都有保卫团，平均每县至少有一营人，全省七十一个县，那么至少有七十一营，十二个营为一师，一共可编六个师，编练这些部队无需另外花钱，他们都有饷有械有服装，所缺的是教育训练。我即着手先编训一营作为省府的卫队，名为省政府保安大队，以三个月训练完成，作为示范营或者调赴其他县分替换训练，预计一年的时间，将全省各县训练完毕，我拟好了计划和预算，立即获准。于是着手编练，我自任省府保安大队长，谢履为副大队长，下辖四个中队，排长以上的干部都是保定毕业的同学，大队部在滠口成立，各中队分在黄陂、孝感等县募兵，三天就招齐了。其中不少中学生及家塾出身的年轻人。我向武、黄、孝沔等县共借来步枪五百枝，服装是汉口商人送的，筹备了一周即开始训练。王占元起初没注意此事，及至听说所有干部都是生气蓬勃的保定毕业生，并且加紧练兵，于是他和孙传芳都觉得非同小可，一旦训练完成，将是他们的劲敌，乃立刻向徐总统、陆军部、参谋本部陈述，竭力反对，先后发出电报和信件有五十多件。因此，徐世昌又派王士珍来劝寿康公过江接事，并解散部队。寿康公原只答应做三个月的省长，并无丝毫争权夺利之心，遂在王占元的迎接下过江了。而我苦心训练的保安大队也受到形势的限制，只好解散了。

4. 夏寿康与王占元

我在武昌住了几个月，没有任何名义，纯以私人关系帮忙。

我觉得寿康公这个省长没法做下去，一个厅长都不能更换，他们都是以前由王占元委派的，对于新任省长不得不躲得远远的。甚至连县长也不能委派，他们都是王占元的部下，或是马弁和亲戚。

在表面上大家都装作客气，督军和省长你来访、我回拜。若过有需要省长和督军共同处理的政务时，皆由省府的政务厅长负责洽商。省长能管的事太少，即连地方上的教育都没法过问。不过当时的省长确是个肥缺，即使一文不贪每年也可得二十万大洋。主要来源有四：第一，督军和省长都可在造币厂的“附铸”项下分得若干万花红；第二是出自湖北官钱局因发钞票得来的盈余。湖北官钱局是张之洞创办的，信用很好，该局发行的钞票北至郑州，南至衡阳，西至重庆，东至芜湖，皆通行无阻；第三是纱麻四局出租的租金，其中也有一部份抽归省长；第四是象鼻山的矿砂向日本出口所卖得的款项，省长也可分润一部份。但是寿康公不要这些钱，他问我怎样处理，我主张作为江汉大学的基金。他表示赞同，遂命政务厅草拟基金保管办法，提出政务会议通过。那里想到寿康公辞去省政后，他的后任不但不遵照办理，反而照旧饱入私囊；反而把寿康公移交下来的基金也全部奉送给王占元了。

在寿康公任内，有一次王占元要发行一千万官钱票作为军费，政务厅长向他报告，他不答应，结果王的部下大闹，他仍坚持不准，王的原议只好作罢。

还有一件有趣的事，曾经参与起义的何锡藩，当时是水上警察厅长，他和寿康公有私交，忽然有一天来秘密报告，说他在汉阳缉获一小火轮装载鸦片烟五十余大箱，他知道省长穷，想用这些烟土来补助开支，寿康公听完何的报告，立即请高等审判厅长来处理，审判厅长先去汉阳查封，次日，将烟土运到汉阳门外烧毁，那天去看烧烟土的人多极了，后来才知道这些烟土是王占元的副官长所贩卖的，事发潜逃。而何锡藩对这样的处理，大出意外，悔恨不已。

另外，冯玉祥当时率部驻在信阳，他知道王占元和寿康公不睦，派了他的一位姓薛的处长（我猜可能是薛笃弼）携信来见寿康公，大意是需借二万两过年，请帮忙；并说寿康公如有命令，他的部队可朝发夕至。寿康公回冯的信中说湖北财政困难，省府无能为力，送了二百元旅费给薛，薛不接受钱和信，扬长而去。过后，寿康公告诉我："我求去而不可得，如要冯玉祥来保护我，立刻引起兵戎相见，我岂不成了湖北罪人?"

5. 对军阀专横的感想

寿康公的处境很难，几乎处处受王占元及其部下的掣肘，不过稍后总算有两件事他可以作主：第一，当知县出缺时，他可以委派。他委任县长之前，往往翻来覆去，极费心思，决定后他亲自将名字写到一块木牌上去，我再开门叫当差的来拿去挂在大堂上。这是清朝督抚任免所属官吏的一个传统制度，名叫"挂牌"，一直到民国初年，相沿未改。第二，是兴水利。寿康公一向对于水利工作有兴趣，当年他中举时也是得助于有关水利的策论，因此在他省长任内他很想在水利建设方面有所表现。

寿康公做了不到一年的省长，先后四次电报向北京请辞，最后徐总统总算批准了。他当时有一诗，从诗中足可看出他的心境，我记得是："不到尸佗林，不知尸可怕，不到省公署，不知官可怕。尸可怕，欲生不得生，官可怕，欲罢不能罢，去尸容易去官难，千古英雄齐泪下。"环境甚劣可知。寿康公离鄂时，仍由我随侍返京，他被调任为京畿河工督办，并未就职，只在北京闲住，从此脱离政治漩涡，闭门谢客，不问政事，三年后即民国十二年，他竟完全丢下了人世间的烦恼，与世长辞了。舅父一生正直廉洁、不善适应环境，实一名符其实的书生。他诗词书画俱有相当造诣，可惜未能印行，恐怕这些年来也完全散佚了。所幸外祖的诗，早已由寿康公印成了诗集，得以保存。

现在想来，民初军阀诚然专横，但在某些方面，他们仍然有所忌惮，未敢悍然不顾。例如王占元要加发官钱票，夏公反对，王也只好作罢。可见当时省长如果不肯苟同，不甘做督军的傀儡，督军也照样没办法。另外像李开侁（隐尘）当广东巡按使时，坚持不开赌禁，龙济光虽为督军也无可如何。龙济光为了开烟禁好赚钱，不惜低首下心的去捧他，所以李母过生日时，排场极隆重，龙更乘机捧场，设法想讨李的欢心，但仍然不能打动他，李开侁有才具，文字好，思想敏捷，个性甚强，深研佛理，和太虚法师私交不恶。以李当时的力量和职位实不能和龙济光比，而他竟能在龙的压力下不屈服，反使龙不得不向他用软工夫，实在不容易。

还有我在北京时，王瑚（铁珊）做京兆尹，有一天深夜从城外归来，西直门已关闭，他只好等到天亮城门开了才进城。他的生活很俭朴，家里的家具简单，招待客人的坐具，仅有几把折叠椅子。他的儿子找事情，不敢找自己的父亲，只好托别人。可见当时有骨气的人还是不少。

寿康公任湖北省长是民国八、九年间事，他辞职返京后，我亦无所事事，遂往晋、鲁各地游历，最后出关至沈阳，见东北物产富饶，且介于日俄两大之间，国防关系至钜。此时张作霖拥有奉吉黑三省地盘，以东北讲武堂为训练军事干部中心，自成一系统，埋头苦干，时时作问鼎中原之想，可谓志不在小。友人留我任职，我因意趣不投，乃倦游返京。适湘省旧雨，叠电催我南下，遂自京赴汉，而湘省援鄂自治之役，已引起战端了！

十、 赵恒惕统治下的湖南

1. 湘省援鄂自治之役

许多书把民国十年夏秋间湘省出军攻击王占元的战争写成湘鄂之战，这种称呼是不适当的。王占元是北洋军阀，不能代表鄂人，若把此役称为“湘军援鄂自治之役”则较切合事实。

这次的军事行动实发自民国九年盛行的“联省自治”运动，也就是湘人治湘、鄂人治鄂的这种观念一路发展的结果，其主要之意义是在挣脱北军的征服和压迫，像苏督李纯、赣督陈光远都是以征服者之姿态出现，和满清的封疆大吏督抚则大不同。

十年来全国可说一直处在分裂的状态，尤其袁世凯死后，更缺乏一个强有力的政治中心，中央政府往往还得仰承军阀的鼻息，北京政府如此，广州的护法军政府亦然。北京政府要更换一个内阁总理都需先看看直系或奉系的脸色。在此种局势下，联省自治之说乃应运而生，这为对付北洋军阀统治，未尝不是一个好办法，在政治上可解决纠缠不清的纷争，在军事上也可阻挡北洋势力的南侵。这种主张，梁任公是否赞成我不清楚，不过我确知蒋百里师是极力支持的。湖南是联省自治的发源地，自从民国七年把张敬尧赶走以后，湖南即开始有自治的趋向。此时湖南的局面比较稳定，军队整编亦蓬勃有起色，再加上湖北人之反对王占元者如孔庚、朱兆熊、金永炎等纷纷入湘，益壮湘省的声势。他们和赵恒惕（炎午）都是士官同学而且是同盟会的会员，还有其他主张“鄂人治鄂”的湖北人也乘机入湘，有的来自武汉，有的来自广东。适值孙中山先生此时正赴桂林作北伐之谋。因此来自广东的鄂人想说湘军参加北伐，来自武汉的想借湘军驱走王占元。而赵恒惕处此局面下，感受南北的压力，遂不得不和四川的刘湘联络，图倡联省自治以自保。既有四川的结盟，再加鄂人的鼓动，湘省终于出军援鄂。

当时湘省的军事情势大致如下：

实力最强的是宋鹤庚的第一师，他辖下的第一旅是贺耀祖，第二旅是唐生智（孟潇）。鲁涤平的第二师辖有张辉瓒（石侯）的第一旅，刘铏的第二旅。除以上的两个师，还有叶开鑫（竞和）的一个混成旅，湘西镇守使唐荣阳大约也有一个混成旅，另外何键也有一支队。

他们的作战部署如下：赵恒惕为湘鄂联军总司令，宋鹤庚为援鄂总指挥；中路是第一、二两师，第一师在前，第二师在后，沿武长铁路向北推进，由湘鄂边界的羊楼司攻洧河、咸宁。右翼由叶开鑫指挥，除叶部一个混成旅，尚有夏斗寅的鄂军，由南江桥进通城崇阳。左翼是唐荣阳的一个混成旅和何键的一个支队，是最弱的一环，何部虽名之为骑兵团，实际上连马都没有，他们一路由公安、石首向荆河推进。

北方军队以孙传芳部为主力，王占元派孙为前敌总司令兼中路司令，刘跃龙、王都庆为左右路司令。宋鹤庚的前锋唐生智和贺耀祖两旅在湖北蒲圻附近的赵李桥车站和孙传芳部发生激烈战斗，孙部败退，横尸遍野，湘军遂占领了蒲圻和汀泗桥，正要攻咸宁，北京政府发表吴佩孚为两湖巡阅使，萧耀南为湖北督军，孙传芳为长江上游总司令，吴佩孚督师南来，率萧耀南、孙传芳等反攻，吴一面命王承斌、萧耀南、张福来大军攻我正面，一面亲率海军攻陷城陵矶、岳州，断我后路。此时右翼已占崇阳，亦被迫撤退，昼夜行军，又值大雨，道路泥泞，行军极苦。

或许因联络困难，电报必须经由汉口转至四川，所以川军出动太迟，未能配合湘军同时发动，迨至赵恒惕和吴佩孚在岳州兵舰上订了城下之盟以后，吴又统兵至宜昌击溃了但懋辛率领的川军。从此直到北伐的前夕、赵辞职下野止，赵与吴始终维持着良好的关系。此役的结果是，王占元被迫离开了湖北，吴佩孚乘机掌握了长江，声誉益隆，湖南的自治之局也益稳定，

我到湘后即在总指挥部当参谋，管作战方面的事。这次随军又败退到湖南，接先母病讯，我即回鄂看视母亲的病。当时全国的局势，实在令人失望，南方各省如川、黔、粤、桂、闽俱糜烂不堪，北方的中央政府则正忙于应付直奉两系的纷争。母病愈后，正逢多雨的夏秋之际，襄河大水，王家营大堤崩溃，天门、潢川、孝感、黄陂数县都被淹没，鄂督兼省长萧耀南聘请李隐尘（开侁）先生为王家营堤工督办，他即放下了研究大乘的佛理，离开北京来鄂应聘，我即被邀做了筑堤的助手。

2. 我当了宋鹤庚的参谋

民国十一年，宋鹤庚和参谋长方鼎英（伯雄）一再来信催促，我终于又回到了湖南，宋对我实在不错，他悬了一个参谋的缺等我一年，有很多人想那个职位，他都拒绝了。唐生智想拉我

去当参谋长，我去过他那里一趟，仍回到宋处任职，因为我和唐先后同寝室或同教室共达五年之久，对他很清楚，唐为人狡诈，最难相处，不容易共事，我婉谢了他的拉拢，仍可保持友谊。本来，我在回湘以前曾写信给舅父征求意见，他同意我回湘，我也在信中要他劝黎元洪不要再跳火坑，空言废督裁兵无济于事，舅父说他曾劝阻黎公，可是黎受饶汉祥、金永炎及政客们的包围，不听舅父的劝告，终于在直系的支持下又于是年六月复职，做他的大总统了。

我到长沙时正碰到第七混成旅陈嘉佑部在湘南叛变，赵恒惕派宋鹤庚征讨，我和方鼎英见过面，即随师长出发，陈嘉佑倾向程潜，因此湖南的军队一致讨陈，陈不能抗拒，只好率部退到广东，以后便成了程潜的政治资本。我也随着宋先生复员回到长沙。自民国十一年至十二年间，我个人在湖南很清闲，公事很少，宋鹤庚很少来师部，经常由方鼎英主持一切，参谋长之下一共两个参谋，就是谢履（冰如）和我，谢应酬特别多，常外出，因此大半时间驻在司令部只是我一个人，好在事情简单，我一人尽可应付，有时连书记的事我也做，只有一个勤务兵帮我把公事拟好了送给参谋长去判行。宋鹤庚偶然来师部时，多半是因为有政客自广东来访，他往往派我向来客说明南北军情并判断个别的战况。我的资料是由报纸上得来，并非根据情报，我们限于经费，没有向各地派驻情报人员，当时似乎没有这种专门工作。值得安慰的，是我判断的结果，往往和几天后报纸上所登载的相去不远。司令部对各地报纸都订购，详细察看，总有线索可寻，所以每次判断大致差不多。宋先生有一次和来客说：“你们广东来人所说的，往往不如我的一个参谋。”除了一些送往迎来的场合，我很少见到宋鹤庚来过师部，其他的将领也很少见面。我们的师部设在长沙曾文正公祠，该祠分成前后二部分，前面是第一师师部，后面是艺芳女校，曾宝荪是校长。我们的师部形同虚设，只是办一些普通公文而已，宋师长接见将领和有关各方面政治上的交往都是在公馆。

鲁涤平的第二师师部也驻长沙，师部的两位参谋，一是龚浩，另一是吴尚，这两位参谋也颇受旅团长们的敬重，故每有大宴会，第一师的谢、万，第二师的龚、吴四位参谋必被邀请，龚、吴虽也都是保定、陆大的同学，但我们除参加吃饭外，有关政治的事情，我们则一概不谈。我的处境相当苦闷，当时流行“穷参谋，富副官”的口头禅，参谋生活的清苦可想而知，但我最大的苦闷还是在不见开拓个局面，而自己的工作则又停滞在不见轻也不见重的阶段，尤其湖南省的内部似乎正有大事在酝酿着。其主要原因还是出在各将领的专横，更清楚的说一切起自争取财源。

当时湘省的军队大致分布如下：

①第一师宋鹤庚的两个旅：唐生智旅驻常德，贺耀祖旅驻益阳。

②第二师鲁涤平的两旅：张辉瓒旅驻华容，刘铏旅驻长沙。

③第一混成旅叶开鑫驻岳州。

④第三混成旅谢国光驻衡阳兼镇守使。

⑤第五混成旅吴剑学驻宝庆兼镇守使。

⑥沅陵镇守使蔡钜猷驻洪江。

⑦鄂军步兵团夏斗寅驻平江、浏阳司令部设长沙。

唐生智自援鄂之役退回以后，积极练兵，每晨下操，他和李品仙、刘兴两团长事必躬亲，军纪极严。贺耀祖也在加强练兵，都是雄心万丈，湖南渐渐的暗潮起伏了。会议后每有风闻，不过我不便探听，因为我是鄂人，又是宋的参谋而与唐生智又有同窗之谊，极易陷入是非。

3. 湖南宣布自治后的权力争夺

民国十一年元旦湖南省宪法公布，蒋百里师是起草人之一，所以我说他支持联省自治，赵恒惕在省宪公布后随即被省议会选举为省长。虽然在政治上湖南保持了个自治之局，但尚不能完全和南北各省脱离关系，尤其在经济上，湘省货物的出入大都要经过汉口，自无法不和湖北维持良好的关系，对于南方呢？湘南的食盐来自广东，和广东的关系自也不能断绝。严格讲来，湖南是无法孤立的，因为政治容易和经济纠缠在一起，其最大的目的无非都是在牟利，汉口的商埠是南北交通的孔道，又是长江上下游货物集散地，决无法可以阻塞，否则税源即告断绝，汉阳兵工厂的枪械更具有诱惑力，因此湖南不能不和吴佩孚拉交情。唐生智得以整军经武，则全赖以鸦片换汉阳兵工厂的枪械。

而湖南境内一如其他省份，军人在当地搜括，虽不像四川的田赋已征收到数十年之后，但各师各旅都未忘记各自的生财之道。云南、贵州鸦片的输出必须经过湘西，而大部经过洪江，正是湘西镇守使蔡钜猷的驻地，鸦片至洪江再分两路转运，北路经常德运往汉口，南路经宝庆、衡阳入粤，沿途军队保护，烟商每至一防区除缴保护费外，尚须纳禁烟税，美其名曰寓禁于征。经过常德者由唐生智征收，欧阳任是宋鹤庚派驻常德的检查处长，有欧百万之称，事实上他是唐的人。经宝庆、衡阳者，则分别由吴剑学、谢国光征收。大利所在，人人都要争夺，因此他们的防地就成了争夺的目标，而洪江一地更是人人垂涎的地盘。

若没有外面的因素，湖南内部尚不致发生问题。当时广东正是孙中山的非常大总统时代，谭延闿在粤，极力向湖南活动，老派军人宋鹤庚、蔡钜猷、谢国光、吴剑学等都倾向谭。他们所部多为湖南弁目学堂出身。只有吴剑学出身和其余几人不一样，他是留日士官生。宋的参谋长方鼎英也倾向谭。而另一派包括叶开鑫、贺耀祖、唐生智及刘铏等则倾向赵恒惕，他们多为保定出身，可说是新派。唯叶开鑫是由第九镇入江南陆师学堂的，蒋锄欧等是广西干部学堂出身，赵恒惕曾当过该校的监督。赵派保定一期我同班同学周礼（尧云）为驻吴佩孚方面的代表，以鸦片烟买枪械也是由他从中谈判，唐生智和周关系深，因此唐得以鸦片换取枪械整军经武。赵、唐等人和吴佩孚接近，说他们倾心相结则未必然，说他们因利害关系而结合则无不可。如此湖南方面因为倾向南北的不同而分成两派，谭延闿到广州后，急于要拉他的旧部中的老派，组成北伐讨贼军，希望重回湖南，因此蔡钜猷所控制的鸦片大量去广东而不去湖北，这样一来唐生智的财路首先受到影响，以致政治暗潮时起，虽然常开会议来求协调，会后往往有联欢会联络感情，表面上等于说问题解决了，至于怎样解决的，我不得而知。

民国十二年，湘省政治终于触到了不可避免的暗礁，赵省长免蔡钜猷的原职调为湖南讲武堂的堂长，蔡不受命，遂引起了武力的冲突，唐生智和蔡钜猷首先发动了“鸦片战争”，赵省长在湘乡召开会议，还想调解，令吴剑学和谢国光做调人，宋鹤庚和鲁涤平也都在湘乡，调解不成，宋不肯回长沙，赵省长要我和谢冰如及两个副官去接宋回省。我到了湘乡，才知道宋对赵的意见很多，他一看到我们就发牢骚，我在他的司令部一年多，没有看到他下过部队，我曾建议他要常去常德、益阳看看部队，给部队常训话才能建立上下的感情，他始终不理。到了今天，唐生智的部队只知有唐，贺耀祖的部队只知有贺，脑子中根本没有个宋师长，连他直属的何键骑兵团也和贺耀祖勾结起来。在他发牢骚时，没有我讲话的余地，到晚上乘凉时，我婉转地向他说："我是湖北人，为了想打回湖北，自然很想打仗，但就目前的形势言，湖南不宜发生战争，处理不当，南北的军队就会介入，湖南的自治必遭毁坏，这种小康局面自然也就无法保持了。现在大家都应该忍让，并请谭先生不要回湘。若谭不听，则应集合部队以武力压迫谭回粤；否则，广东的势力一旦伸入湖南，吴佩孚的军队势必南下，湘省那有不糜烂之理。若以上的措施都做不到，到不得已时，你只好引退，那自然是下下策了。"

4. 宋鹤庚离开湖南的经过

第三天晚间，宋先生把我们找去，他说："我到长沙，你们能保证我的安全吗?"我们都说决不会有问题，他说："那么明晨就走。"

次日行至长沙的岳麓山附近，宋忽停止前进，派他的军需处长入城，并要我们也先过江入城。我们回到长沙先向赵省长报告，然后稍事休息，当我们再回去找宋时，他已上了船准备去湘潭，我力劝阻，他不肯听，反而叫我一同去。到了湘潭又改乘日本船，看来他早已布置好了，不过我还希望做最后的努力，我力陈利害得失，请他登岸，他怎样也不肯。及至到了汉口，再劝他住租界旅馆，他毫不为我所动，即准备搭乘往上海的船。我仍苦劝："你离开自己培植的军队，今后一切恐无从做起了。"他说："我去卖粉条（拿粉笔教书）。"他要我回司令部料理一切。我回到了长沙，司令部一切如旧，只是方鼎英已离司令部多日，我到夏斗寅的司令部去探听消息，发现夏也正准备走，他们的行李都已扎好了。夏告诉我，叶开鑫部团长朱耀华，受谭延闿运动倒戈，正渡湘江向长沙而来，省城空虚不能守，他即率卫队护赵省长离去，并说已电唐生智、叶开鑫回军靖乱。他约我同行，我因对于当时的情况不太明了，未允。我匆匆告别，时已黄昏，不久即闻枪声四起，朱部已入长沙，部队已分别向浏阳门和小吴门追击，我换便衣避入民宅，听说他们对第一师很客气，未进入第一师司令部。这次的军事行动是方鼎英策划的，事起时他在第一师炮兵团，该团驻岳麓山，团长黄辉祖是宋的亲信，和朱耀华同时渡江袭取长沙。方鼎英知我在长沙，他亲自找到我，要我帮他忙，我断然拒绝了。后来听说黄辉祖持手枪到司令部找我，他误认宋鹤庚离湘是我的主张。次日，方持宋先生来电交给我，宋要我去上海一行，适当日唐生智也有人约我，要我去唐处，并告诉我第二师的刘铏旅叶琪团和唐一致行动。既然宋来电要我赴沪，我总该有个交代，遂立即赴沪。至沪，宋嘱我暂待，其时蒋作宾（雨岩）在沪，和我谈及湘省军事前途，我说唐生智等必定会收复长沙。他问大概会在什么时候，我说最迟不会超过中秋，说这话的时候距中秋节尚有五天，很巧，在中秋的前一天上海的各报即报导唐生智、叶开鑫等所谓“护宪军”已入长沙，迎赵恒惕回湘。蒋作宾赞佩我判断正确。宋鹤庚此时倒踌躇起来了，要我去北京问计于蒋百里先生。同时我也接到北京的来电，说舅父仲膺公病危。于是我赶到北京，舅父已入殓，我在沉痛的心情下，办理丧事，我见到百里师告诉他湘事近况，他认为宋不该离湘，唐生智、贺耀祖等虽桀傲不驯，但总归是他的旧部，不致对他有太过分的行动，宋还是应该回湘。百里师表示必要时他愿帮宋解决此问题。最后他对我说：即使宋鹤庚不回湖南，你也应该回湖南去。我在北京逗留了几天，即返沪向宋报告，宋并未接受百里师的意见，嘱我先回湖南。蒋作宾劝我回湘助唐生智取赣，赣督蔡成勋是直系最弱的一个。

我回到湖南时，湘南战事已近尾声，湖南的局面又趋平静，吴剑学、谢国光、鲁涤平等的部队都跟着谭延闿退到广东去了。从此谭在广东便有了自己的部队，加上原来的陈嘉佑部共编成五个军。不久听说宋鹤庚去了广东，谭委宋为第一军军长，鲁涤平为第二军军长，谢国光为第三军军长，吴剑学为第四军军长，陈嘉佑为第五军军长，合称为建国湘军，驻守韶关。后来谭所以能参加北伐，乃至到南京当国府主席，主要就是靠这点本钱。

我回湘以后，对于此次事情经过知道的更清楚一些，那就是当朱耀华入长沙时，鲁涤平同时入衡阳，方鼎英之所以多日不在长沙，原来躲在岳麓山黄辉祖的司令部内策划朱、黄的联合行动。

这次冲突过后，赵恒惕仍然控制湖南政局，把部队也重新整编而且都升格了。贺耀祖为第一师师长，驻益阳；刘铏为第二师师长驻澧县；叶开鑫为第三师师长驻宝庆；唐生智为第四师师长驻衡阳；鄂军夏斗寅的司令部驻长沙，部队则仍在平江、浏阳。在湘省变动之际，吴佩孚在援湘的名义下占据岳阳，这是民国十二年冬天的事。湘局这一变化对后来有很大的影响，尤其是唐生智因驻军衡阳接近广东，在政治及经济上自然和广东容易发生关系，后来他加入国民革命军即起因于此。

一阵纷扰过去了，湖南仍然保持它的省宪自治之局面，对南北两方均采不接不离的敷衍政策。唐生智兼湖南善后督办，他的一师下含三旅，旅长是何键、李品仙、刘兴。唐在湖南自成一个局面，整军经武，革新吏治，县长是他委任的，没有一个敢违抗他。

5. 蒋百里与唐生智、吴佩孚的关系

一般讲来，当时湖南各师师长均直接和吴佩孚勾结，其关系之亲密远非广东方面所能比，蒋百里师常来湖南，每次要来时往往先来信要我去汉口接他去长沙，有时我也陪他去衡阳看看。此时保定的同学在全国已经有相当的势力，不仅湖南的师、旅、团长绝大多数是保定的，像四川的邓锡侯、刘文辉、田颂尧也都是保定的。山西除了阎锡山、商震、徐永昌以外，其余的高级干部很少不是保定的。就是吴佩孚和孙传芳的主要将领中，保定的同学也占绝大多数。百里师对保定的同学怀有很大的希望，他每次来湖南时都鼓劝湖南的同学做曾文正公，他并且进一步说单有个曾文正尚不够，还需要有个胡林翼，湖南的同学要支持湖北的同学做胡林翼。他叫唐生智派人去各省联系保定的同学，等机会到来时，全国都宣布省和省间不交兵，大家互相援助，这样一来联省自治岂不就成功了吗？因此他要唐派许多人到各省联络，尤其要派人去广东，当时两广亦多保定同学。

有一次我送百里师到汉口，接赵恒惕转来吴佩孚的电报请百里师赴洛阳，我想劝他不要去，但他很痛快地说："我一定去，国内外均有人推崇他，我要去看看此人究竟如何，而且老友唐天如（号恩溥，粤人）自视甚高，不轻许人，唐竟肯在吴处效力，他必定有其长处。"百里师到了洛阳，吴待之若上宾，当时吴若想延揽百里师，他不一定肯为吴效力；然而百里师毕竟是个重感情的人，第二次直奉战争吴败了，好多旧日的僚属离开了吴，百里师却正在此时挺身而出去和他共患难，做了这位吴大帅的参谋长。此时的吴最恨的是倒戈将军冯玉祥，百里师对于冯的作为也极不满：当冯任陆军检阅使时，冯作出一副尊敬他的样子，邀他

去讲学；在背地里，则放谣言说蒋想活动做冯的参谋长，这或许是冯自己的猜想，也许是冯幕下的人嫌嫉他。百里师见到报上有此种报导，立时大怒，从此不和冯来往。但这还是小事，冯倒戈曹、吴，那才是百里师所不能忍受的，百里师对于冯这种作为极鄙视，他认为别人可反曹、吴，以冯和他们的深厚关系决不应该如此，为国家的纲纪着想，决不能容许以下犯上的事情发生。所以百里师赞成吴讨冯，以后吴联奉打冯，也赞成。可惜，吴刚愎自用，不能听百里师的计谋，百里师不得不拂袖而去。

十一、 鄂军驻湘的困境

1. 出任鄂军参谋长的经过

现在，回过头来谈谈我个人的事，我由沪返湖南，谢冰如已应贺耀祖（贵严）之邀去益阳，唐生智（孟潇）给我信要我去前方，夏斗寅（灵炳）知道这个消息，立即请求赵省长（恒惕）要我当鄂军的参谋长，并请赵去电征求唐的同意。经过他再三的邀请，和唐孟潇，欧阳任、张雄舆及一般老友的劝勉，同时鄂军又是湖北唯一流落在湖南的部队，处境很苦，常受外人批评，亟应整顿，我考虑再三，由于责任感的驱使及情面的难却，我终于就了鄂军参谋长的职。

鄂军自荆沙之役败退湖南，李书城等将部队交给夏斗寅，夏一直所辖两团驻在湘南的永兴，处境很苦，有时连伙食钱都没有，连太太们的首饰都卖光了来充士兵们的伙食。此时期其他的湖南部队都很苦，不单夏部如此，一直到张敬尧被驱出湖南，夏部李柱中团移防到平江、方殿甲团移防到浏阳，情况才算好转。除伙食可得解决外，每年尚可在五、八、腊三个月发饷三次，每次发饷一月，也就是说每年只发三个月的饷，这些粮饷的来源完全靠当地的一点税收，假手财政厅拨下，要想补充兵源困难很多，官佐的素质参差不齐，旧有的官兵都是曾经共过患难的老干部，自然不忍心淘汰。有的官长倚赖吃空额维持生活，一到发饷的时候把兵打跑，已跑了的兵的薪饷自然就落到官长的口袋里去了。这种部队和从前的绿营无异。

我到了鄂军司令部，首先成立军官研究所，请保定同学来充任教官，以期提高一般干部的素质，另一件事是设法为鄂军开辟饷源，再就是找枪械了。当时鄂军使用的武器还是从湖北带来的旧枪，有的是第八镇的老枪，已经用了十多年实在不能再用了。

夏斗寅找我当他的参谋长，主要原因是我和湖南的将领们有良好的关系，而且多半有同学之谊，我自然比较容易和他们周旋。但夏的亲信干部却对我心怀疑惧，我感到很难改造他们，我决心对原有的两团暂时抱定不予过问的态度，而去成立新的部队。起初我想向广东方面求援，遂先去上海，和蒋作宾先生商量。他说："孙中山先生只能在精神上支持你，无力供应饷械，你还是向湖北想想办法看吧。"我只好向鄂省方面设法进行。

2. 萧耀南对鄂军的接济

当时的鄂督是萧耀南，字珩珊，湖北黄冈人。为清末不第秀才，抛弃在家乡教书的工作去工兵营当兵，后入武备学堂毕业，无论带兵或任职，都郁郁不得志，一直到王占元被迫离鄂后，因天时地利的机遇，由于倚恃吴佩孚的提携，被派为湖北督军。我事先透过李开侁先生的安排和吹嘘，得能和他交谈了两次话，我们的老家相距十里，他把我当晚辈看待，彼此谈得很愉快，我直接坦率的和他说，为了鄂人的前途，为了他更能得到人心，他应该帮助流落在湖南的鄂军，他身为湖北督军，而助鄂军一臂之力，在名义上也说得过去。他在原则上同意，不过湖北当时驻军很多，省府已经负担过重，即使有心补助我们，力量也有限。为了名正言顺起见，他给鄂军一个：“湖北第二混成旅”的名义，拨给我们一千五百支步枪，四挺机关枪。因萧无权直接拨枪给我们，只好由造币厂附铸的钱中拨一部分给我们，我再去汉阳兵工厂接洽买枪。该厂厂长杨文恺是日本士官出身，和孙传芳同期，在陆中时他和陈调元等都教过我们的书，以此关系接上了头，他指定上校参谋邹燮斌负责和我接洽，邹和我是陆大同期同学，经过数月才将此事办成。萧能由官钱局附铸项下拨款给我们，可见萧不弄私钱，他身后也确无遗产。他往往在早上睡觉，晚上办公，在鸦片烟床上和客人谈天，这是北洋的风气，仅吴佩孚一人例外。

我既然和鄂督建立了这种关系，从此我常往来湖南和湖北之间，民国十三年，先母去逝，我也因此得能回家奔丧料理一切。

萧耀南督鄂期间，鄂省的军队很多，萧自统二十五师驻武汉，王汝贤的第八师驻荆沙，卢金山的第十八师驻宜昌，于学忠部亦驻宜昌，其他还有宋大霈、寇英杰、张连升、刘佐龙、马济等部。其中宋大霈的湖北第一师，事实上是以湖北之饷练北洋之兵，由湖北人组成的部队只有刘佐龙的湖北第二师，此师是由石星川的第二旅扩编而成，北洋部队不要湖北人当兵，因此我们秘密派人到夏斗寅的故乡麻城和罗田一带招兵，不久即招到一千多人，他们领得报到书，无不自备川资来湘报到，这实在是历史上的奇闻。我们的第三团就这样成立起来了。在第三团成立之前先成立教导营，我推荐张森任营长，张当时跟随百里师闲居北京，我电促他来湘就任。

3. 湘鄂赣三省联防密约

当时赣省督办方本仁是陆大二期毕业，曾在清末第六镇任职参谋，吴禄贞遇害后做过李纯的参谋长，李纯督赣时，任方为赣东镇守使，继则先后任赣西、赣南镇守使，最后并兼任粤赣边防督办。督军已换过数任，方却不受影响；蔡成勋为赣督，对方颇怀戒心，很想将方调走。蔡实力不足，师长邓如琢、蒋镇臣等对蔡不满，然而自觉声望不足领导一省，很想假拥戴之名、利用方本仁驱逐蔡成勋，方即乘机多方连络。适广东的北伐军攻赣，方即与之暗通消息，同时去信给赵恒惕取一致行动，赵不便出面，派夏斗寅负责和方接头，我遂奉命赴赣南访方，因为我和他有乡谊，接洽方便。我到达后，进行甚为顺利。我听说宋鹤庚任广东北伐军前敌总指挥，我很想前往一晤。方本仁心急，促我回湘。我到长沙时，鄂军已行近万载、高安。方亦率师驱蔡，很容易占了南昌，把蔡赶跑了，但北伐军和方都无合作的诚意，北伐军想夺得江西，方原只想利用一时，等到占南昌后，即抗拒北伐军入赣，并接受了段祺瑞的任命为江西督办。其时，鄂军已行至赣西修水、万载一带，因方本仁态度转变，又退回湖南，致未能和北伐军联合行动，是非常可惜的。

此事过后，我常来往于湘、鄂、赣之间，由于这三省的政治环境和利害关系有联合的必要，我遂成了三省联防密约的牵线人。终于三省都派正式代表签了约。直到民国十五年二月萧耀南逝世，三省始终信使往返不绝。后来国民革命军北伐，方本仁终于参加行列，做过十一军军长、江西宣抚使，以及前往北方，从事联络阎锡山、张学良等工作。

4. 唐生智逼走赵恒惕

在民国十五年春间、唐生智逼走赵恒惕自为省长以前，唐也和吴佩孚拉关系。恰好保定的同班同学周礼（尧仁）是赵恒惕在吴佩孚处的代表，周暗中替唐出力不少，唐的主要目的是买枪械，吴也很重视唐的才能。

吴佩孚自从十三年底失败，完全失去实力，虽然到十四年十月东山再起，号称十四省讨贼联军总司令，但位尊而气已不盛，唐见南北形势皆无力干涉湘事，遂想取赵恒惕而代之。

唐采用谣言攻势，派盐务局长欧阳任在长沙为他大放谣言，使得人心浮动、惶惶不可终日，同时加紧联络各单位的保定同学。他用何键做谋臣，对何非常信任，可说言听计从，并且抄袭北方的基督将军冯玉祥以宗教控制军队的方法，唐生智在湖南变成了佛教将军，利用顾和尚以佛教来控制军队。顾某是个假和尚，相貌堂堂，又白又胖，仿佛道行十足，有一妻一妾，人很聪明，确有一套说教的本领，唐对顾和尚非常信任。赵恒惕也信佛，请了一个白喇嘛去长沙讲佛经，他们当时没有什么主义来统一士兵的思想，想以宗教来控制部队的心力，唐生智权充了他的部队的教主。顾和尚在衡阳主持的大法会规模很大，我曾参加过。

民国十五年二月十四日，萧耀南暴卒，吴佩孚命陈嘉谟继任。湖北局势发生变化，而湖南方面有关唐生智将对赵恒惕采取行动的谣言一时更盛。往来于长沙、衡阳间调和的人也越来越多，虽然在衡阳看不出唐生智有何举动，可是谣言却一直不断地在传播，再加上何键的先头部队已自醴陵进至易俗河，确有威胁长沙的意味在。叶开鑫的参谋长张雄舆和唐私交颇深，因此在其他去衡阳的人终不得要领的时候，赵恒惕派张雄舆去衡阳探听唐生智的口气，张以谈笑的方式和唐说："麻怪（唐有些小麻子）你要是反叛炎公，我先打死你！"唐极力否认。张也安心的回到长沙，后来谣言越来越凶，说唐生智已快要兵临长沙城下了，张雄舆再来访唐，唐总算和张讲实话了，唐说："你看我们在湖南这些年来，政治愈来愈腐败，我们必须改革，炎午先生是好人，但无魄力，对骄兵悍将不能驾驭……"此时张知唐已下决心，唐又说："老虎的口是张着的，可以咬人，也可以不咬人。"这就是说赵恒惕若自动下野自然无事。张回到长沙向赵报告，自知事到如今别无他法，只好准备下野。当时的谣言确实太多了，有人说实业司长（唐生智之父）已潜逃出长沙去了，其实完全不是那回事。

其时在省的将领们纷纷返回防地，只有第二师长刘铏一个人留在长沙，赵恒惕召集会议，省议会议长、副议长，省府各司长（实业司长除外）及刘铏师长，省府参谋长以及数位部队长均出席，我以鄂军代表的身份列席。赵省长即席宣布准实业司唐司长（孟潇之父）辞职，任唐生智为省务院长，他因事离职，依省宪由省务院长代理省长的职务。在唐未到省以前，特派刘师长暂兼长沙卫戍司令及临时戒严司令，维持省城的治安等语，继之欧阳议长也讲了几句话，即宣布散会了。当时会场中充满了严肃凄凉的气氛，散会后谣言更炽，至夜，省府一带半城黑暗，赵乘夜离长沙，何键的部队已进抵小吴门外。

5. 鄂军与唐生智的合作

翌晨，我们赴株洲迎接唐生智，因那时铁路只到株洲为止，唐必须先由衡阳坐船到株洲。唐登车后和我们坐在同一个车厢，在座的有张雄舆、刘铏的副官长唐希忭、欧阳任和我，大家都有点局促不安的样子，唐开口说话了，第一个对象是张雄舆，像平时一样，唐还是对张口出不逊，张也照样回敬。唐说：“省长有什么意思，我们老朋友在一起才有意思，我提议回长沙以后，设一大厅，每天要有一小时的时间让老朋友们聚在一起谈谈笑笑。”到了长沙，唐住进讲武堂，唐问我说：“灵炳呢?”我说：“返防了。”他问：“他来不来?”我回答：“你一有令，他就来。”接着，又问我江西的情形，我说：“我们和江西的电报都给你扣了。”他说：“刘建绪在醴陵，见鄂军和南昌间的电报往来频繁，疑有事故遂报告我，我命他扣留。”我说：“我们是在注意湖北军队调动的情形，彼此交换情报，对湖南的事绝未提及。”他立即要我拟两电报稿，一个召夏斗寅来长沙，一个是命刘建绪不再扣留电报。唐又问我夏的态度如何，我说：“灵炳对赵先生感恩不尽，对整个湖南都感激，但我们最大的愿望是有一天能回到湖北去，我们要打北洋军阀，湖南的事情我们不管。”他听了这番话认为可信，于是催我去发电报。

第二天夏斗寅回长沙了，我陪他去见唐，唐见面就说：“希望鄂军帮助我，将来我援助鄂军回鄂，彼此互信……”夏当即表示服从，晚上，唐又叫夏去，沿途但见何键的部队开拔上火车，唐住的讲武堂也戒备森严，唐告诉夏说：“我已命芸樵（指何键）把刘铏、张雄舆、刘重威（叶开鑫的旅长）、唐希忭、萧培阶扣起来了。你速返平江坚守阵地，我已派部队去岳州袭击叶开鑫，你回去叫武樵过来。”夏即告辞而去，唐忽唤夏：“你回来，你还走不出去。”夏吓了一跳，继之唐唤他的副官并吩咐说：“你送夏司令回去!”不一时讲武堂门外即响起了欢送的军乐，唐的威严如此!

那天李筱垣（书城）和大公报的张季鸾恰好住在鄂军司令部，夏回来将刚才的情形报告了一遍，李书城把桌子一拍说："这才是革命！"张季鸾也频频点头。

6. 唐生智倾向革命的原因

当赵恒惕一离省城，叶开鑫和他的旅长蒋锄欧以及刘铏、肖斌等即准备以三个师的力量共同对付唐生智的第四师，叶等是赵的死党，尤其蒋锄欧是广西干部学校毕业，曾做过赵的卫队长，他们想连络鄂军共同行动。当我去唐的司令部时，才出门即收到他们的来信，我便带着信去了唐的司令部，唐正在拟电稿，他要我过去看，电稿中有"他们要联合对付我"等语，我想唐既已知道真相，我索性把信交给他看了。唐常利用蒋百里师这块牌子作号召，这次他也宣称一切都是百里师的意思，后来他又说因夏斗寅告密，他才将刘等五人扣留，其实他扣留刘铏等五人在先，我们接到他们的信在后。唐不久即宣布刘铏等五人的罪状，绞死张雄舆和夏重威，在此不久之前，夏重威还有信给唐生智说："唯公马首是瞻。"

欧阳任为唐出力甚大，唐任省长后，仅发表他为长沙市警察局长，欧阳自然心中不高兴，但又不敢不接受，恰好奉唐命赴吴佩孚处求援，吴一见欧阳，即大骂唐生智，欧阳知情形不妙，由吴大帅司令部辞出，即乘机溜到上海，再也不敢回长沙去了。

唐生智见向吴佩孚处拉交情已无希望，遂只好求助于广东，唐是在吴佩孚、叶开鑫等攻势的压迫下逼到广东这一边的。在民国十四年时他曾对我说过，他既不想投国民党，也不想投共产党，他要在二者之外另创一个党。我当时即对他说过，诚然他在军事方面很有办法，但搞政治未必会成功，希望他多加考虑，可是他十分自信。后来黄琪翔搞第三党，唐也参加，或许就是他这种想法的明证。至于唐和广东密切关系的建立，是由于叶开鑫退到湖北，唐和吴佩孚间的线算完全断了，唐只好派刘文岛入粤接洽，广东方面也派陈铭枢、白崇禧两位保定出身的同学来湖南答聘，湖南省党部初次公开开会欢迎，复又开民众大会，在大会上陈、白两位都上台演说，讲三民主义，颇激动人心，省党部内共党分子很多，他们贴了好多标语，而且一再想拉我加入他们的党，在很短的几天中，整个长沙都变了，完全浮动在革命的热浪中。陈、白二人这次来湖南一面想看看湖南的情势，一面想乘机劝唐参加革命行列，不久广东即发表唐生智为国民革命军第八军军长。

7. 湘局混乱中之鄂军

叶开鑫退出岳州去湖北去投奔吴佩孚，吴即委叶为湘军总司令兼湖南省长，并派谢文炳（自广东退至湖北的沈鸿英部下）及马济、余荫森旅归叶指挥，分三路向湖南的岳州、平江、长沙进兵，鄂军第一团在平江首当其锋，第二团在浏阳，我和夏斗寅及第三团都在长沙，蒋锄欧派人送信至平江，要夏至某处会晤，以便面交吴佩孚任夏为第六路司令的委任状。驻平江的鄂军团长李柱中接此信即不愿作战，我赶到平江时李团尚未退，但他已和蒋锄欧有连络，我知事不可为，即带学兵队后撤，李柱中亦退至金井，蒋锄欧遂进入平江。唐生智派了最精锐的张国威团（第八团）和驻在长沙的鄂军张森团（第三团）反攻，收复平江。攻打南江桥时，遇到陈嘉谟的二十五师，战争激烈，又因岳州失守，唐不得已下令总退却，退到攸县、渌口、湘江之线布防。我们退至浏阳醴陵间时，叶开鑫已进入长沙，何键派刘建绪在浏阳一带掩护我们退却。赣军唐福山师长奉吴佩孚命率部由江西来夹击。幸而由于过去有过三省联防密约的关系，各为保持实力起见，唐福山只是佯作追击姿态，故意迟慢，等湘军开走了，唐的部队才赶上来，双方免于冲突。不久，孙传芳乘机命邓如琢赶走方本仁，由邓继任江西督办。

当时我们鄂军有两团拒绝继续南退，唐生智在醴陵天天催我们后撤，可是团长及其干部们都说不愿再回湘南吃苦，他们迫使夏斗寅和我投到叶开鑫和吴佩孚那边去。我即告诉他们："我们在湘南吃了这些年苦，就是为了有一天能北伐回鄂，今天我们已有机会打吴佩孚，不打吴反而投吴，太不爱惜鄂军的历史了，大家跟夏司令多年，怎忍心陷夏司令于不义呢?"自然那时为形势所迫，再对他们说些什么，也无济于事。最后我只好和夏一同退到浏阳，我劝张森团长不要跟我们一起走，赶快和叶开鑫连络或跟方殿甲亦可，先保存实力，等将来有机会时，带着部队去衡阳。在我们离开部队前，我劝夏斗寅下令委方殿甲做司令。同时我告诉三位团长，他们到长沙时尽可将一切责任推到我身上，说是我主张和他们作战的。

不久我也从浏阳坐船去长沙，在长沙附近登岸潜入城内住在友人家中，听说叶开鑫不恨夏斗寅，只恨我一个人，并下令通缉万耀煌，捉获就地正法。他们决未料到我会入长沙。我本想由湘西转衡阳，晤谢冰如后，才知贺耀祖敌视唐生智不在叶开鑫之下，此路不通，遂由常德转汉口去上海，至汉知夏斗寅已先我赴沪。在上海和夏晤面，我劝夏一同赴广州依宋鹤庚，再谋发展。其时，叶开鑫命鄂军留在长沙的眷属都送到武昌，我妻周长临女士遂设法从中出力，带同万余眷属回鄂，其能力之强赢得不少军心，以后我所以能掌握鄂军，她的功劳极大。

十二、 北伐开始

1. 北伐前夕的广州

在上海的时候，夏斗寅曾赴苏州访赵恒惕，赵劝他回湘帮助叶开鑫，而杨少岩则竭力劝夏赴粤，李柱中和方殿甲又派来一姓汤的接夏回湘，夏彷徨不决，我则催促他赴粤，再由粤回湘，适报载长沙电，张森率四营弃叶投唐，已到衡山，叶军攻势受挫退回涟水。夏遂意决，起程赴粤，同行者除我外，还有潘寒溪和萧子贞二参谋，那时正逢沙基惨案发生，港粤间的交通断绝，上海来船不泊香港需绕道虎门进入广州，我们一行于六月七日到达广州，下榻东山烟墩新村蒋作宾先生宅，已经住在该处的尚有鲍治生、孙季衡、潘宜之、朱怀冰等，次日刘文岛偕夫人廖世劭女士来访，刘系日前奉唐生智命来粤请求援湘的使者，唐并派叶琪去广西要求广西援湘，因叶琪是广西人，同时也是保定出身，容易和白健生等讲话。广州方面当时对于仅限援湘抑或北伐正徘徊不定，莫斯科对于此事的态度也犹豫不定，在广州的鲍罗廷（Borodin）起初则力阻北伐。程潜极力反对援湘，相反地广西的李、白则派人来粤鼓动北伐，要北伐自然就会援湘，因为湖南是两广通向中原必经的捷径。

当时广州因军事消费大，市场的购买力激增，市面特别繁荣。另一点值得一提的是政治宣传，其活跃及普遍实在是空前的，那时正值国共合作，天天开会，到处是标语、口号，又正遇上沙基事件，因此打倒帝国主义、打倒北洋军阀的口号喊得满天响，唐生智加入革命阵营的消息也是振奋广州人心的因素之一，当时的广州市真是给革命的狂潮淹没了。起初是响亮的口号，很快的由口号变为行动，北伐的仗不再单独由军队来打，整个的广州都动员起来了，不论男女老少，不论哪个社会阶层，无间昼夜都在紧张热烈气氛中发挥他们的力量，各种军用品只要人民能制造或拥有的无不尽情输将，自牙粉、牙刷、针线包、草鞋、雨具、被服、粮秣、工作器材都由四面八方送来，真可说有钱出钱，有力出力，这种热情、信心正是日后北伐成功的保证。不过其中有一件事是令我不解的，也是令我心中感到不安的，那就是关于俄国顾问鲍罗廷的问题，鲍是当时每个人口头上的话题，而在这些谈论间，又充分流露出大家对于他的敬意和崇拜。当时党权高于一切，而党却听命于鲍罗廷，我们的政府和党对于鲍的意思无不奉行唯谨，鲍成了我们至高无上的太上皇。我们何以对一个外国人如此？我真不懂，听说各军部都有俄人当军事顾问，不知是否也像鲍罗廷那样有权威？

刘文岛陪我访陈铭枢（真如）同学，由他处得知本党中央执行委员会临时全体会议已经一致通过迅速出师北伐案，以及唐生智由湘南来电告急、而且唐已就国民革命军第八军军长职。他又告诉我们，六月五日国民政府已任蒋中正为国民革命军总司令，命其督师北伐等消息。我和夏斗寅一同谒见蒋总司令报告湘省情形，蒋公嘱迅速回湘，唐生智和龚浩（孟希）等已知道我和夏在广州，他们也来电催我们回湘。惟听说途中有土匪，陈铭枢要我们随张发奎（向华）的部队（第四军第十二师）同行，当时粤汉路的株洲至韶关间尚未铺轨，这是十五年来内战的结果，等到这段路通车时，我正遇上坐第一次车，那是民国二十年的事，也正是两广事变的时候。

唐生智就了第八军军长的职，刘文岛也被国民政府任为第八军政治部部长，同时中央党部任他为第八军党代表，这一阵子我听他和人谈话时意气甚盛，我说了他几句，现在的身份不同了，在学生时倡言无忌尚无大碍，今为唐生智的代表，总不能讲不合身份的话，好在他还接受我的建议。

2. 由粤回湘途中

我和夏斗寅等一行是六月七日到广州的，十五日离广州回湘，搭乘第四军第十二师的专车到了韶关，韶关驻满了军队，几无隙地，水上旅店系由木船改造，非常整洁，粤汉路南段到此为止。自韶关以北，我们走的是昔日驿道，在古时由粤去北京的大道有二，一经湘，一经赣，自从海道畅通，两条驿路渐废。入民国后，战乱频仍、土匪遍地、军阀割据，使邻省变成敌国，交通阻绝，昔日大道，尽失繁华，多成狭隘荒芜、童山濯濯，如入蛮荒。

六月十八日自乐昌出发，张师有一营开郴州，我们随行，安全无虞，营长林祥，广东人，军队纪律甚佳，官兵不入民房，对人民和蔼可亲，买卖公平。我们一行经两重高岭，宿九峰，日行六十里。

十九日自九峰出发，步步登高，午后过蔚岭关，自九峰至山颠四十里，为粤省门户。岭南景色清幽，岭北一片荒野，夜宿唐村，又是六十里。

自韶关向北，所过市镇常见有些店铺似旅馆又似茶馆，每有门帘掩遮，并贴“谈话处”招牌，起初我以为是茶馆，说书谈话之所。同行的萧子贞、潘寒溪好奇，偶入内探试，始知为鸦片烟馆，里面多是衣服褴褛、吞云吐雾之流。广东号称为革命策源地，事实上有革命气象者仅广州一市而已，国民党革命的口号在乡间是听不到的，地方政治仍旧保守、腐败不堪，土匪横行于乡野、鸦片烟馆屹立于城镇，直至湖南边境沿途莫不如此。

二十日自唐村出发，西行五里即入湖南境，湖南景象不同，吸鸦片的少了，地方政治也好得多，土地也远较粤北富庶，山河葱秀，人民和善，语言易通，立时有返回故乡之感。这大概是因为我在此地已住过数年的关系。夜宿良田，又走了六十里，良田镇街道宽广，房屋整齐，旅馆保有清代遗风，有官房、有客舍，此镇为湘粤商民交易汇聚之地，粤盐入湘多经此处转运，无怪如此繁华。

二十一日自良田出发，运盐大道宽一丈二尺，平坦易行，正午抵达郴州，城市濒河，河道通衡阳，为军需转运要地，商业发达，下午即和衡阳龚孟希、晏勋甫通电话。

二十二日乘小船至瓦窑坪，再换大船下驶，晚宿永兴，一日行二百一十里，二十三日午抵耒阳停留数小时，午后六时乘专轮下驶，次晨五时抵衡阳。鄂军副官长周仲岐与其他旧属在江边迎接，鄂军司令部设在衡阳帝主宫，自五月四日离开部队迄今整五十天，而局势变化甚大，真是百感交集。八时去见唐生智，唐对我慰问一番，唐已于六月初就任国民革命军前敌总指挥兼第八军军长职。我又去找龚孟希参谋长和晏勋甫参谋处长谈了一会湘省的情形。

衡阳充满了一片战争景象，叶开鑫向湘南发动的第二次总攻击刚刚退下去，那是五、六月之交的事，唐生智那时几乎支持不下去，幸而桂军即第七军钟祖培的一旅在紧急关头赶到才把叶军击退，钟旅表现极好，尤其该旅的王赞斌营在金兰寺一带奋勇攻击，使叶开鑫军受到重创。除七军钟旅外，第四军叶挺团也及时驰援，叶开鑫只好重行退回涟水线。唐生智的第二次危难就这样度过了，第一次是因张森团阵前投过来得以解围。最近叶开鑫正在调动部队，贺耀祖将澧州地盘交北军王都庆固守，自己则率所部杨永清、郑鸿海两旅加入叶军前线作战。除叶、贺的第三及第一师外，他们尚有刘铏的第二师，以及谢文炳、邹序彬、邹振鹏、马济各部共约一师，蒋锄欧一旅，吴佩孚又特派了宋大霈所部余荫森、孙建业、董政国、陆沄等旅援湘，再加孙传芳也派唐福山师由赣入湘侧击，来势不弱。我方除第八军各师及钟旅叶团都在第一线外，第七和第四军正陆续向湘省进发。

二十五日第七军指挥官胡今予亦由桂抵达衡阳，今予名宗铎，湖北人，为第七旅旅长，钟旅也归他指挥，他在广西龙州负责边防守卫多年，他帐下有不少湖北籍的保定生，陶钧此时就是胡的部下，夏威（煦苍）阶级和胡平等，亦在胡部。桂军一到，湘军士气立壮，第四军军长李济琛留守广东，由副军长陈可钰代军长率所部陈铭枢的第十师及张发奎的第十二师（叶挺一团为先头）随后开到攸县。双方调兵遣将，大战势将爆发。

3．鄂军参加北伐战斗

六月二十六日，夏斗寅奉命就鄂军第一师师长职，我仍任参谋长。此时在名义上我们可统辖的部队有张森一团的四个营，事实上张团还在第八军教导师的统辖之下，唐兼该师师长，暂派周斓（叔祁）为代师长，我们的师司令部实仅一空名而已。国民政府军事委员会为统一军政军令使军队国家化起见，已将桂、粤、滇、湘军等地域名称去掉，分别改编为一至八军，故在夏斗寅就任鄂军第一师师长以前，我建议将鄂军之称号除去，宁可归并为八军集师，夏要我和唐生智讲，唐不允。其实当时唐的第八军第二师是何键（芸樵）、第三师李品仙（鹤龄）、第四师刘兴（铁夫），独缺第一师，唐为何不要把我们编到他的辖下，自然有他的看法。他对我说，八军各师仍称湘南第几师，鄂军可直属革命军总司令，不必更改称呼，我和他一再争论，他总是不答应，由此可窥见他居心莫测。

唐生智要我先去协助周斓，因此我得机会接近原属鄂军之张森一团，我常向部队作精神训话。同时夏斗寅则派人到叶开鑫处暗中活动，想把原来的两团鄂军拉回来，恢复我们原有的实力。

其时周斓率领的第八军教导师奉命向涟水南岸推进，我们自七月一日离衡阳接连三日大雨如注，昼夜不停，交通阻绝，行动极困难，接近涟水后，周斓行动太迟缓，我先跑到前线去，见河水大涨不能渡，乃利用时间给官兵训话，这时我方的军力部署，分三路，中路有第八军李品仙师，及鄂军第一师和周斓的教导师，左翼为主力，包括刘兴及何键的两师及钟祖培旅。右翼是第四军的两师。胡指挥官宗铎率第七军李旅及杨团为总预备队。

在双方快要交战的前夕，彼此展开了心战，贺耀祖部、文九德等八团长都是保定先后的同学，他们联名致书我方十六团长，情词委婉，劝大家都是同学不要自斗，要帮叶开鑫统一湖南。周斓接到这封信，我立刻准备起草复信，并电告龚浩，要他向唐军长说明得其同意。得唐的同意，我即以十六位团长的名义给他们复信，大意是说吴佩孚已没落，大势所趋，识时务为上策，劝其赶快参加革命阵营，挥戈北指，免得燃箕煮豆，自相残杀，虽明知无甚效果，但亦非毫无影响。

七月四日，天已放晴，可是道路处处被水淹没，何键来信说各部队无法行动，宜暂停止，呈请改期实行总攻击。但总司令部并没下达停止前进的命令，周斓犹疑不决，我对他颇感失望，其幕僚只能办业务不能作战，我再三催促，他才决定继续推进，然而按预定之日已迟二日才到达。六日仍大雨不止，在午后三时到达莲花桥时，各部队已准备攻击位置，鄂军张森团已经在昨天抵达分水坳。此时我接师部转总指挥部委任状一件，委任我为教导团长，我自觉好笑，无兵无械，如何当团长，即全师也不过张森一团而已。按照命令，昨日即应开始攻击，周斓仍徘徊观望，我决意去前方督率张团行动。七日到余家坳见到张森（木荄），我和他一同去河边察看涟水泛滥的情形，发现对岸敌人无动静，河水今晚可退，我遂命各营迅速征集渡河工具，官兵士气高昂，夏鼎新、余振华、范天印等团副、营长都亲自率部下昼夜不停作渡河准备。八日晚，周斓再三打电话要我回莲花桥，濒行，我嘱张森及黄云兴开始行动。我返回莲花桥，仍彻夜不眠，不停地打电话和木荄连络，询问前方情形。至夜半，张森已率领该团全部渡河，战斗非常猛烈，我数次催促周斓带兵前进，他不听，他的部队仍在待命状态，因此，张团在前方的动态我也不愿向他提及。

4. 攻占湘乡

九日拂晓，夏鼎新来电话报告，我第三团已于早上三时完全占领湘乡县城，敌人向宁乡溃退，该团除派一部兵力分途追击外，主力迅速占领阵地以防敌人反攻，并且告诉我，友军现已相继渡河等语。我立即告诉周斓并打电话去永丰告诉龚浩，要他立即去电请蒋总司令迅速通告各友军速攻猛进。在“民国十五年以前之蒋介石先生”一书中所载：九日，夏斗寅师渡河进占湘乡，即系指此事而言。而蒋先生亦在九日于广州就国民革命军总司令职。

我接到夏鼎新的电话后，立即催促周斓前进，周仍迟疑，我说你不走我要走，我不能让张团单独留在彼岸。周不得已只好率队出发，到了虞塘，他所属罗霖团停止前进，周又迟疑起来，要打电话探听消息，我已经知道唐生智和胡宗铎已经到了永丰，唐用兵注意快速，确实不错。周在我的催促之下，只好跟我走，走到半道上，周又停下来要打电话。我认为张团既已过河占了湘乡，必须尽全力支援，若在援兵未到时，敌人来反攻，单张团在河那边是不够的，我只好先周斓而行，我到湘乡二小时后，周斓才到。周到了不及一小时，唐生智也到了。唐对我说：“武樵，我能现在赶到这里，当可使部队提前两天赶到前线来，我若不到，何键和刘兴都不会很快的赶到。”唐当时还信任周斓，当天命周真除师长。可是部下知道，教导师所以能这样快赶到，全是张森团迅速渡河占领湘乡之故，周师长不过坐享其成，实际上应是万参谋长的指挥之功。唐生智又和我说：“罗团长停留在虞塘，我问他为什么不前进，他说奉师长命在此防敌人反攻，我打了他一记耳掴，问他是否真有此命令？”我说：“他的师长已到了此地（湘乡），何至于留团长和部队在后方呢？”唐说：“我也是这样想，所以打他。”其实在虞塘时，我催促周斓前进，他过分谨慎，颇不愿意，很可能秘密授意罗霖，要罗团留在那里，也未可知。

我抵湘乡县城，张团已布置就绪，据俘虏们说：张团的攻击实出他们的意料，所以仓惶溃退，他们认为大雨连绵，河川泛滥，我军不能飞渡涟水，故戒备疏忽。我张团既已渡河，他们仓卒抵抗，又无指挥，因此不及战而溃退，若周斓听我的话，全师及时过江猛进，其战果当更大。

5. 由宁乡至长沙

九日晚间，何键、刘兴也赶到湘乡，他们的部队陆续由湘乡通过。同时湘潭也在这一天由李品仙克复，我和唐生智谈及，我要去湘潭会夏斗寅师长，设法把我们的旧部招回来。唐要留我在他的总司令部，周斓力请要我再帮他一个时期的忙，我因为张森一团尚受他指挥，只好答应下来。我右路第四军陈铭枢、张发奎占领澧陵，左路何键及钟旅都未遭遇抵抗。

十日，教导师及刘兴师、钟祖培旅都向宁乡前进。我于十一日午后三时到达宁乡。刘兴告诉我，我军已进驻长沙，我即想前往，刘和周斓都劝我先不要去，并说十里以外即无我军，路途危险。我一概不顾，午后五时乘舆东行，走了二十五里，暮色渐又低垂，经一小店，店主人突出询问有没有军队，我说："没有。"他说："四处枪声都是溃兵打起发的，你还能走吗?"我遂就宿该店，夜间枪声不绝，夜半有人打门，卫士跑出去缴枪，他们以两枝手枪一夜缴了十一枝长枪。次晨，我们继续前进，溃兵见有大轿前来，而且轿两边还有卫士，以为必是高级将领，立即分向大道两侧逃窜。当时西南各省有一种特色，那就是军中无马，高级将领都是坐轿，营长级坐滑杆，尤其湖南省更是如此。溃兵百十成群，或入村庄，或寻山径，他们都不敢向我发一枪，他们以为乘大轿必团长以上的军官，想必率有大批军队在后。那时被打溃的湘军即带枪回家，沿途抢劫，名之曰"打起发"。

我行至岳麓山附近，遇何键部下的尖兵，才算真正平安了。

何键率部以战备行军搜索西进，我将刘兴、周斓已占领宁乡，并继续向益阳前进的军情告诉他。午后五时到达长沙，驻辕门上原来的鄂军司令部，夏斗寅已先我一日到省城，半年变化恍如一梦，虽非丁令威化鹤归来，然亦不胜今昔之感。

6. 鄂军整训与左派活动

这时原来的鄂军第一团和第二团的下级干部率士兵纷纷脱离李柱中、方殿甲，自平江来归，立即编为两营，任萧勋为第二营营长，沈廷桢参谋改任第三营营长，第一营范天印早已随张森团行动保全其实力。现在将教导团改为第一团，我担任团长，新编的二营及范营编为第二团，以晏勋甫为团长，勋甫并兼任唐生智总部的参谋处长，以卢本棠继张森为第三团团长，若按编制实不能成其一师，武器、人员都不齐全，好在革命军有句成语“向前方补充”，今后只好到前方去补充了。本团暂驻岳麓山整训。我推荐陆大同期同学江中如（瑞锽）继我担任参谋长。

此时在长沙的鄂军司令部成了湖北要人的招待所，耿丹（仲钊），董必武（用威）、张笃伦、罗贡华、甘绩熙（辛亥起义功臣）、詹大悲，李汉俊（书城之胞弟，是共产党，清共时为胡宗铎所杀）都住在那儿。他们于七月二十九日即要来岳麓山一游，我遂于八月初某日请他们来游，我因为部队是新编成的，所以每天要给官兵作精神讲话，现在要终日陪客人游山饮酒，只好傍晚集全团官兵讲话，并先请董必武、李汉俊、耿丹分别给官兵讲演，最后由我来讲，大意是：革命军北伐的目的，在铲除所有军阀，现不久就要进攻武汉，鄂军回鄂，自不成问题，我们在湘流落将近十年，目的是要打吴佩孚，救湖北，这正是北伐的第一个目标，我们应该作前驱，抱定牺牲决心，努力去干。讲毕大呼口号，官兵声震山岳，张笃伦和耿丹说："想不到武樵能使官兵的精神如此振奋，真所谓士别三日。"有一天，大家聚在一起，耿丹忽和我说："你成立共产军好不好?"董必武接着说："我们推李汉俊做你的党代表。"汉俊立即表示接受，我思绪立刻沸腾起来，不知如何作答。

次晨四时渡江，我只有步兵两营及一个机枪连，至校阅场指定位置，更觉兵少将寡，轮到校阅本团时，我一声口令，站在本团后面约有两营也跟着一致行动，阅兵台上的阅兵官及陪阅的将领都觉得我实力不小，唐认为我的部队可以打仗，其实连我也不知道后面两营是谁的队伍，而且我自己的队伍也不过才训练了几天，我觉得非常惭愧。

7. 驻防益阳与贺耀祖反正

胡宗铎在长沙与各方接触颇广，唐生智怕胡宗铎拉我们湖北人，从前不要鄂军第一师属于第八军，现在不同了，每次讲到鄂军第一师时，前面总是冠以第八军，并且调张团去攻沅江，日前要我开浏阳，现在又改调我去益阳，他的意思可能是先要我留在湖南，不要我参加北伐回湖北，同时将鄂军第一师的力量分散。我去见唐并和他说："开赴益阳当然遵命，如果北伐军开始总攻，我愿意担任第一线攻武汉，任何困苦，任何牺牲皆所不辞，决不再在湖南耽下去了。"他无肯定的表示。唐有政治野心，无政治手腕，更糟的是不讲信义，有天时、地利，无远大眼光与豪迈气魄，忘却蒋百里师的教训，所以不能成其大事。

我率部开益阳临水，行前，去和龚浩说："北伐军序列绝不可以无本师，我们不愿再留在湖南。"到益阳后，每日专心训练工作。这几个月以来，全体官兵因过去方殿甲和李柱中叛变，领他们去打不愿打的仗，精神上受的痛苦很大，再加连月大雨，衣食又不足，身心都痛苦，以致百病丛生，到益阳后病人不断增加，十天之内病死七人，医药不足，我能做到的，仅仅是对于未病的尽力使他们精神痛快，对于已病的尽量派人照顾，设法供给他们的需要而已。

在益阳，我对地方上的活动很少参与，仅以党员身份参加县党部升旗典礼，有一次曾报告国民革命的目的和任务，另外每日和长沙通电话，阅看武汉出版的报纸，虽然那些报纸是隔了好多天才到益阳，可是对我来讲，许多消息还不失为新闻。

我听说蒋总司令已将广州后方的军事责任交给李济琛，亲率总司令部人员于七月二十七日由广州出发，八月十二日抵长沙召集军事会议拟定第二期作战计划。大要是：以武汉为攻取目标，主力为中路军由第四、七、八三个军组成，循武长路北进，归唐生智指挥，右翼军为第二、三两军组成，对江西先取守势掩护，归朱培德指挥，以原驻湘西之黔军袁祖铭部改为国民革命军第十二军，担任左翼，向荆沙进攻，第一及第六两军为总预备队。其所以如此部署，是因为第二军军长鲁涤平、第三军军长朱培德以及第六军军长程潜都和唐生智不协，而其部下多保定同学，故不宜编到中路军去由唐生智指挥。至于袁祖铭本已受吴佩孚任命为黔军总司令，周西成为贵州省长，袁并奉吴命率部入湘西进攻我军侧背，但袁以革命军已占领长沙，北伐声势震动全国，并闻我国民革命军总司令部已任黔军彭汉章为第九军军长、王天培为第十军军长，袁遂秘密派人分向广州、长沙连络。袁和王都是保定同学，他们拥兵西南一隅，已养成自大和投机的心理。但蒋总司令为了减少敌人、增加革命武力起见，还是愿意拉拢他们。所以委袁祖铭为第十二军军长率王天培部和彭汉章部为北伐左翼军。其时第一军的第一师做预备队，先随蒋总司令到长沙。右翼军总指挥朱培德已到攸县。

在益阳期间，我除了向长沙要求将本师编入战斗序列而终于达到目的外（列为第八军的预备队），我特派可靠卫士余清道秘密往澧州送信给贺耀祖，催其加入革命军，不要基于对个人的一时之愤造成大错。同时我也有信给贺的参谋长谢冰如及旅长谢军如，说明不能错过机会。不几日，冰如遂啣贺之命来益阳和我晤谈。当时蒋总司令在长沙，我即托刘文岛先向蒋总司令进言，又托李宗仁和陈铭枢替贺说项，并且由我陪冰如往长沙谒蒋总司令，表示贺部效忠革命，于是贺耀祖遂被任为独立第二师师长。

8. 总攻击开始后之鄂军整补

八月十八日，蒋总司令下令开始总攻击，我部奉命开湘阴，归入序列，随总指挥行动，十九日到粟桥，二十日到归义。我中路军右翼，即第四军已攻占平江，敌方旅长陆沄死亡，第七军攻陷长乐街一带敌人阵地。唐总指挥当即命令第四军不必顾虑友军的连络，以最迅速之行动出蒲圻之线，第七军仍照原定计划猛烈前进以期断敌人的退路。我率本团由新市随第四师的后面开往云溪。

唐生智指挥的中路军行动极快，第四、七、八军一路由平江攻起即一路缴敌人的械，势如破竹，未遭抵抗，同时猛烈追击不使敌人有喘息的机会，并企图在吴佩孚的主力未由南口调回之前，即将武汉攻下。至二十二日我军进至黄口时，第二师已占领岳州，第三师虏获宋大霈九个列车的官兵、四个列车的武器，计步枪三千枝、野炮三门。第四军亦于是日占领通城。由于先头步队走得快，我所率预备队一路跟不上他们。唐本人跟刘兴一师最前的一团行动，我一赶至，他已走了，我沿途照他指定的地点扎营。二十三日，我团行近琵琶山时，听说宋大霈的鄂军尚有步兵一团约千名官兵未及退走，我当即前去缴械，得步枪六百余枝。当日我团至云溪，就俘虏数千人，挑选精壮将本团缺额补足，并着人送一部分去长沙，补充本师其他两团的缺额。此次战役，本师未发一弹，已将人员和武器完全补足，所谓“补充在前方”，信不诬也。

本师仅我团奉命渡江北进，一入鄂境，立即有重要的任务由我团担任。我选拔嘉鱼和汉阳籍的士兵约三十余名，我亲自对他们讲话以后，命他们换上各色的便衣，并分别指定侦察地点，出发往汉阳各地侦探敌情，并伺机做秘密宣传的活动。

二十四日，第四军占领崇阳，其前线部队已抵达蒲圻附近。这时湖北第二师师长刘佐龙已秘密和总司令部接洽投诚，这是意想到的事，以刘参加武昌首义的人，十几年来在北洋系中郁郁不得志，今日有机会，自然应该回到革命阵营来，尤其他的重要干部多保定同学，定必会起有利作用。

二十七日，本师和何键的第二师均奉命由嘉鱼临湘关渡江，经连日侦察发现长江水涨，堤堰淹没，村落漂流，无法渡江，决定先到嘉鱼，再设法渡江。翌日我至蒲圻，闻我第四军昨日已攻占汀泗桥，今日全部进驻咸宁。

当第八军进至云溪以后，唐即想以该军和第七军进攻武昌，以第四军助攻，并未想到先渡江攻取汉口、汉阳，而且在攻汀泗桥之前，适蒋总司令、唐总指挥、李军长都来到蒲圻，唐对李说："这回看谁运气好，能先拿到武昌。"李笑着说："一定是你运气好。"武昌是名城，唐、李都想攻取而享大名。第四军则只知埋头作战不计较这些。后来唐的作战构想向蒋总司令提出之后，蒋却要第八军的主力渡江攻汉阳，唐当然不愉快，但也无可如何。

9. 渡江作战占领汉阳汉口

唐生智想派两个师渡江，而仍然留刘兴的一个师参与攻武昌。本师到了嘉鱼，正值大水溃堤泛滥，江北各县均成泽国，田园村落悉在水中，嘉鱼距武汉若乘轮船仅半日路程，然而因地方小，人情闭塞，不惟对革命不知，即对正在进行的战争也毫无感觉，本师一到，即对他们展开了宣传，人民渐渐表示亲切。有不少由水路往来于武汉要经过此地的人，本师的侦探即乘机夹在过路的人中搜集情报。

我们因地利人和的关系，很快地找到了船，我先派萧勋营乘轮船并拖着木船陆续渡江，一面命人搜集小船向新滩口集结，同时本团主力也陆续渡江。何键和夏斗寅也都到了新滩口，我再令萧营改乘小划，每六人一划，向侏儒山挺进，占领后再向蔡甸攻击。我们在广大的水面上进军，不受地形的限制，加上官兵又多是当地人，语言畅通，地理熟悉，敌人是无法防范的。我们的侦探在武汉附近得到的消息是：第四、七两军于二十九日开始向贺胜桥方面攻击，正逢敌方也正增援反攻，激战甚烈。吴佩孚早上乘火车至贺胜桥督率陈嘉谟、陈德麟等部队猛烈抵抗。后来听说吴带领大刀队督战，退者格杀勿论，因我军攻击猛烈，大刀队也不能阻止北军自前线溃退，吴佩孚见事不可为，只好乘原车逃逸，革命军乘胜追至武昌附近。此次战役俘获敌师长宋大霈、旅长孙建业，缴枪约万枝。

我们侦知大军山上没有敌人，而且第四师已占领金口，我师和第二师遂登陆大军山，何键率部队向汉阳进发，我率部队经黄陵矶向蔡甸前进。萧勋一营先占领蔡甸，据萧报告，驻蔡甸部队系刘佐龙的一营，听到我军到达立即向汉口退去。九月二日刘佐龙派彭进之前来连络，我的营长萧勋和彭是保定同期同学，彭说："刘佐龙已经和蒋总司令接头，只要你们的军队到了汉阳，我就退走。"次日，吴在汉口听说蔡甸丢了，大吃一惊，他再也想不到汪洋洪水一片，又不能通大船，还会有大部队来攻，吴立即派高汝桐部来汉阳，在扁担山一带布防，高汝桐师号称铁帽子军，头带钢盔，是那时吴佩孚手下最精锐的一师，吴想派高师来支援蔡甸，再也没料到刘佐龙部已从大军山引导革命军于九月七日入汉阳。因此我师前卫萧勋营略经接触，高部即退走，萧营即由四平山直奔汉阳，高汝桐师一开始撤退，刘佐龙遂即反正，宣布就任革命军第十五军军长，并以炮兵轰打高师，高率部队随吴佩孚北退。汉口在汉阳之后也被占领了。

萧勋人甚机警，一入汉口即派人过江和驻在白沙洲的张国威连络，张报告了唐生智。次日一早，我去汉阳兵工厂看何键，唐生智也赶到，他是由张国威处得的电话才知道汉阳攻下了，何键的报告他还没有接到，他一到兵工厂见面即和我说："蒋介石不让我们攻取武昌，要把渡大江攻汉阳、汉口的难题交给我做，那想到第四军和第七军没有攻下武昌，而我已先打下了汉口、汉阳。"他当时的得意形诸词色，同时兵工厂也被他拿到了，他的高兴是可想而知的。但是日后他和蒋先生之间的不愉快也就是由于这些原因而促成。唐又提到前两天攻打武昌时的情形，他说："攻打武昌，第四军打得好，真了不起，第七军比不上。"他没有提第八军如何，我知道唐认为第八军是比不了第七军的。唐继续说："蒋介石一定要去打江西，只要把第四军留给我，我保证一定打平湖北，把第七军给他带往江西去好了。"他又说："将来打南京，只要有第四和第八军就够了。"

唐到了汉阳，委派晏勋甫做汉阳兵工厂总办，不久蒋总司令又派邓演达之兄邓演存来做兵工厂总办。唐生智极不高兴，令何键将兵工厂的枪械一下子全搬走了。这又是两人间不愉快的一次伏笔。提起晏勋甫（西安事变时的晏道刚是勋甫的叔父），他后来在编造会议时当唐生智的参谋长，唐失败后，他又做过程潜的参谋长。胜利后做过汉口市长。大陆撤守，他向共产党靠拢了。

10. 和樊钟秀发生遭遇战

在汉阳和汉口相继占领不久，我师又奉命由蔡甸经新沟、孝感、德安和应山直扑平靖关，拿下平靖关后暂驻该地对信阳警戒（北伐战史中说是鄂军第二师，实是很大错误。）刘兴一师则顺平汉路向武胜关挺进。

我们一路上未发一弹，沿途男女老幼，包括十七、八岁的女孩子，都手持茶壶为士兵酌茶。箪食壶浆，欢迎之盛，令人感动，我们也绝对按照"不拉夫、不扰民、爱国家、爱百姓"的口号去做，经过蔡甸、长江埠及其他所过镇市都是满街满巷的百姓出来看革命军，抵达孝感、德安、应山时，我们的武装侦探零零散散地到处缴溃兵的枪，都赖百姓自动帮忙，我们的情报也是来自百姓。

我的前卫部队到达平靖关时，忽然发生了遭遇战，敌人颇顽强，待我的部队一部分出其后方、俘获五十余名，查询之下，才知道是河南樊钟秀的建国军，立即停战。樊钟秀绰号樊老二，本系土匪出身，自占领南阳后实力扩张，闻知北伐军已入鄂境，想截断平汉线阻吴佩孚的后路。只因消息不灵，行动太慢，现在各关已为革命军所占，吴又带大军在信阳，他只好退驻柳林，樊十分懊恼。

樊钟秀纵横豫西十多年，一度奉孙总理命入粤，委为建国豫军总司令，接受了革命的洗礼，前三年随北伐军自粤入赣南，率部经赣鄂两省、越大江，仍归老巢，其所部无不愿和他共生死，此次策应北伐军，迟了一步未能捕获吴佩孚，极为懊恨。他除了信仰孙总理外，其他的人都不在他的眼中，他一直保留着建国军的旗号，不肯改称，因此中央不肯发给他一枪一弹和一点粮饷。言谈之间颇表愤慨，我很同情他的处境，几次写信给唐总指挥要他转呈蒋总司令特别给他援助，皆不得要领。因为他在豫西的根据地宝丰被吴佩孚围攻，不得已率部回豫西救援。樊除吸鸦片烟外，生活很简朴，他吸的大烟都是六十年的老土，他对革命军颇轻视，仅对冯玉祥有几分好感。唐生智和邓演达自视甚高，樊对他们更瞧不起，因此他得不到唐的援助，所以他在进不能克信阳、退有革命军阻断的情况下，只好偈处在柳林。

11. 平靖关策动魏益三来归

我们师部驻在应山距平靖关七十里，在前方担任防务的为一、三两团，正面之广阔几近百里，我右侧为第四师担任武胜山、鸡公山、九里关之防务，彼此相距亦近百里之辽阔。每日有不少行商小贩经过平靖关，我指示哨兵善待他们，因此他们感激之余都自动成了我们的侦探，并且到敌人区域故意吹嘘说沿途都有革命军，这一点已由我方的侦探证实不假。

十月十日，武昌城被围了四十天，终于由第三师的团长贺对庭的内应下，在十月九日夜开保安门和中和门迎革命军入城，第三师全部则由其师长吴俊卿率领出城前往预先指定之造纸厂。进城活动拉线的人是聂世馨和朱明善，他们都是武昌城内人，和贺团长都是保定同学，过去也是同事，他们是随商会代表出入城门之际，混入武昌城的。

吴佩孚北走后，在信阳布置了靳云鹗、田维勤、寇英杰、魏益三四部，阻止革命军北上。吴委寇英杰为讨赤联军前敌总指挥，受讨赤联军副总司令靳云鹗之指挥，其指挥之部队驻信阳城内外计五万余人。我到平靖关后得侦探报告，知魏益三在信阳，魏字友仁，我和他先后在保定、陆大都是同期同学。我即写信派了一位信阳人送去，送信的人名字叫李友文，是位老军官，家住谭家河。魏回信中说，决心加入国民革命军，拟设法劝靳云鹗等待机而动。我遂电唐生智要他派龚浩或晏勋甫来前方主持策反工作，唐要我告知魏请派代表赴汉直接和唐洽商。魏遂派陆大同学萧其煊来我处，我送萧去广水，再由刘兴派专车送他去汉口。萧对我说吴佩孚尚拥有十万余兵，不过因局限于河南一省及陕西一部，以及鄂北的襄樊之地，粮饷不继，处境极苦，部下意见也不一致，许多将领表面虽对吴表示服从，而暗中却派代表四出活动，真是气节凌夷，人格扫地，吴将到何处去？一世之雄已面临末路，说到此不禁唏嘘起来。

魏益三总算把靳、寇、田等人说服了，都同意各派代表和我们商谈，唐生智派了晏道刚偕何遂陪萧其煊到柳林，与各代表商讨投诚的条件，由刘兴主持谈判，我也在座。和议很快地成功了，敌对行动完全停止，交通也恢复了，田、寇两部调往郑州。这件事是由我来连络策划的，此事甚小，不过对吴佩孚之失败，影响很大。

我自九月十六日到平靖关，至十一月三十日始离此西行。其间除策动魏益三反正之外，平时都在训练士兵，得空就读书，《三民主义》就是在此期间得以读完的。

十三、 调防鄂西

1. 肃清鄂西残敌

我们驻军平靖关既然和在信阳的吴系部队有了默契，此处就用不到驻兵防守，本团奉命开鄂西肃清残敌，那时驻在宜昌、沙市、荆、襄一带的有卢金山的第八师人枪共八千余及一个骑兵团、于学忠的第十八混成旅人枪共三千余。本来，蒋总司令要袁祖铭去攻剿，但是袁属下彭汉章的第九军和王天培的第十军都徘徊不前。现在武胜关方面既因信阳的敌军已谈判成功，自无需驻大军防守，乃派何键率叶琪师和他自己的一师去攻打沙洋、荆州，本师则攻京山、钟祥、荆门、当阳，宜昌，归何指挥。本团奉命自应山出发，沿途受到民众的欢迎，我在团内挑出了一些京山、钟祥、荆门、当阳、宜昌、沙市籍的士兵派做侦探，因此几近百里内的敌情都了如指掌。我们行至荆门，敌人已望风而逃，我沿途看见有电线杆的地方即偷听敌人的电话。到荆门时在敌人的电话中听到有人喊第八师骑兵团听话，没有人接，我乘机冒充为他们的人，即以京话和他谈起来，原来旅长要他询问友军的情况，他告诉我他们正在江南岸受革命军的压迫，又说襄河也有警，正由松滋、枝江、宜都等处撤退，他问我："于学忠的第十八混成旅怎样?"我说："军队已在沙洋一带溃散了。"我又说："荆沙所有的军队都走光了，我马上拆除电话就走。"他说："我即刻将情况报告旅长。"这是使用有线电话的一大教训，用兵者不得不注意。当晚叶琪又从沙洋打电话，也被我截到了，我即喊："翠微。"起初他还想不承认，他那口广西官话一听就知道，等到他听出来是我才认了账，我就把白天接到电话的事告诉他，我们都笑了起来。

于学忠全部向江北退，除我的前卫营在当阳和敌人打了一仗外，别无大规模的战争，从当阳再向远安继续追击敌人约有四个师的番号，他们都向襄阳退去，我团克复远安城以后，即派萧营及沈廷桢营分别向洋坪、徐家棚追击。我即着手安抚远安城内的人民。有人要我更换县知事，我以为军人不便干政，那种旧作风是要不得的。我们俘获敌人的眷属近千人，要放他们走，他们却愿意跟随我们去汉口再回河南，我遂派员把他们送往当阳遣散。到此鄂西的军事行动也就结束了。

十二月二十六日，我团奉命开当阳，张团去龙泉驿，师部及本师其他部队驻荆门，宜昌已在十二月十六日被第九军和第十军占领，何键及叶琪两部驻宜昌郊外。唐生智去宜昌视察，夏斗寅也被召往，他自宜昌返回时告诉我，唐生智要把第八军扩展为三个军，刘兴、何键、李品仙都升为军长，各旅以下依次均升一级，并且要把本师编入何键军内作为第一师，任夏为副军长兼师长，何键和刘建绪力促夏就职。如此一来，鄂军的历史将到此告终了。他和张森商量的结果要我去汉口一行，设法打消此议，我也只好去试试看了。

2. 何键其人其事

唐生智原来的三个师长，其中刘兴对唐绝对服从，作战时沉着稳健，不问他分外的事。李品仙，广西人，和我保定同期同学，对唐绝对服从，也不问外事。只有何键不同，他以两枝烂枪起家，心机最深，办法最多，对刘建绪最信任。凡是政客、失意军人以及投机分子他都收容。他拥有数千枝枪时，即夸大宣传，把他自己吹成一支很大的武力。在驱逐张敬尧时，他乘机扰乱敌后，收枪三百余支，遂一跃而成为宋鹤庚的第一师骑兵团，事实上连一匹马都没有。自驻桃源和唐生智结纳，以后就成了唐的策士。四、五年来，湖南屡起内战，每次都是何键在幕后策动，他的阴谋奸诈远在唐之上。唐因有英雄本色，难免唯我独尊，心直口快，有时冲动，不顾后果。何则完全不同，他深沉机变，喜怒不形于色，固然唐生智是在利用何，但总会有一天唐被何利用。夏斗寅当时很同意我这种看法。

百里师以前曾经和唐生智说过，要他帮助湖北的同学，现在他却想尽方法使湖北没有军队，对我们不存好心，对何成濬也加以打击。何为老革命党人，于武汉克服后，曾返回他的故乡随县，想成立部队。但随县地大人多，民情强悍，当地已有团防组织。该县省议员严三谦为一地方恶势力，和何作对。何派王鼎立去随县组织了一团人，该团不时和严掌握的地方团队起冲突。唐派晏勋甫去应山要夏斗寅解决王鼎立在随县的一团人，间接予何以打击。我在前方听到消息，立刻找到张森一同去师部反对，我们认为何是老革命党而严是依附军阀的土劣，我们应该支持何。经我们力争之后，夏也表示同意我们的意见。但我们回防后，他竟派二、三两团将王鼎立团包围缴械，并翻倒何的汽车。我打电话责怪夏，何以竟如此糊涂受唐生智利用，善恶不分，请把枪械交还并要他向何道歉。夏不听我的话，他不敢反对唐的意旨。他们起初还想不让我知道，参谋长余子祥也赞成他去缴王团的械。现在竟要把本师编到何键的辖下，其居心要消灭鄂军，是很显然的。

3. 武汉之行的见闻

我前往汉口经过沙市时，正是阳历除夕那天。沙市为湖北第二商埠，惜市政不整，污秽不堪，烟馆林立，满街都是服装不整、毫无军纪的滥兵，据说驻在此地的川军是曾子唯师，系集土匪而成，竟也称为革命军，实在是对革命军的一种侮辱。第八军的吴尚礼旅和十五军的刘守信旅也都驻在沙市，十六年元旦我在沙市访蓝文蔚，他是沙市的征收局长。

我由沙市搭乘同和轮赴汉口，在船上遇老同志邓玉麟，到汉口时正碰上一月三日收回英租界的运动在如火如荼的进行着，英水兵登陆，华洋交界处都戒严，形势极紧张。各处都可看到“收回租界”、“打倒英帝国主义”的标语，这些标语都是汉口市总工会和汉口市党部及人民团体所贴，游行的队伍多半是在总工会领导下的工人纠察队和民众，他们手持白旗高呼口号。有几千人要冲入英租界，英方以沙包阻塞进路，几个英兵持枪站岗，不管示威的民众用石头击还是辱骂，他们决不稍动，由此可见英国士兵的训练，群众在工会领导下，也是有组织的行动，不轻易越界。

我去汉口是为了解决本师的番号和隶属问题，不巧唐生智已去了长沙。我和参谋长龚浩谈起，他说：“总指挥已经决定那样编，恐怕不容易改变，还是不要再提出了。”

当时武汉三镇的人民生活上起了很大的变化，街头巷尾都充满了革命的狂热，最活跃的是工人纠察队，几乎武汉的每个人都在忙，忙着开会、贴标语、游行、喊口号，连太太们也都整天忙着开会，耿丹的太太（张笃伦的妹妹）尤其忙于搞妇女运动，竟忙得要打胎，可见大家已经陷入了怎样的一种狂热。一切的运动皆由总工会发动领导，向忠发原是在汉口划渡船的船夫，竟当了总工会的委员长，湖南平江人李立三在幕后操纵一切。在总工会的发动下，什么铁路工会、马车工会、码头工会、人力车工会统统都组织起来了。另外党部又组织了妇女会、儿童会，几乎无人不入会，无日不开会。

刘文岛当了汉口市市长，张笃伦当了汉口公安局局长，他们都忙得不可开交，耿丹和李汉俊在党部任要角，我的同乡包惠僧早在本师住应山的时候即被派为本师的政治部主任兼党代表，他也是以共产党员身份加入国民党的，当时左倾的人都红了起来，鲍罗廷住在杨森的花园，是十足的太上皇。孔庚是省政府政务委员，已经五十多岁了，还手执白旗领导群众大呼口号，其余的委员也莫不如此，凡不参加开会或游行的人都被指为落伍。

在武汉的过去军阀、官僚以及大商家的财产都被没收了，像寇英杰、程汉卿等在友益街的三座大楼没收后，做了总工会的会址，黎澍的楚善里洋房做了战地政务委员会的办公处。蔡汉卿的希昌里，全里都做了市党部。大华饭店、南洋兄弟烟草公司大楼、新世界游艺场等等都无条件的被没收了，弄得人心惶惶不安，稍有一点资产的人家都逃往上海或天津。我最初听到这些事，毫不以为怪，并且认为既然名为国民革命就应当这样做，否则革命怎能彻底？但是不久，我的信心动摇了，许多新贵生活的奢华，远甚于昔日的军阀，住洋房、坐汽车、呼奴唤婢、颐指气使，不可一世，其官架子之大，绝不是北洋官僚萧耀南、陈嘉谟、田中玉、陈光远那种谦和有礼的态度所能比。以上这些人都是我亲自谈过话的。而在武汉的这些新贵中我见到的也不少。有一次我在武昌去见总政治部主任邓演达，向他报告鄂西的情形，他的架子就比旧军阀的架子大得多。我由他那里出来，经过百善巷，顺便去看公安局局长林薰南，他是我的老朋友，也是同乡，我的名片送进去很久，才有人招呼我到大客厅的餐桌上坐，又坐了好一会他才出来。

李勉堂（振中）是卫戍总部的参谋长，他对武汉的政局比我认识清楚，我们也是老朋友，他对目前的政局表示悲观。

我到武汉不久，正遇上蒋总司令乘“宁绍”专轮于一月十二日莅武昌，陈铭枢，邓演达、宋子文、张发奎等乘轮至阳逻迎接，他们登宁绍轮陪蒋总司令抵文昌门登岸。倾城民众列队在街道两侧，手执欢迎旗帜，凡蒋总司令经过之处皆欢声雷动。随即在阅马厂开欢迎大会，从阅马厂到蛇山顶万头攒动，真是人海和旗海交织一片。蒋总司令莅场时，掌声混合着欢呼声震动天地，邓演达、黄琪翔和张发奎三人在蒋总司令刚讲了一段甚至一句话，像“打倒军阀”，“打倒帝国主义”之类的话后，即连呼口号二次，全场也跟着一齐呼喊，到演讲结束时，全场在跳跃着狂呼。此种场面我还是第一次参与。蒋总司令在鄂时间甚短，于一月二十五日即返回南昌主持军事。

4. 唐生智长沙去来

后来听说，正当蒋总司令在武汉受到热烈欢迎的时候，唐生智在长沙受到更热烈的欢迎，各处的欢迎场面都是有计划安排好的。因此，唐生智这次回到了长沙，万人空巷，拥护唐总指挥的口号高喊入云，欢迎或拥护的标语贴满了通衢僻巷的墙壁。不仅长沙如此，全省各县也都极热烈。这种表演，使唐感动得头都昏了，从此他的野心更大了，这种场面是容易助长一个人的领袖欲的。

湖南自从北伐开始，唐生智即委张翼鹏代理省政府主席。张是日本士官出身，为人懦弱无能，毫无作为，一切事都要向唐请命，省党部指挥代主席一如命令部下。唐生智从长沙返回武汉即召集第八军各师长会议，除了何键因在前方未参加，周斓、叶琪、李品仙、刘兴等都出席，我未被邀。会后我往西园前敌总指挥部去看他，他说：“你来得正好，请告诉（何）芸樵、和（夏）灵炳，我们要切实实行总理的联俄、联共、农工三大政策。”唐继之又说：“湖北军事已告一段落，豫南靳云鹗、魏益三既已就范，吴佩孚不成问题，孙传芳自江西惨败后力量脆弱，我建议蒋介石，由我率第四军及第八军的一部去打南京，对于两湖我一样能兼顾，只要他答应，不久就可以行动，你们可作准备。”他这种一厢情愿的想法由来已久，在刚拿到汉阳时，即曾想有一天由他来攻取南京，但现在蒋总司令既已把江西打下，当然不会叫唐生智去打南京，我想唐之本意，在一试蒋总司令的态度。接着我提到本师改编的事，唐冲动地说：“你们不必改为地方军，就改为独立师好了。”这正合我的来意，只要他这样说，我的目的也就达到了，其余的手续问题容易解决。唐本人对我无可奈何，尽管彼此是保定同学，他一直在步步高升，我不要升官，对他无所希求。在湘乡时他曾送我五千块钱，我没有接受。以后几次他送我钱，也都被我拒绝了。

参谋长龚浩找了参谋长晏勋甫和我一道谈话，他说：“老总实行三大政策，要武樵兄告诉芸樵和灵炳，要他们照老总的意思去做。”老总是总指挥部的人对唐的称呼。我听了颇感忧虑，但和他们两人讲是无用的，龚对唐唯命是从，晏不能和唐讨论这样的重大问题，我只好另作打算。唐固然因自己的领袖欲作祟，对事情认识不清，他的秘书长邓介松和邓演达等一班人的包围他，也是一重大原因。听说李宗仁也受了他们的影响。詹大悲和董必武起先在汉口就向胡宗铎下过工夫，想透过胡宗铎使李宗仁和共产党合作。后来胡宗铎部奉命东下时，李宗仁曾找胡宗铎谈，要胡停止继续前进，当时胡已经统兵到了合肥，胡反对李宗仁和共产党合作，白健生也打电报给李表示异议，结果第七军才继续向南京进发。

5．和蒋作宾一席谈

唐生智这种不智的决定，我不能完全不管，但是在大家都表示前进，我找谁去商量对策呢？我如何才能让蒋总司令知道呢？最后我想到了蒋雨岩（作宾），于是立即赶到法租界协隆里去会晤雨岩先生，他的客厅里坐满了客人，我和他说有要事，他引我到卧室，遂顺手把门关了起来，很惊异地看着我，等我说话。我将唐生智的事情告诉了他，并请他用迅速秘密的方法报告蒋总司令。他说：“孟潇不是自掘坟墓吗？我就去南昌当面向总司令报告。”我也把在武汉的所见所闻告诉了他供他做参考，雨岩先生当晚就乘轮赴九江转南昌去了。雨岩先生当时是湖北的宣抚使，他这一去就不再回鄂。稍后国民革命军的势力达到安徽的时候，他当了第一任安徽省主席。他曾经做过黄克强、黎元洪的参谋次长，以后又做过驻日大使，驻德公使。我把一切都告诉了李勉堂，他非常赞成雨岩先生去南昌报告，我要李透过陈铭枢影响刘文岛，因刘连日来情形有些突出。这时候，整个武汉被麻醉了，向忠发和李立三被一般人看成了灯塔。

还有一件事我想谈谈，那是当时关于湖北经济的一件大事。前清湖广总督张之洞创办湖北省官钱局发行官票，列为新政之一，已有三四十年的历史，票面制钱一串文，后改为当十铜元一百枚，流行的区域北至郑州，南至衡阳、宝庆、洪江，西至重庆，东达芜湖，信用之佳，价值之稳定超过现洋，在此一区域内的人民一向很愿储存湖北官票，尤其乡村老太婆将官票当黄金、白银一样储存，数十年的信用得来不易。到革命军抵达武汉，中央为统一币制，下令禁用湖北官票，不仅湖北省政府损失很大，在北区域内的百姓尤其损失惨重，因此竟有投河、上吊而死者，至于倾家荡产的人家，那就更不知其数了，怨声载道，徒呼奈何。

6. 自当阳至宜昌

我在武汉公毕，即于一月二十日携妻长临女士乘湘江轮西行返回防地，因新成政治部，包惠僧率全体干部数十人同行，本师编为国民革命军独立第十四师，直隶前敌总指挥，旋奉命移驻宜昌担任鄂西防务，何键、王天培各军开赴指定地点，归入作战序列，第八军已扩编为三个军也隶属前敌总指挥，李品仙师扩编为第八军，何键师扩编为第三十五军，刘兴师扩编为第三十六军。

元月二十四日抵沙市再转当阳，二月二日奉命开宜昌，正逢旧历元旦，全国各地都有敬神、祭祖、拜年的习俗，当阳的居民到玉泉寺敬神，正是我们行军的路线，沿途热闹异常，士兵刚发薪饷，除少数银圆外，大半为铜币，他们因一时兴奋，沿途施舍毫不吝惜。我们到了宜昌，何键及王天培的部队都还没有开走，到处都是兵。总司令部派点验委员朱霁青、蒋鼎文等来点验部队，他们对王天培的第十军下的评语是“滥”，部队年龄从十三四岁到五十余岁不等，有的弯腰驼背，有的人枪两枝，即步枪一枝，鸦片枪一枝；对何键的三十五军评语是“骄”，该军人员、武器都整齐；对于本师的评语是：确实认真，虚心求进，武器装备不足，政治训练第一，尤其本团的政治训练为各团之冠。

唐总指挥电令派我为副师长兼参谋长，潘祖信为第一团团长，卢本棠为第二团团长，张森为第三团团长，刘绳武为第四团团长，佘延为第五团团长，姚德安为工兵营营长，涂直为炮兵营营长，江倍吾为辎重营营长，叶蓬为参谋处处长，李希白为副官长。

7. 袁祖铭被刺与黔军怨愤

何键部本来奉命向长江下游开拔，忽然间秘密往湘西开拔，起初还不愿以实情相告，后来才告诉我，他们是奉命去解决袁祖铭。袁本来是黔军，入驻湘西以后，擅自调换地方官吏，及征收捐税，又违抗命令不听调动，唐生智遂请示蒋总司令准许他解决袁部。周斓的教导师驻常德，袁也在常德，不过他的部队不多，他麾下的彭汉章驻在澧县，某一日周斓设宴请袁，即在酒席上当场把袁祖铭刺杀，后又诱捕了彭汉章押解长沙，并同时围缴第九军的枪械，命部队解散。

王天培率领两个师驻在宜昌、沙市，号称六个师，其实多老弱残兵，而且枪支少，他的师长吴勉安告诉我，滥兵所以这样多，是因为有些人为了解决吃饭问题，也有一些人为了能有机会肩一杆枪，所以有这样多的老弱从贵州跟出来。

王天培在他的军部宴请何键、夏斗寅、刘建绪及团长以上的保定同学，席间派有五位卫士都持手枪，子弹上膛围绕着酒席巡逻，眼光注视着每位客人的神态，好在我们心境坦然，倒也无所谓。我奇怪如此请客不但没有效果且易增加反感，但云贵一带的军人请客，差不多都如此；沈鸿英、马济之流莫不皆然，以前有一次我在长沙和沈鸿英一起散步，他派了一位拿着驳壳枪的士兵开路，我笑他，他才叫那位士兵回去。

我在王天培的几次谈话中，发现他很怨愤，他起初来攻宜昌时，自不会想由敌军取得枪支，但敌人全师完整而退，毫无所获。后来他想长驻宜昌可收鸦片特税，现在又命他调防，失去发财的机会，加以彭汉章的例子摆在眼前，不能不使他心寒。这次点验使他的实力亮了底，想来他的心情不佳，不是没有原因的。不过听说他仍在宜昌刮了二十万元才走。

8. 驻防宜昌二三事

本师自二月初驻宜昌，何键部已东下，王天培部至三月初始全部东去，遗留下不少散兵游勇，使地方治安不宁，时有劫掠杀人之事。师长夏斗寅奉唐总指挥命令赴汉口，由我代理师长，部队分布鄂西一带，一切军事皆由我负责，至于地方上的事务归政治部负责，政治部主任兼党代表包惠僧和我很接近，常找我商议。他指导宜昌、沙市及各县市党部、工会、农会、和本师的各级政治工作，每天开会，晚上就邀余子祥、叶蓬及军需处长包彦成等打麻将，他和他的太太夏松云都很挥霍，他出巡时坐四人大轿，四个卫士带驳壳手枪前呼后拥，对部属很严厉，像官僚也像军阀，他对工、农会及党部的非法行为常常制止，所以遭受反感。他多次劝我当党代表，我拒绝他的建议，他好像在用方法拉拢我，但事实上他也真尊重我的意见。有一次工会逮捕了王天培的师长吴勉安、四川刘存厚的弟弟刘肇乾、贵州周西成派来的代表刘民彝，工会志在挑拨本师和西南各省间的感情。我告诉工会非把他们放走不可，总算救了这三人的命。后来刘民彝在贵州做民政厅长的时候，我适率军经过贵阳，他请我到他家去，他和他的家人都向我叩头，声称我是救命的恩人。

有一次为了肃清地方上的不良分子，召集各界代表开会讨论如何执行清查的工作，会议由我主持，在讨论刚开始不久，工会负责人突然提出十大议案请求优先讨论，县市党部一致附和，我即请他将十项议案由向大会报告，除第一案为拥护独立第十四师外，其余的不外组织纠察队，由十四师发给武器、弹药、服装，授权工会逮捕土豪劣绅等反革命分子，工会对十四师有何请求，十四师不能拒绝等等无理要求。我听了之后，即说："今天会议的性质不同，今天是讨论如何清查散兵游勇，等把主要案由讨论完毕，若有时间再讨论别的。"参谋处长叶蓬提出早已拟妥的计划，我遂逐项讨论，故意拖时间，从下午一点一直讨论到五点，我宣布请大家吃西餐，该工会代表当即起立问我："请问主席十大议案何时讨论？"我回答："等将来有机会召集会议时再讨论。"

我根据议决案成立了一专门机构来执行，由叶蓬负责主持，经过三天的准备，动员了五百男女，集合到宜昌中学讲习了一天，分八十五组，要他们来宜昌中学时，他们不知道为了何事，来了就不准和外界接触，晚饭后有娱乐节目，至晨二时全市戒严断绝交通，三时各组均到达指定地点，号炮一响，同时检查，晨六时结束，捉获盗匪游勇三百余人，除一百多人为冤枉，当即释放外，其余有一个是双龙头袍哥也被捕获，这等人专门包庇烟赌盗匪，无恶不作，在黑社会中最具潜势力，关系复杂。一到晨八时，工会和党部即来请求保释，我不允。从此宜昌的治安大有改进。此种检查方式在国内恐怕还是开端。

9. 共产党的发展

耿丹和李汉俊他们都纷纷写信给我，说独立十四师只有我是真正革命的，希望我担任党代表，使十四师成为真正的革命军，并提到前时在岳麓山的谈话，还说中央对我极信任，到此我才认清包惠僧是专门来做我的工作的，无怪对我百般迁就了。其实当时在某些人看来我确似有些左倾，我在心里也喜欢他们的某些作为，例如有一次宜昌的市党部及工会、农会领导开会游行，每人手执戈矛、锹镐、铁钯、锄头，昂头阔步，生气勃勃，一反以往萎靡畏缩的神态，我遂即当众称赞了几句，说："国民革命顾名思义是要将数千年静的社会变成动的社会，才能适应世界潮流，现在渐渐的在动，这是好的开始。"许多人听了默默无言，尤其在场的安福系一位老国会议员郑万瞻（云衢）颇为震动，他是由汉口来宜昌避难，想依靠夏斗寅保护的。这半年来不仅是武汉的人民不得安，自从中央颁布了《惩治土豪劣绅条例》《审判土豪劣绅条例》及《审判土豪劣绅委员会条例》以来，即连各县市甚至穷乡僻野中也充满了恐怖，当时有两句口号即："有土皆豪"、"无绅不劣"，两湖地区已经乌烟瘴气，有点办法的人都逃到上海或天津了，最无办法的则跑到宜昌或沙市。殊不知宜昌也并非理想的净土。

武汉在二月底曾发现有攻击蒋总司令和打倒张静江的标语，徐谦和邓演达正积极设法透过党代表及政治部主任掌握军队，徐并兼任革命军事裁判所长，李立三和向忠发主持总工会，陈铭枢的武汉卫戍司令也改由唐生智自己兼任，刘文岛也被迫放弃了他的汉口市长，第八军的政治部主任兼党代表早由共产党彭泽民接替了。湖北省政务委员会主席又是徐谦，民政厅长是詹大悲，教育厅长是李汉俊，农矿厅长董必武，省政府几乎全被共产党把持了。

到了四月初，汪精卫由海外返国，在上海和陈独秀发表联合宣言，不久便到武汉主持国民政府。宜昌各界在铁道坝开迎汪大会，有万余人参加，本师第二团也参加了，在包惠僧演讲完了的时候，忽然间台上有人领导呼喊“拥护汪主席，打倒蒋介石”的口号，我们台下的士兵就喊“拥护蒋介石!”参加的民众也就跟着军队喊了起来。本来宜昌早就传说党部制有“打倒反革命的蒋介石”、“打倒不革命的夏斗寅”的标语，我告诉人们说：“谁贴这样的标语，我就抓谁。”他们听了我严正的态度也就不敢贴了。沙市工会领导游行喊出“打倒蒋介石!”的口号，本师的士兵当场和他们冲突了起来，于是工会就向武汉报告，并控诉团长潘祖信，总工会及省党部都来电责备，唐总指挥也下命令要师部查办，我只好将潘团调往荆州，可见当时唐生智对共产党的依顺到了一种怎样的程度。

包惠僧因为在宜昌压抑工会及县市党部的幼稚行动，工会遂到武汉控告他，不久他即奉命召回，他行前还劝我当本师的党代表，我照例拒绝。他回武汉不久，宜昌即传说夏师长在武汉被扣起来了，独立第十四师师长将由我来继任，又传说包惠僧已遭受留党察看的处分，谣言不胫而走，人心甚为浮动。

十四、 回师备战

1. 疑云笼罩下的宜昌

民国十六年四月十三月，上海实行清党，国共分裂，接着南京便于十五日成立国民政府，是为宁汉对立。此时河南战事吃紧，唐生智率部队在平汉线上作战，武汉驻军很少，长江上游及襄樊情形不稳，杨森驻川东万县一带，刘湘驻重庆，张联升驻襄阳，于学忠驻南阳，吴佩孚在巩县，而鄂西广大地区只我独立第十四师一师人。我早在二月底即密派多人分赴重庆、万县一带侦察，命刘秉初驻在巴东和他们联系，襄阳和常德也派去侦探，并派钟芬洲去南京联络。因上游情形好紧张，我去电要夏师长快回宜昌，同时也直接去电给唐总指挥请他命夏师长速归，四月二十五日夏始回到宜昌，我才知道了武汉军力的虚实，第四军张发奎，第十一军（军长陈铭枢本人离汉赴宁）的蔡廷锴、蒋光鼐两师长率部队去许昌应援靳云鹗，刘兵已率三十六军赴豫，何键的三十五军尚留武汉，是否也去河南尚不得知，周斓驻湘，防务重要不能调动，叶琪在常德训练新兵。

夏师长携回唐总指挥命令，本师先编两旅，由我担任第一旅旅长，张森为第二旅旅长，我即去沙市成立旅部。

到四月底从上游来的报告，得知南阳的于学忠、襄阳的张联升和川东的杨森信使往来不绝于途，并说他们奉吴佩孚的命令将分三路夺取宜沙，攻下宜沙以后再夺武汉。奉节和万县的军事都已准备完成，川江轮船都被扣留，三天未见一只船下来，刘秉初派驻万县侦探的报告已被杨森扣留。我们除令驻秭归、香溪的部队严密警戒准备行动外，同时不断的电告军事委员会和唐总指挥，可是由武汉来的答复是杨森忠实可靠，我们的情报不确实。并且我们曾经听到武汉中枢及湖北省党部指责独立第十四师不革命，杨森革命，同时，武汉的军委会不断和杨森联系，他们受杨森骗，我们不能不准备应变。同时刘存厚的弟弟刘绍荃曾经和我说过，杨森和吴佩孚关系很密切，现在不仅在武汉派有代表，在吴佩孚处仍然派有代表，其他各处都派有代表，每处的代表用钱很多，多方拉拢要人好替他说话。

到五月一日川东情形不容再存怀疑，听说张联升、于学忠已沿襄樊公路南下，杨森已将船只准备妥当，只要他的部队动身，一二日可在宜昌附近登陆，我们的部队分散各地，自无法对抗。有人认为在杨森行动之前，本师不宜有任何行动，可是等杨森行动时，我们也就来不及了。我主张先将所有眷属即时撤至武汉，入川的民船已经命令扣留。夏师长采纳我的建议，命立即撤退眷属，并再电武汉告急，劝勿过信杨森代表的欺骗，同时令各团营迅作准备。

二日晨四时，全师眷属都上快利轮，内子长临女士也登船，我嘱咐她去沪，以后我们的行动尚不敢预言，我率旅部人员乘裕大轮赴沙市。

三日，军事委员会作战参谋厅长龚浩来电回答我前日私人给他的去电，大意是："兄所得情报极不正确，此间每日所接（杨）子惠及情报人员报告，均可证明，请兄放心，勿信挑拨离间之言是幸。中央已派高语罕为杨森的党代表，他即率同政治部人员入川，经过沙市时请与一谈，即可知详情。"这虽说都是真心话，但他不知道被杨森骗了，即连唐生智也不相信，他给吴玉章的电报中力陈杨森为真革命者，请吴玉章放心，由此可见杨森的手段高明。

2．截留运济杨森的械弹

我们仍然备战，我集合官兵讲话鼓励士气，命各单位迅速准备，已经十二天没有见到江轮从万县下驶了，恐怕一二天内就会有行动，我又召集了市党部、工会和农会的负责人，将最近的情况和我们作战的决心告诉了他们，要他们协助。

四日，刘秉初由巴东派人雇民船飞报说杨森部已上船，六日晚杨森已袭取香溪、秭归、新滩，我第三团被截成数段，宜昌当然不能守，因此决定将全师集中荆沙与敌决战，师长率师部乘福川轮于七日抵沙市。

武汉军委会派往杨森军之党代表高语罕率政治部工作人员数十人亦于七日抵沙市，我将杨军来袭的情形告诉他，他大感意外，他说："中央方面不管是党、政、军，还是总工会，大家对于杨森都极相信，杨数次来电欢迎党代表去他军中，现在既然如此，只好返回汉口。"我说："你等一两天把情形看清楚了，我再派轮送你回汉，好向各方面有确实的报告，也算不负此行。"晚间，高召集党部、工会、农会负责同志谈话，我乘机告诉他们我军决心诱敌，予以歼灭，要求他们召集民众配合军队作战。高当晚筹一千元送师部劳军，此人系一书生，态度还很诚恳。

武汉军委会和总政治部因本师弃守宜昌，已来电严加责备，国民政府和中央党部亦来电，在慰问之余也含有申斥之意。更奇怪的是，汉口总工会因为师部使用福川轮，来电申斥，并以命令式口吻要将该轮发还工会。我们初不知该轮和工会有何关系，查问后才知宜昌工会没收了数艘川江轮船，停泊江心，本师东行需要轮船，该轮自动升火愿意为本师服务，起初师部不知道是工会擅自没收来的，决未想到汉口总工会竟如此狂妄无礼。

夜间渝江轮载步枪子弹五十万发，重机枪十六挺，机枪子弹六十万发，迫击炮十二门，七·五山炮四门上驶入川，我军强行余其靠岸，登船检查，发现上项械弹均为军委会发给杨森的武器。我问高语罕是否知道渝江轮运载械弹，他说不知道。他已经了解一切，知道中央对杨森认识错误，他决定回汉口去向有关方面报告事实真象。我请师部即刻派轮送其返汉，他主张截下的械弹由本师留用。

十日，各团营逐渐到达荆州附近，驻秭归、香溪、新滩各部队也均已脱险，第一团业已布置阵地，掩护集中，等部队完全到达，即可实施作战计划。这时忽接荆门电话说张联升之先头部队已到宜城（后来为纪念张自忠改称自忠县）。我们立刻受到两面攻击，处境十分困难，在名义上，我们是属于唐生智的部队，但武汉政府未补助我们一枪一弹，却装载一船武器给杨森，我们的情报被指为挑拨离间，而杨森的假报告竟信以为真。由于我们在宜、沙压制工会、农会而仇视我们。说是不革命，我当时想起了历史上陈胜、吴广“失期者斩”的处境，遂推知所谓造反或革命都是逼出来的。当年李鸿章若接纳了孙中山先生上书的意见，该又是怎样一个局面呢？清末康、梁的立宪运动若成功了，又该如何呢？现在多少善良的人民，无故横遭迫害，莫不怀恨于心，最可悲的是今日武汉中央政府不管是党、政、军都左倾，号称国民革命，像鲁涤平、程潜、王均的军队都闲置于赣皖地区，而不用于北伐，不知用意何在？武汉方面对我们怀疑，反而对敌人如此信任，更是难于理解。

3. 形势的分析

我经过多方面的分析和考虑，遂在师部的会议中说出："我们要清除武汉政府内之共产党分子。"当会议时，除主持人夏师长以外尚有我兄毓崑和参谋长、各旅团长等，其中别人不消说，就连夏师长和我兄也不了解我，因为我赞成打破现状，做事总要彻底，因此有时难免对工会等某些行为表示同情。我这次的决心，是经过三天的考虑决定的，经过我将大势分析了一番而下了这个"反共"的断语后，他们无不闻之欢喜，尤其夏斗寅，因为这样一来，他那顶不革命帽子用不到自己戴了，其余的同僚一向意志坚决，只是谁也不敢先出诸口而已。

但我们当时的处境真是孤军奋斗，在两湖地区的军队，除了吴佩孚的残部外，所有的国民革命军都是拥护武汉政府的。听说何键似乎不赞成共产党，但是在什么地方，我们也不知道，无从联络，加以前敌总指挥部对我们的军需补给也完全断绝了，我们在宜昌未向地方上要一草一木，沙市虽然是商埠，几经工会、农会清算斗争，早已空虚枯绝。仅蓝文蔚的征收局可提二万余元，沙市关监督可提万余元，再加刚领到五月份的经费，加在一起尚可维持一时，若行动起来，这点钱自然维持不了几天。

虽然局势如此艰难，但在走投无路和"义所当为"的情形下，也只好将一切困难及后果置诸度外了。老第八军是我们多年的战友，他们听到我们反共，必定会同情我们，我们尽量避免和他们作战。我们是孤军，不能勉强冒险攻取武汉，而且攻武汉必影响京汉路北伐的军事行动。我们只要威胁武汉，制造机会，使友军乘机起来响应，最后冲破重围而到长江下游接受蒋总司令的指挥，以期达成反共同时又完成北伐的目的。

基于以上的构想，我们拟订了三个行动方案，经过讨论后决定其中之一，即在嘉鱼登陆，占领蒲圻，截断湘鄂铁路，压迫武昌，号召友军响应摇动武汉政府，迫使清党。

我们根据此一行动方案，立刻开始行动。我们也学会了杨森的办法，我们一面准备应战，并秘密分配船只，一面去报告给武汉政府说“我第三团在龙泉驿击败敌军某部，第二团在董市击败敌军某部，现正集结兵力于某线，一俟准备完成即反攻宜昌”。在未离开沙市以前，至少每隔一二小时就发出一次电报，有的是报告胜仗，有的是报告败仗，获胜的报告要比战败的报告多，最后的一次是捷电，发出后即将所有电线截断，我命工兵营负责破坏，破坏的程度要至少三天才能修理好。

我们任务艰巨，行动飘忽，随时随地都要准备作战，天气渐热，官兵除了携带弹药，还要携带粮秣，所以将夏季不用的被服装具，一概不要，我们只有前方没有后方。此时此地需要激励士气，我虽然不懂讲话的技巧，但还可以使官兵闻之兴奋。

为了保持军事机密，连日对上下驶的船只一概喝令停航。其时适有一法国商船上驶，并有一法国兵舰护航，我军喝令该船停航，不听，我军立即发炮三响警告，该船始停止前进，我告其暂停等候命令再行动，船内一切我军决不侵犯，法人应诺照办。

十二日晚各团营都已到齐，我分别训话。

4. 通电反共与袭击武汉

十三日行动开始，发送汉口最后一电告捷之后，立即破坏电报系统，另将声明讨共之“元”电送电报局，明知沙市不能在数日之内拍发，但当我们到达目的地时武汉当可收到该电，而且我们准备到了嘉鱼、蒲圻时再补发一次，真相自能大白。工兵营午前十一时开船，陆上各路电线早已破坏，沿江线路由工兵营着手破坏，各部队午后六时起上船，我在开船前巡视街市，人民安静如常，地方团队很镇静地在执行任务，等我们开始上船时我即通知在党部及工会工作的同志要他们由后湖襄河回汉口，船队依序前进，师部乘福川轮，我乘亚东轮，旌旗蔽江，浩浩荡荡。我们最大的困难是如何通过城陵矶，岳州和城陵矶由周磐（砥平）的一师人驻防，我们自不敢向他先说明我们的目的，但是由他那儿经过，又必需使他的驻军对我们无任何妨碍。我们事先想出了一个办法，先派小船一艘将一纸假电报送给周磐看，说唐总指挥命本师集中武汉，换车去信阳参加北伐，果然我们顺利通过了城陵矶。

船到嘉鱼，因长江水涨，大轮可以直接靠岸，遂派第一团占领方家铺掩护部队登陆，并对牌洲方面警戒。夜十二时我军占领蒲圻、汀泗桥、咸宁，遂即又发出“元”电，几日来，一切进行顺利，我军拟一部对岳州警戒，以第一团向武昌推进，以第五团策应，占领纸坊，威胁武昌，主力则控制汀泗桥附近地区，另派一部据守崇阳、通山，一面准备补给，一面调查赴鄂东的路线。

我们的行动震动了武汉，武汉政府已派大军在纸坊星夜布防，萧勋营已在土地堂以南地区接触，并占领阵地，掩护其余部队展开，一、四两团为第一线，第五团为预备队，并分一部分对金牛方面警戒。

十九日拂晓开始攻击，最初进展不大，八时以后战事渐趋激烈，在此次战役中我们使用的弹药、机枪、迫击炮都是军委会送给杨森被我们截下的，四门新炮进入阵地后大发威力，第一、四两团各派一部继续猛力追击，至乌龙桥即遭遇新的抵抗，此时似有一师兵力在纸坊防守阵地，又闻金口、金牛方面均有对方军队活动，我有三面受敌之虞。岳州周磐的动向还不知道，我们未进入阵地的部队只剩下第二、三两团，又不能对岳州完全不顾及其可能来增援，第五团已到土地堂，即使该团能及时加入第一线，攻下纸坊的可能性不大，而且有被包围的危险，因此我们决不能在乌龙桥久停。好在土地堂一战得胜，我遂决定向咸宁撤退，再转崇阳、通城待机行事。我用电话向师长报告后，即命第五团在土地堂占领阵地，仍旧命萧、熊两营在前线用火力进攻，掩护主力撤退，敌尾追至土地堂，我第五团立即从预伏的阵地猛烈射击，出其不意，敌军死亡枕藉。我官兵坚守阵地不愿撤退，经过数次白刃战，士气愈战愈勇，实是北伐以来所没有过的激烈战斗，白日我军无法撤退，直至午后六时始下令准备，七时三十分开始向对方阵地猛攻，旋即迅速脱离战场。撤至山坡时已夜深十一时，先将伤亡搬至火车上，随后军队也上车回汀泗桥宿营，这一天是五月二十日。

5. 撤退崇阳

次日我军到达崇阳，一路上自愿跟随我军走的铁路工人有四十余，在我们作战时，铁路工人帮我们搬运出力不少。崇阳电信局传出许克祥在湖南长沙也正有反共行动。我们想在崇阳作十天或半个月的停留，整理部队，研究东行的路线。鄂南山地崎岖我们不怕无路可撤，再加长沙反共，吾道不孤，我们还怕什么，在军事上已达成预期的效果，在政治上也已获得极大的成功。

我们驻崇阳的十几天中，武汉方面用尽了离间分化及威吓的方法，首先军委会命令免夏师长职，同时任我为第四混成旅旅长，张森为第五混成旅旅长，我对此种命令一笑置之。

我军过去驻在长沙很久，和人民的感情不恶，因此也更容易引起他们的同情。我们不愿和湘军作战，我们只想唤起更多的友军起来，共同促使唐总指挥觉悟。

稍后几日，保定同学聂世馨和朱明善两位由汉口来崇阳，他们携有谭延闿、何键、李品仙、叶琪、龚浩和孔庚诸人的亲笔信，此等信中差不多都是劝我和张森遵照政府命令就职，将军队开往豫南作战，并对夏师长极力安慰，说夏师长将任职中枢。他们并请聂、朱两位同学在口头上转告我们是孤军，已陷入唐总指挥的包围中，只有服从中央才是唯一的生路，他们将尽全力替我们解除困难。事实上我们的看法正和他们相反，我们处处是生机，因旗帜鲜明，得到人民的拥护、军队的同情，进可以攻，要退，海阔天空到处是我们的路。我们对于聂、朱两位同学带来的好意自然谢绝了。只有张森对此略有犹疑。我们已派人去南京向蒋总司令联络，并已决定东去。

这几天武汉的各级党部、工会、农会、政治部都对我师展开了疯狂的宣传攻击，指夏斗寅反动反革命是罪大恶极的叛徒，可是他们越是这样宣传，夏斗寅越成了传奇小说式的英雄豪杰，这种宣传对我们最有利。

师部举行会议，师长对于武汉军委会免他的职，以及任我和张森为混成旅旅长的命令，似乎耿耿在心，颇觉不安，言谈间总有些不自然，并且和张森稍有争论。我当即起来就本师的处境及前途以及这次行动的决心和意义说了许多话，并强调这次行动，是大家的共同意志，不是师长一人的意思，对于武汉的命令只可一笑置之。

6. 转进鄂东

本师于六月五日开始向东行，先将咸宁、蒲圻通武昌的道路及通讯系统予以封锁或截断，命各游击队在各通路活动，混淆武汉对我们的判断，等本师主力开拔后，此等游击队再从间道赴鄂东集合。我已辞去副师长职，改由年龄较高不适合作战的刘绳武调升副师长，萧勋升第四团团长，余耀龙升营长。本师经通山、大畈、陈家畈、三溪殷祖至大冶，在石灰窑渡江。前卫第一团的刘营行动快，他们四百余人先到大冶，共产党以为这就是夏斗寅的全部力量，遂由当地纠察队集合二千余人占据下陆车站向刘营攻击，结果经不起刘营一击，即行溃散。该营进至石灰窑，又遇纠察队集合二千余人，枪三四百支前来截击，经过一阵激战，当场击毙四百余人，后来才知是矿山铁厂的工人，他们死得冤枉。

我抵达石灰窖铁厂时，有日本军舰舰长某少佐来访，告诉我们日本的报纸都以头条新闻登载夏斗寅的反共宣言及行动。其实又岂止日人注意，英美舰队停泊汉口对此事亦有所闻，他们又何尝不同情夏斗寅。该日本少佐说他们可以替我们代发致蒋总司令的电报，我立即拟稿，报告我军行动，并请总司令以后直接指示。

我们在石灰窑听说第二军、第六军由九江、武穴乘船西上，其中一部分由江左岸步行，到五月底已通过完毕。目前由黄州到九江间仅英山方面有部队，号称一师，不知是那一部队，我们由石灰窖很顺利地渡了江。师部仅带特务营直达兰溪，我立即派潘团驰往六神港警戒，我随后前往，第一营部队刚到，敌人即向我猛攻，我相信潘团足可解决此役，我在枪弹声中入睡。次晨潘团已全部进入浠水县城，原来有一个名叫吕龙的人，聚有千余人，收有步枪三四百支，号称一师盘踞在黄冈至浠水一带。吕龙接到在兰溪的部下报告，说夏斗寅亲率四五百人乘船到兰溪，这恰好和总政治部通知各县市说夏斗寅只剩四五百人的说法相合，吕龙遂想乘机立功，遂遭全部歼灭。

次日钟芬洲由南京送任命状来，蒋总司令任夏斗寅为新编第十军军长，我为第一师师长，张森为第二师师长，余延为第三师师长。钟芬洲并说蒋总司令曾为本师反共行动极感欣慰，并发表谈话说夏斗寅是奉他的命令反共的。

7. 移防皖西与唐生智的拉拢

我军在鄂东集结，业已冲破恶劣环境。鄂东和皖西没有任何别的军队，只有王普的二十七军驻防安庆，蒋作宾先生任为安徽省主席，与我们都有私交，自不需要顾虑。九江驻有第三军金汉鼎的部队，金军态度灰色，当不致和我们为难。蒋总司令命本军先向英山、太湖移动，这样我们进可威胁武汉，退可入安徽，我们除留了少数部队在鄂东罗田外，其余的都在二十日移防英山。

我军和许克祥部的马日（三月二十一日）反共行动，相距仅有一个礼拜，好像事前有了默契，这使武汉政府遭受致命的打击，汪精卫等人的作风也随着改变了。唐生智受的影响更大，他想尽方法想把我们拉回去，我们移防英山后，唐仍派人来劝说我们，我们也始终不愿和唐撕破脸。其中聂世馨又被派来英山，他带来唐给我和夏斗寅的信，信中大意是他过去忙于北伐战事，对鄂西发生的事情处理或有不当，因此他对我军的行动颇表同情，表示定会使我们满意，无论如何不可以和蒋总司令合作。世馨和我从陆小到保定一直是同学，感情甚笃，他这次来英山，固然是奉唐的命令来此，但也有私情的成分在内。世馨和汉口许多朋友确实是在为我军前途着想，尤其唐和我私人关系特别亲切，他来信劝我不要一意孤行。他有一段话，托世馨转致我，他说："我和湖北的同学，以万武樵关系最深，过去曾多次想请他帮我忙，每次他都婉拒，我知道他的性格，始终没有勉强他，我早就想把鄂军交给他，另外安置夏灵炳，可是他重感情、讲道义，我不能过分违反他的意思，老实说，灵炳我看得很轻，武樵我看得极重，不知武樵为什么老不听我的话。这次的事，我知道完全是武樵一手干的，但我决不怪他，且很同情他，我一定达成他的愿望，教他放心。你还要告诉武樵，我们总算二十几年的老同学、老朋友，不是什么长官部属，我们的部队都是老战友，经过了多少年才建立了这样深切的关系，决不可因一时之愤跟我离开，你问他与蒋有什么关系，和蒋的部属有什么关系，要他仔细的想想自然会回心转意。再者，我要派灵炳为军长，一切补充与（何）芸樵、（刘）铁夫一样，他们应该满意。我是学佛的，武樵也知道，如说诳话，天谴责我，这是誓言，武樵该相信吧！这些话只可向武樵一个人讲。"我细听之后，乃告诉聂世馨说："唐的这番话都是事实，不过，我们在主张上已有歧异，不能再讲私情。我们虽然和第八军是战友，但就公的关系上说，我们都是蒋总司令的部下，难道还不应该服从他，况且唐生智无识、无学、无量，有领袖之欲而无领袖之才，是不足有为的，我们不能跟他一路错到底。"我列举种种事实，证明我的认识不假。聂最后同情我的看法，并嘱咐不要把唐的话传出去。最后透露唐野心勃勃，不久将东征讨蒋。这是件大消息，我一面电告南京蒋总司令，一面速作准备。

此时黄河以南无敌人，郑州会议已经开过了，因为冯玉祥刚由俄国回来，颇左倾，而武汉正在联共，所以彼此容易投机。冯和武汉要人于六月十日在郑州开过会后，又于六月二十一日和南京要人在徐州开会，表面上似乎很融洽，骨子里，冯另有打算，不像郑州会议那样和谐。这时唐生智将京汉路上和奉军作战的军队调回积极准备东征，张发奎的第四军同第十一军已抵武穴、黄石港，贺对庭师及魏益三之三十军正由黄安、宋埠、黄州向罗田、英山、六安推进，何键、刘兴各部正积极补充，并大量征集船舶，似有东下之势。我军奉蒋总司令之命由鄂东开赴安徽省的太湖、宿松一带驻防，负责对湖北方面警戒。这是七月间的事。

8. 耿丹之死

据汉口来人说，我的至交老友耿仲钊（丹）被刘佐龙枪杀，我不禁痛哭，我们在陆军小学时开始成了朋友，他那时不过十五、六岁，既英俊又聪明。我们从小学又到了陆军中学，他一直努力读书，培养志气，也一直热心革命。辛亥他参加起义，在革命军中，自黎元洪、黄兴以至汤济武等人无不看重他、爱护他。仲钊持身正直，待人谦和，好学善辩，革命成功以后，赴日留学。民国二年二次革命时，由日本潜回作反袁活动，北京政府密令通缉，仲钊化装逃往北京，不久赴英就读伦敦大学攻研政治、经济。学成后归国，执教于武昌高商。北伐军进入湖南的时候，我们在长沙见面，我发觉他思想有些左倾。他和李汉俊、詹大悲、董必武过往甚密。稍后在武汉，他表现得更积极，我曾劝告他不要太过火，否则将来恐怕难以收拾。前些日子，听说他做了十五军刘佐龙的副军长，我极不以为然。我想像刘佐龙那样的人可供唐生智驱使，帮助唐控制湖北。像耿仲钊这样的英武之才，如何能为唐所容。原来这是唐生智的毒计，先给仲钊一名义，后再示意刘佐龙杀之。刘对仲钊本来不睦，怀恨已久，既有唐的授意，下手唯恐不快，他也上了唐生智一石二鸟的圈套。汪精卫以下，有许多人同情仲钊，李书城、孔庚、李汉俊等立即召开省务会议，除将刘佐龙扣押外，并想将刘处死，唐生智出来袒护，使刘暂免一死，但他的军队则被分割完了，这是瓦解十五军的另一种方式。仲钊是一个极聪明的人物，竟因一时糊涂，遭此下场，可惜可痛。

又听说武汉近来的苛捐杂税，一切都比军阀时期重，殷商巨贾，多被没收，工厂被迫停工，银行、钱庄停止营业者达七十余家，人民受害最大者莫如湖北官钱局的官票禁用，全省人民数十年的血汗积存起来的官票基金，连昔日军阀都不敢动用的这笔黄金、银元，现在竟被宋子文、唐生智从官钱局全部提走了。因此工商业立时倒闭，三千万人民无一不遭受损失，如此武汉政府又怎能不倒呢?

夏军长曾去南京一趟，回来时有蓝文蔚、刘瀚如、朱明善同行。朱怀冰代表蒋总司令前来慰问，我陪朱怀冰到团营讲话，我军士气更高。蓝文蔚来就本军参谋长，朱明善为本师参谋长，魏禹臣为师部中校参谋，本军在南京已设办事处，我妻和高级人员的眷属因在汉口被人监视，遂于日前秘密赴沪，这次随军长来前方，不日即送返南京居住。

武汉政府因日前张作霖在北京搜查俄使馆逮捕李大钊，并搜出大批赤化中国的证据而感到不安，汪精卫面临军队日益有反共意态，自然更不能坚持联共。但邓演达、叶挺、贺龙等组织革命行动委员会，汪精卫却制止不了。

9. 何键的劝诱

八月八日，何键派人送信给夏军长，请他于次日去黄梅晤谈，他和张森推我去，我偕张的参谋长李松林同往。何键的礼仪隆重，派一连兵郊迎十五里，到黄梅城，复派仪队迎接，我们被送往一公共招待所休息。不一会见，刘建绪陪同何来相见，谈笑一如过去在湘时那样坦率自然。他一见面即说："总司令（指唐，是武汉政府任命的第四集团军总司令）对你们极关切，过去的事知道得非常清楚，对你们的行动非常同情，他特要我来和灵炳当面商谈一切问题，你们偏处一隅对大局情形恐不了解……"他遂将一般局势讲给我们听，大意如下：

（一）七月中旬武汉党政联席会议决定清共，并已通令各级遵行，鲍罗廷已被勒令离武汉返国。

（二）汪主席主持党政公正廉明，有革命政治家风度，和蔼可亲，不愧为党国领袖，我们应该竭诚拥护。

（三）中央党部及国民政府是经中央执行委员会全体会议及中央政治会议决议由广州迁武汉，全国皆应服从，不应再有任何异议。

（四）第二、第三、第四、第六、第八各军对唐总司令都是绝对服从，就是第七军李宗仁也对唐表示亲切，可见北伐各军，除第一军外，无不拥护中央，蒋介石只有一军，怎能抵挡住我军的压力。

（五）叶琪来电，说李宗仁决不为个人作战，原电俱在，不妨参阅。

（六）津浦线战事不利，徐州于本月三日失陷，官兵溃逃，恐怕蚌埠亦难保。

（七）第十军王天培兵多饷少，待遇不平，官兵多怨言，王的代表在汉口请求受唐总司令指挥，决不愿意为蒋作战。

（八）赵恒惕嘱贺耀祖、叶开鑫服从唐总司令，使湘军成为一片，叶仅要求让赵安居衡山，唐总司令已经允许叶的条件。

（九）赵恒惕说蒋的计划是以何应钦取湘黔，李济琛、黄绍竑统一两广，胡宗铎取湖北，赖世璜取江西，此计划是伍朝枢告诉许崇智，许又告诉赵恒惕。

（十）张发奎决心反共，叶挺、贺龙已退出南昌。

何键一边说，一边取唐的数份电报给我看，上面七至十项都是唐电的大意，电报太多我不暇一一阅读。他又继续讲下去。

（十一）中央已下令讨蒋，已命总司令督师东征。

（十二）冯玉祥对徐州会议不满，和汪主席（精卫）、谭畏公（延闿）及唐总司令来往密切，讨蒋计划已得冯同意。

（十三）唐总司令电令，任何键为江左军总指挥，率夏斗寅部攻安庆。（原电由何检出，交我参看。）

（十四）王普已派代表来汉口，但他不甚可靠，你们到达安庆可先将他解决。（注：王普是倪嗣冲的女婿，原为孙传芳部，和陈调元（雪暄）同时投诚革命军，现编为革命军第四十七军，已奉蒋总司令命令从秋浦开拔，现在驻安庆。）

何和我谈了好一会儿，他并不问我是否接受，仍像在湘时一样，没有把我军的行动当作一回事，仍然像一家人，这种态度也暗示，现在既然已经利害分明，除接受命令外，不容有任何意见。他的态度如此，我自不必多说，只说我将一切情形转告夏军长。

晚间刘建绪和陶广两师师长来找我谈话到深夜，他们是来加强何键的话，要我服从唐总司令，拥护武汉中央政府东征。他们还说唐的心腹将领没有几人，将来若扩充军队或扩张地盘，擢升将领或省主席自非我们多年的老朋友不可。他们又透露唐已和孙传芳联络，这是何键所没有向我们说出的。他们以心腹朋友的身份来劝说，而摆在面前的是威胁，也是利诱。唐生智本来看不起夏斗寅，以为给他个师长名义已不错，可是现在眼看夏要投奔蒋总司令，这对于他不能不算是一个打击，至此，他不得不在利诱威胁以外，再动之以情感。我在极为难情形之下对他们说："最近数月以来，我们官兵的政治教育都是以讨共为目标，固然你们也在清共，可是我们现在才听说，要使他们在心理上一下子转过来，当然不容易，你们是带兵官，应当会想象到我们的困难。至于唐总指挥，我们始终对他友善，我们有句口号'枪口不对老第八军'，这可证明我们的态度。关于你们的意见，我一定报告夏军长，等我明天回去商量之后，再给你们答复。"

10. 调驻安庆与南京之行

我在归途上经宿松先打电话回去告诉夏军长命军队戒备。我自早上六时由黄梅出发，深夜三时回到太湖军部。次日在军部举行会议，我报告后，会议决定反唐到底，我们即去电报告蒋总司令，并去信回答何键。我又被推派往南京一行。

我到安庆先去访蒋作宾，把武汉对付我们的情形告诉了他，他一笑说："可能叫王普解决你们。"我说："此亦在我们意料之中。"由于蒋的介绍，我和王普见了面，我坦白地告诉王普："我们奉蒋总司令命令对武汉警戒，何键部队已驻黄梅，对我军施压力，我军想将后方移来安庆，我两军联合起来可攻可守，何键要我们解决你们，我们自然不会中他的计，以我们和唐的关系尚且无法合作，他的毒辣可知。"王普当即表示愿意合作。不过蒋作宾对我说："王普本来是孙传芳的部下，现在孙传芳和张宗昌已将徐州攻下，继续向南反攻，前天蚌埠、怀远的电报已经打不通，恐怕都已失守，三十三军张克瑶已退到合肥。运河方面的战事也很不利，清江浦弃守，军队已退扬州。蒋总司令虽亲自在前方指挥，也未能挽回颓势。王普既受孙、唐两方面的胁制诱惑，是否靠得住很成问题。"我将详情报告军部，要军部对两方面戒备。不动则罢，要动必须迅速，出人不意，才能化险为夷。萧团立即开回太湖，在石牌迅速搭起浮桥，先将辎重运到石牌再用船运到安庆附近，部队轻装行动自由。

我乘汉利差轮于八月十五日到南京，蒋总司令已于十二日下野。我先见到南京卫戍司令部参谋长谢冰如，他和我一同去见贺耀祖，我将何键的谈话和军事部署毫无保留地告诉了他，他也将蒋总司令下野的情形讲给我听："蒋总司令前天自徐州退回南京，召开军事会议，李宗仁、白崇禧、何应钦等都与会，蒋总司令以徐州战役之失败归咎于长江上游的军事行动。李宗仁当即表示早就不应该顾虑上游，武汉方面可以商量，可以合作。蒋总司令遂表示如果因他在职而为合作之梗，那他可以辞职下野，以促进合作以便合力北伐，李、白均无表示，何应钦也没说话，蒋总司令随即离席而去，当晚乘车赴沪转奉化，并要何、李、白三人负责军事委员会。"当时要是何应钦能坚决支持，李、白也不致反对到底，所以从此蒋先生对何的信任也就打了折扣了。

蒋先生下野后，南京军事顿失重心。我到南京的当晚，适逢总司令部召开会议，我和冰如奉召列席，出席的有何应钦、李宗仁、朱绍良（总部参谋长）、刘文岛（总政治部副主任）、贺耀祖、叶开鑫（由前方回京）等，蒋锄欧亦列席。

会中我曾报告唐生智的军事行动，在这种场合我不便讲其他的事。大家对当前大局讨论一番后，遂议决：

（一）蒋总司令下野后，其职责由军委会常委李、白、何三位负责。

（二）第一、第七两军准备回津浦路反攻。第四十四军（叶开鑫）担任浦口警戒。

（三）各军精诚团结不受任何挑拨离间。

（四）新编第十军（夏斗寅）退安庆，如敌人再压迫即退大通。

（五）各军事长官联合发表宣言。

南京要人吴稚晖、张静江、胡汉民、蔡元培等均和蒋共进退，辞职去上海。蒋先生下野也是为了实现徐州会议的诺言——如果武汉清共则蒋先生就下野，事实上他们不共进退也不成，敌人已进至浦口了。

南京几成无政府状态，只有个军事委员会主持大局，何应钦、李宗仁和朱绍良三人极镇静，他们报告上游的情形，都料定唐生智不会对南京有行动。因为蒋先生下野，他反对的目标已经消失，所以他们对上游仅采戒备措施，将第七军及刘佐龙的第十五军由芜湖开来南京。时敌人已击退四十四军而占领浦口，四十军由含山后退，第一军也自淮阴后退，三十七军退到江南，此时江北已经无我方之守军。

何键部队已压迫太湖，我急赶返安庆，准备带部队撤退芜湖，我一面由南京去电通知蒋作宾，一面在三汊河上船赴皖。

在南京期间，有一次贺耀祖请客，陈调元在席上大发牢骚，他说："白崇禧可以回广西，何应钦可以回贵州，你们可以回湖南，我往那里去?"时在座者尚有叶开鑫，叶一言不发。贺则以滑稽语调，制造笑料，才使这个尴尬局面缓和下来。原来蒋总司令想调军队向西打唐生智，要陈调元和王天培两人在江北采守势，陈、王两人想别人都回去享福，他们为什么留江北抵御，竟也率军南撤，于是江北尽失。

王天培的参谋长周谷臣来芜湖，和我谈过一次，他们的部队已退至合肥，要联络几个有力部队，可以举足轻重，可以图生存图发展，我当即分析时局给他听：（1）唐生智不会来打南京。（2）南京诸将领极能担负起统率的责任来。（3）唐北伐才可保其势力完整。他和我辩驳甚久，不欢而散，可见王天培左右无人，而王本人又是军阀头脑。

我到达安庆时，蒋作宾已知道南京的情形，他设法离皖，让王普代理安徽省主席。我军已奉军委会命令退到郊外集贤关，复奉令退芜湖。何键部已进太湖向安庆前进，宁汉两方政治问题渐趋接近，我们为私为公决定不和何键军冲突，遂渡长江分向大通、南陵徒步行进。

八月二十三日我到大通时，李宗仁也乘楚同兵舰到达，他旋即换濬蜀兵舰赴九江会谭延闿、朱培德等。宁汉两方在政治党务方面的合作已无问题，谭延闿随李宗仁到南京，因此鲁涤平的第二军、程潜的第六军、王均的第三军都随着谭过来了，至此唐生智的实力去了一半。另外魏益三本人也秘密到了南京。

11. 龙潭之战与唐生智下野

此时唐生智若能悬崖勒马，则仍有可为，他以为程潜可靠，以程为江右军总指挥呼应孙传芳。八月二十四日，孙传芳以数万之众在龙潭渡江，相继占领乌龙山、栖霞山，南京“十万火急”、“百万火急”的电报继续送到本军，要本军驰援。我军徒步行军，不够快速，我们到了当涂、采石一带，南京即已经先把四十四军调去了，要我军代四十四军守采石等地。此次孙传芳破釜沉舟，倾全力来攻打，战事极激烈，何应钦、白崇禧均亲临前线督战，打得好，孙传芳在北洋系统中也是能打的一位，这一仗把孙的精锐打光了。

此役过后，王普军调下关，被第七军解散。王原是段合肥的嫡系，他自己也是合肥人，他和唐生智、孙传芳都有勾结，王无才能，范熙绩（字绍陔，陈调元的参谋长）曾批评王普的军队说："皖北的兵是虎，王普是鼠，以鼠带虎怎会不败。"李宗仁将王部编为第十八军，交给胡宗铎带。龙潭一役俘获孙传芳的不少的枪械和文件，此等文件中竟称唐生智为友军，说"友军已开至某线夹击南京"等语。

龙潭之战于八月底结束，孙传芳垮了，唐生智仍不回头，南京决定由李宗仁西征、何应钦北伐。原来是不提西征的，此时已把程潜拉过来，所以才敢言西征。第七军走江北岸，程潜和张发奎走江南岸，鲁涤平入湘，唐生智没有打即退却，除了在广济和黄梅略有接触外，没有真正作战，一边追，一边跑。

唐生智本来有三策，（1）打通京汉线和张作霖结合再图反攻。（2）集中兵力在武汉决战。（3）个人下野，保持实力待机再起。他在会议上提出（1）、（2）两案，无人赞同，提出第三案时，没人反对，至此他只好于十一月十二日通电下野。会议完了，唐生智派人把张国威（醴陵人，师长）叫到澡堂勒杀，因张已受程潜活动。唐将张杀死后遂搭上了日本兵船赴日本去了。他的部队全退入湘境，李品仙、何键、刘兴通电请和。

十五、 再度参加北伐

1. 渡江击敌追驻滁县

现在再回过头来说，九月初，军委会颁布北伐计划，本军由采石矶渡江攻和县，本军自从接四十四军的防后，在采石小驻，当时正是龙潭恶战激烈进行，我们一直到龙潭战事结束未移防，所以没有机会参加这次大战，实在遗憾。我们根据在嘉鱼渡江的经验，用小船在敌人正面作广面的渡江登陆，船小而多，敌人防不胜防，各部队奋勇争先，各自为战，冒敌人炮火攻克和州。继克全椒，掩护四十军渡江，此时我军已呈孤军深入之势，敌人的十三混成旅（王乐善部）、第十六混成旅（张学骞部）及敌十师之一部共六七千人，拥有迫击炮十五门、七五山炮三门、机枪十余挺。在滁州一带，我军气盛猛攻，敌人未作坚强抵抗即撤退，我军遂占滁县，四十军始渡江北攻。

此时李松林找我密谈，说张森对唐生智始终怀念。在唐下野之前，唐每遇我军接洽时，总另有密函给张森。我军由安庆东下时，蒋百里师曾以亲笔函由保定同学叶南忱追至南陵面交张森，所以张在南陵延缓一日才向采石前进。他平素经济不甚公开，部下有怨言，故他没有把握能否完全控制部队，不敢向同僚表露他的心事。不过自崇阳以来，观其意态总有些不安，松林为他的参谋长，也不赞成他的作风，故秘密来告诉我。张的心病，我早已察觉，我常找机会微言讽劝，并公开批评唐生智，想藉此使他的心理有所改变。

松林和我谈过不久，第三团即发生班长会议要求发饷的事，甚至有一连竟有人持枪驱逐连长。虽经弭平，然对本军之历史是污点无法洗除。该团情形特殊，上至军长下至士兵几无一不是麻城人，非亲即故，夏军长的本家最多，平时管束不严，故易发生骄纵恃宠的情形，然发生了问题，在感情上也比较容易平复。

在滁州驻防的时候，有一天张森突然和我说："夏胖子带二十万元到上海去享乐，置官兵于不顾……为什么要拥戴一个不学无术、只顾自私的人呢?"我忍无可忍大声责备他，夏斗寅能有今天也不是容易的，当年在湖南时的局面又岂是一个自私的人能拖得过去，不管是为公还是为私，都不应该讲这种话。他满面通红，我们不欢而散。

以夏平素对张之优遇，而今天张竟要取夏而代之，人格道德都说不过去，因此更不能不令人怀疑他和唐生智有关系。他很跋扈，常常干涉军部的事，夏总让他三分，全军他只怕我一人，今天只要我同意他的主张，夏就不要想回来了。不过张既已经讲出了他的心事，他绝不会就这样罢休的，很可能先与我为敌，先去我，再去夏，他可利用夏的不明事理，鼓动夏的乡亲进行离间。我不如趁早离开，以全始终，故决计辞职赴京。

2. 京沪小游的见闻

我辞职心已决，次日即告知张森我要去南京，并呈报军部备案。到京后，自书辞职呈文，请将第一师归并到二、三师里去，以免徒有军之名而无军之实。至于我自己，只想换个环境，充实个人学识，务请准我辞职。我将详情告诉了谢冰如，他也赞成我辞职，冰如想请贺耀祖去商议军委会把我调到军委会去，我也极愿意在中央做幕僚工作。

十月间，在南京卧病数日，余妻长临由沪来京照顾，军部参谋长蓝文蔚也来看我，我再度提出辞呈托他带去上海给夏军长，我和蓝说，我是为本军前途着想，绝不是在和什么人闹意气。

病后曾往沪一行，去和夏军长谈编并计划，我告诉他，即使我不离开本军，我也不再担任实际的职位。并且劝他常在部队和官兵同甘苦，不要给别人以口实，他若不离开部队，军队就不会脱离他的掌握，就是有野心的人也不能夺取他的职位。而且革命军人绝不可只讲享受，应该保持及发扬本军优良的历史。最后我一再表示我还是脱离本军为宜，但夏一再表示挽留，不肯让我辞职。

我的表弟夏安修（字敬舆）和妻舒之锐女士携一对儿女自法国归，弟妇是湖南世家女，夫妇感情甚笃，寓法租界某里，同在法政大学任教。该校校长潘大道在不久前被人暗杀，案情不明。舒女士之兄名之鉴，也在该校任教，对潘案追查甚力。十月十六日晨一时许，舒兄在寓所也惨遭暗杀。安修夫妇天微明即来旅社，神色惊恐万分。我陪他们去察看他们的寓宅，现场显示凶手系越墙抓窗进入房内，并曾留有争斗甚力的迹象。之鉴脑部受枪击扑卧房中央一皮箱上，书籍衣物零乱不堪。法巡捕闻讯赶来，他们查勘的结果，咸认为至少要有四个人才能作此案，而且是政治暗杀。因此安修夫妇更为惊骇，白天不敢出房门一步，夜来和我夫妇同住，但仍不敢安眠。我们托同乡陈云五照料之鉴的丧事，云五曾在辛亥武昌首义时立过功，此时竟潦倒沪上。

3. 重回部队进军徐蚌

十一月初我同军长夏斗寅、参谋长蓝文蔚等乘专车赴滁州，何应钦总指挥及顾祝同军长一同莅我军部，他们闻知本军营长以上之干部皆为保定同学时，颇为惊异，别的军很少有这样多的保定干部，因此他们对本军特别亲切。

本军于十一月六日依照军委会的作战计划，在第一路军的作战序列中，由定远大道向王家大山进攻。我因初回军中，故第一师作预备队，跟随第三师前进，第三师攻王家大山未奏功而退，第一师加入阵地作战，仅留第一团第一营作预备队。我督率第三师命恢复原来阵地，该师官佐居然有不服从者，我即命枪决一军官，我师之一营预备队并大呼口号，声震天地，立时士气振作。我命已溃乱之队伍集合反攻，在枪弹如雨、炮火猛烈之下从容督率部队，终能稳住战线，夜间和第二团连成一线，拂晓时，刘营攻占王家大山，遂继续前进，攻占殷家涧。次日占领林桥明皇陵，因敌人增加四列车援兵，反攻凤阳府城及马鞍山，我军和第九军不得不退后占领阵地，经几天的激战，我军担任中央攻击，四十军在左，九军在右，齐头并进，遂于十六日克复蚌埠，我同卫立煌（十四师长）一同进驻。因各军同时进城，秩序颇乱，至夜间始恢复秩序。此役得能将孙传芳之残余部队击溃，实赖何总指挥沉着指挥，使第一军能占领临淮关之功。

蚌埠战役以第一团最勇敢沉着，潘祖信团长领导有方，两连长重伤，官兵伤亡以该团为最多。

本军在蚌埠时已改编为两师，因先有我请求将本师编并于二、三两师在先，而在此次战役中，余子祥师长又因第六团溃退，子祥不能督率反攻乃单人乘马逃往定远，使部下一时无主，夏军长遂将第三师编并到第一、二师，以子祥代副军长。

星相之说固不可信，然偶合之事又易使人将信将疑。子祥在沪时曾请一姓黄的替他批八字，说本年立秋时有灾难，仅能以身免，而且以后永不会带兵。殷家涧之后，子祥脱离战场失去部队正是立秋之日午后六时，时日均吻合，故子祥调职时，处之坦然，想必他相信命该如此。

十一月二十七日西北军击败直鲁军攻占归德，复于十二月一日占领砀山进围徐州，希望第一路军迅速前进会师徐州。何总指挥遂下令，本路军各军各师依照计划于九日开始行动。当本军抵东二铺后，即由张宗昌的报捷电报及土人处闻知西北军已于八日西退。我们仍沿铁路向徐州前进，总指挥部第二科科长何竞武携电话机随我前进，过两寺坡时接铁路上的电线，偷听徐州敌人的消息，用笔记下来以另一话机转告何总指挥。当时何总指挥已到固镇，即针对敌情决定各军行动。直鲁军协同孙传芳的残余部队大举来攻，西北军亦于同时向直鲁军反攻，我们终于在猛烈的炮火下攻入徐州，那是十二月十六日的事。

次日气候骤变，大雨终日，西北军鹿钟麟部抵徐州九里山附近，鹿钟麟由参议徐彦陪同来本部，我即偕往总指挥部，时何总指挥亦刚抵徐州。鹿钟麟字瑞伯，勇敢善战，态度安祥，有大将风范，一般西北军人都朴实，刻苦耐劳，体魄健壮，不过在学识方面则多嫌粗浅，在精神上，只知对冯玉祥一人服从。

何总指挥领导大家去参观西北军虏获的铁甲车，西北军的将领石友三、韩复榘等第一次和我们见面。“北京”号铁甲车装有十二升的曲射炮一门，七点五升的加农炮两门，活动炮塔可作三百六十度旋转，此车为直鲁军自制。豫东之役西北夺获四辆，这是其中之一，尚有七吨重战车。很惭愧我们当了这多年军人，打了许多次仗，今日才看到世界上已经认为落伍的新武器。

4. 全军电请蒋总司令复职

何总指挥宴请西北军将领鹿钟麟、韩复榘、石友三等，我们师长以上将领应邀作陪，席间鹿致词，强调立即继续北伐，救直鲁人民于水深火热之中，何致词时对此点避而不谈，因为必需召开军委会得到李宗仁和白崇禧的同意，不能像西北军那样的单纯。何有难言之苦，故此时蒋先生若不出口，一切都感到难办。鹿察知中央军不能即时北伐，颇有不悦之色，遂于第二天率部回河南。

何命各军部署徐州的防务，命本军担任徐州的警备。并于十二月二十日领衔各军师长署名通电吁请蒋总司令复职。事实上，京沪的党政界及黄埔的学生已运动了好几天了，但是军方既没有明白表示态度，蒋先生当然不便于复职。何为人持重，虽前方军师长都同意，他还是迟疑了两天才发出通电。他回到南京后复命各军自团长以上单独发电，敦促蒋总司令复职。本军系由军长领衔，各师、团长签名，电致中央党部国民政府、军委会、各总指挥、各军师长请蒋总司令复职。由此可见何对蒋先生未必不忠诚，只是太持重了些而已。可是在这种微妙的情形下，若有人从中挑拨，误会就难免发生了。王柏龄和何有嫌隙，遂乘机中伤。总司令部秘书长李仲公，他和何应钦是贵州同乡，蒋先生返京时，对李说：“你告诉敬之，他没有我，不能成事，我没有他，照样可以成功。”后来，蒋先生复职后，到徐州视师，即调何应钦为总司令部参谋长，其原因也在此。

陈毅民写信给蒋作宾先生说，何总指挥应钦在南京报告军事时，赞扬新编第十军在攻蚌埠及徐州时奋勇作战，为各军之冠。凡在京人士与我军有关者闻之莫不高兴，何为人之公正，不能不令人敬服。

这时我军部参谋长蓝文蔚奉命调为津浦路税捐局局长，李起治（襄平）为铜山县县长，周仲岐为徐州禁烟局局长，何竞武为烟酒公卖局局长，这都是因为我军驻防关系，不得不如此部署。我又接到刘尧阶自汉口来信说，詹大悲、李汉俊在日本租界被捕，旋即被杀，至可痛惜。

至于湖北省新成立政务委员会，由国民政府发表委员名单，张知本为主席，杨少岩兼民政厅长，石瑛兼建设厅厅长，王世杰兼教育厅厅长，胡宗铎兼军事厅厅长，张难先兼财政厅厅长，甘介侯兼交涉署署长，孙绳武、熊斌为委员，此一阵营比较算是清流，颇得人望。

民国十六年是过去了，回想起来，这一年的艰苦情形真不是一下子所能说得尽的。尤其自秭归、兴山徒步沿长江到达南京，两千余里，恐怕前例不多。

5. 集中丰沛与张森病逝

民国十七年元月初，我军驻徐州担任警备任务。徐州四战之地，历来为兵家所必争，因此不管任何时期总有重兵驻此。此处散兵游勇特多，兵油子、营混子、兵稗子均汇集于此，有了这帮人在，作奸犯科的自然也就多了起来，土匪、盗贼隐藏于城内外，尤其赌风甚炽。驻军在此种地方，管理较难，只有不停的实施教育、训练，使官兵提起精神终日不懈。徐州东古邳镇有土匪三、四千人受孙传芳运动扰我后方，我派第一团往剿，在大王庄及顺河集与据寨抵抗之匪徒激战数小时，将匪歼灭，获机枪四挺、步枪四百余支、马六十余匹，我军阵亡连副张裕国一员、士兵八名，伤第七、八两连连长及连副三员、士兵五十六名，较和正规军打仗更为激烈。

一月十八日，军事委员会令："已呈奉国民政府核准新编第十军改为二十七军，第一师改为六十五师，第二师改为六十六师。"我奉委为六十五师中将师长，张森为六十六师中将师长。月底与四十军换防，我军担任对台儿庄运河方面的警戒任务，我师部驻大许家车站。

二月九日，蒋总司令莅徐州，次日夏军长斗寅、朱参谋长怀冰、政治部方主任觉慧各就新职，我和张森也同时分别就师长职。蒋总司令到每一师去召集营长以上之官长点名，然后对部队训话，让大家瞻仰他，把他的精神意志贯注到全体官兵。

蒋总司令复职后，是国民革命军最盛时期，在此时期四个集团军互相援助，互相策应，并且水乳交融。阎锡山的第三集团军傅作义师在涿州被奉军围攻三月不下，傅作义从此成名，但第三集团军长期单独与奉军精锐作战，仍有遭受各个击破之虞。所幸第二集团军（西北军）攻克彰德府，才使第三集团军略松了一口气，同时第四集团军在武汉，第一集团军及时夺回了徐州，也都收到了策应的效果。

三月初，蒋总司令派何成濬为第一集团军校阅委员长，葛敬恩为副委员长，贺国光、李铎（香泉）、马登瀛、林蔚等为校阅委员。他们来校阅第一集团军动员的情形。在本军共校阅了三天，分组校阅内务、学科、术科、武器、装备、战斗教练等项。

最后何成濬及李铎对本军备极嘉勉，尤其对于本军不停的训练，以及士兵对于主义的认识等项予以好评。

三月中旬奉总司令密令第三纵队（贺耀祖指挥的二十七、三十三、四十军）集中丰沛一带，第九军接本军防务，开来羊家山及耿集。我军则集中到徐州及沛县中间地带待命。正于此时本军发生一件极不幸的事，第六十六师长张森突患重病，随即送往徐州医院。四月初，我们进至沛县以北地区作战，因通讯不便，未获他的病情，后闻因徐州医师束手无策，遂送往南京，当他到浦口时即与世长辞了。噩耗传到时，我军正在谷亭镇激战，恐动摇军心，所以没有向官兵宣布。该师的命令，一概由参谋长李松林负责，仍以张森的名义执行，一直打到天津甚至改编的时候，都是如此。张师长虽有时会急功好利我不能苟同，但我俩多年同学，交情素厚，今他一旦溘世，我不禁放声痛哭。

6. 徐州争夺战

当我军进至沛县时，贺耀祖的四十军、张克瑶的三十三军俱抵丰县。贺总指挥拟于本月十日开始向鱼台、谷亭之线攻击前进。当时盘踞于济宁、金乡、鱼台、谷亭镇一带的敌人，是孙传芳的残部及奉、鲁军各一部共约六万余人。本军和独立第三师为右翼军，归夏军指挥。十日拂晓，驱逐龙堌集之敌向谷亭镇攻击。三十三军为左翼军，向鱼台攻击，四十军为总预备队。这一仗首先败下来的是张克瑶，原来张是孙传芳的旧部，张一听到孙传芳亲自在前线指挥部署就害怕了。张一垮，作为总预备队的四十军，自不能不接上去，攻至鱼台附近时，四十军教导师师长龚宪正在碉堡督战，被敌人炮火击中阵亡，全师士气大挫，以致四十军及三十三军全线溃退，敌人乘机猛攻，丰县失陷，一直退到黄口，陇海路有被截断之虞。我军及独立第三师因孤军深入，遂撤回沛县，掩护四十军在敬安集收容整理。徐州震动，蒋总司令在徐州，抽调驻临城的两师部队，乘火车回援，一面把蒋鼎文的第九军抽回，同时电请冯玉祥调派豫东孙良诚、石友三的部队来黄口，以巩固徐州外围。石部由兰封乘车至砀山下车向丰县攻击，石部行动迅速，勇猛善战，出敌不意，遂即克复丰县，战机立转，反守为攻。孙传芳的部队始终守纪律很能打仗，但石友三的部队作战能力也很坚强。

当时第一集团军有三个军团，每一军团三个军，每军有三个师，共九军合计二十七个师。第二集团军有八个方面军，兵力最多也最能打。第二集团军的孙良诚方面军归第一集团军指挥，一直到北伐完成，并不因隶属不同，而有轩轾，彼此时常交互指挥，能做到这一地步，实在不容易。

经过上述战役后，第一集团军整个向北推进，沿运河一路向临沂挺进，第二军团在津浦铁路以东向北挺进，第三军团在铁路以西向济宁挺进，三个军团的目标都是济南。在第一、二两军团之间以孙良诚的方面军为连系，津浦线上的敌人是张宗昌和孙传芳的部队，平汉线上的敌人是直军和奉军，由冯玉祥的第二集团军攻击。

我从这次徐州保卫战中，发现从前的政治区域的划分甚有道理。徐州在风习及地理上，根本不应划归江苏，但若把徐州划归山东或河南，则南京尽失屏障，可是若把安徽的天障滁县、和县也划归江苏，则南京对安徽等邻省形成攻势的威胁。故划归安徽以牵制南京，丰县、沛县和徐州既可监视河南，又可堵住山东，同时这种行政区划的另一好处是互相调和江南北的经济、文化。徐州在古代固然是四战之地，今日陇海、津浦二路交叉经过此处，其在战略上的地位较以前更重要了。

7. 攻占济南与“五三”事件

孙传芳争夺徐州失败，自此一蹶不振。因此，本军在谷亭接仗之后，就没再接触，到九子集时我和贺耀祖仍旧继续前进。听说迎面来了一大批整齐的队伍，我们派人乘汽车去察看，原来是孙传芳的一部分队伍，我们遂命留后的一师去缴了孙部三千余支枪。再下一仗是攻打泰安、肥城，敌人在泰山一带防御，第四军缪培南部攻泰安，我军攻泰安和肥城之间的甲子谷，各部队同时进攻，第四军绕到了泰安后面，敌人的防线遂为之动摇；我们攻甲子谷是仰攻，仰攻比较吃力，但我们是乘胜进攻，我军气盛，攻击精神特旺，虽我六十五师伤亡数百人（七十三团伤亡最重），甲子谷终于被攻了下来。继之进据大湾德，旋于五月一日进至济南长清间之鸡耳屯、郑庄、杨家台一带待命。张宗昌也在五月一日退出济南，蒋总司令于该日进城。

五月二日，蒋总司令在督军衙门召集各军师长举行会报，夏军长和军部尚未抵达，故由我代表本军出席，十一师副师长陈诚也在座。会中各军长报告作战经过，我仅大略提了几句，独立第三师师长倒是将我军作战的奋勇情形大肆宣扬。蒋总司令对于此次战役表示满意，即席对各军指示了一番。下一步就是进攻平津了，蒋总司令在会中非常兴奋。

五月三日休息一天，我和四十军参谋长谢冰如、师长毛秉文正一同在游大明湖，听到城外传来零星枪声，继之有机枪声，我们没想到是发生了事故，因为每次打过仗总要试试缴获的枪械。到黄昏时，我们已游湖完毕，船刚靠码头，就有四十军士兵来向毛炳文报告与日军冲突的消息，我们急忙赶到城里贺耀祖的司令部去。贺负责济南的卫戍任务，当时情势很紧张。因他的第四十军的士兵在刚攻进济南有些骄纵，乱闯到日军驻扎的商埠与日军发生了冲突，他感到自己的责任很大，内心不安。殊不知日军在有计划的制造纠纷，以期达到阻扰我北伐的目的。贺是日本士官毕业的，懂得日语，所以也直接参与对日军交涉的工作。我恐日军扩大纠纷以致发生战事，遂立刻驰回军部，闻知夏军长、朱参谋长和方参谋处长因当日才赶到，遂去商埠沐浴，他们闻发生事故即仓皇逃出。我们大家急忙赶返乡下，令部队加强警戒待命。

8. 渡河北进驻军惠丰桥

蒋总司令在党家庄召开会议，决定将济南事件当作地方性事件办理，仍继续北伐，把第一军和第四军布置在党家庄以南，准备万一事件扩大时和日军作战。其余的有陈调元部、贺耀组部及本军渡黄河沿津浦线继续北伐，下禹城，进驻德州，德州于五月十二日为第二集团军收复，所有部队均归冯玉祥指挥。朱培德第一集团军的前敌总指挥方鼎英继贺耀祖指挥第三军团，毛秉文统率贺耀祖的四十军。贺因济南事件的关系，被调回南京。冯玉祥用兵极谨慎，处处留心，和蒋总司令大胆作风不同。其时适夏军长因病自德州赴沪疗养，我代理军长，仍兼任六十五师师长。事实上六十六师自张森逝世后，有些事也是由我管，陈耀汉的独立第三师也在本军的辖下。我率本军继续北进直趋旧沧州，路线是自津浦铁路以东至海，铁路线以西是冯的部队，军势壮盛。张作霖的安国军无法对抗，遂下令总退却。冯玉祥乘势攻取保定，到此胜负已定，无再作战之必要。

我军进攻路线，因正面太广阔，步兵不容易顾到全面，幸而我有一个骑兵连，那是在徐州的时候招募的，都是些有马有枪的绿林好汉，加入本军后颇守纪律，过了黄河就是靠这连骑兵搜索正面。我对他们特别优待，饷粮总是预先发放，他们机动性强，每日可跑一二百里路。张宗昌部下许琨军（七军）有一白俄骑兵队，北人都叫“老毛子”，他们的纪律很坏，奸淫掳掠，无所不为，我们的骑兵队到了什么地方，那儿的百姓就乘机起来赶老毛子，用不着打，老毛子就吓跑了。所以我们就靠骑兵的活动，一路向北推进，兵不血刃，而于六月二日进占旧沧州，继续向惠丰桥推进。由旧沧州至惠丰桥，一路为海滩冲积地，地瘠民贫，村庄稀落。惠丰桥在天津以南约百里，我军奉令在此处停住，不得继续北进，唯恐兵入天津时会有第二个“济南事件”发生，引起意外的纠纷。

我们占领惠丰桥的那一天是六月三日，也就是张作霖出关的同一天。六十五师推进至蔡家庄、五面城子、赵齐庄之线，独立三师已到齐河务、李村镇一带，军部率六十六师在减河以南散驻数村落，我师部驻惠丰桥。此桥临减河，减河是当年由淮军所开，河身由新济镇延伸到新隆镇，为灌溉稻田用。减河两岸有堤，水深，河面宽二丈，沿途设有水闸，当年袁世凯练兵所在的小站一带的稻田，就是经由该河引运河的水灌溉的。惠丰桥长三四丈，极宽广，为通往天津之巨桥，距小站约四十里、新济镇三十里。张宗昌在桥头筑有“桥头堡”，可驻一营人，是一闭锁堡，仅后面有出路，堡极坚固，内有机枪、火炮的阵地，沿堤内有交通壕，通行极安全，阵地前是平坦开阔、一望无际之海滩平原。在轻兵器时代进攻此种桥头堡，势必牺牲很大。在我军到达该堡的前一日，在此设防的许琨军即闻讯撤退，天津遂即失去了屏障。

当我军进据惠丰桥后，即电告第三军团总指挥方鼎英报捷，其时方正在沧州与陈总指挥调元、方总指挥振武商讨攻击减河计划，准备六月七日向新济镇、惠丰桥等地总攻击。他会后回到总指挥部，就接到我们的捷电，连忙赶回沧州，告诉陈调元和方振武，他们不相信，认为减河的工事那样的强固，不可能不战而弃守，方振武因对地形熟习，尤其不信。他们派了一个参谋乘汽车到前线侦察，并到了我们军部，朱参谋长怀冰将详情告诉了他，他立即驰回报告，说我们确实已驻在惠丰桥。方振武遂派骑兵至静海镇，并招待新闻记者大吹大擂，我军比他早二日到达，并未做任何宣传，天津报纸天天登载方振武的谈话，他的战功都是头条新闻。其实，占据惠丰桥也不是我们的功劳，那是敌人自动撤退的，如果说还有点功劳可言，也应该归功于那一连骑兵，我们进入小站也没有打仗。近代战争是政略决定战略，把握住战略，其他皆容易解决，战术只是局部的枝节问题，战斗更渺乎其小，实无夸张之必要。所谓大将重政略，战将重战略，裨将重战斗之不同即在此。

9. 说降徐源泉与平津告捷

此时期天津还驻有敌人，蒋总司令必须运用政治手段解决，以免引起国际纠纷。当时驻在天津的是褚玉璞军的总指挥徐源泉，徐也是湖北人，我已和他取得了连系，当我军过了黄河，经过东光时，该处县长是徐源泉派的，刚巧是我的同乡，也有点亲戚关系。他听说我军来到，所以未曾逃走，我派人送他返津，要他去转告徐源泉，大势已定，赶快回头合作。

不久，徐源泉就派车来惠丰桥接我赴津。因长途征战，我的军装已很脏，来接我的林俊卿把他的长衫借给我。我光头黑面，灰衫破鞋，进入天津租界，先在国民饭店洗了个澡，再去访徐。

革命军师长在此时能来天津，恐怕我是第一个。在谈话中，徐告诉我，他对日本制造的济南事件，极表愤慨。不料日前他们在天津开会时，张敬尧还在喊着说要作战，徐即捶桌子责问张说："你在前线时不打，现在还打什么。"双方火气很盛，会议不欢而散。徐源泉返回本部，立即下令，不见到他本人签章的命令，任何命令不准接受。褚玉璞想夺掉他的兵权，并未成功，想对他下手，他已预先防范，而且徐和地方上的士绅关系不恶。褚计不得逞，乃离开天津。我到天津时，徐已有电致蒋总司令。他问我如何能与中央接头，我举出三个人来要他去和他们联络，一是何成濬，他是总参谋和总司令的关系最深；第二个是方本仁，他是总司令的代表，正在北方奔走招抚；第三个是蒋作宾，他是战地政务委员。我说此三人何可能先到天津，以后他和何的关系密切，即始于此。

北伐已近尾声了。第三集团军前锋业于六月五日进入北京，第二集团军亦迫近京津。蒋总司令运用政治手段来解决地区分配问题，他的第一集团军不欲与人争功，把山东主席一职给了孙良诚，河北主席由商震担任，傅作义是天津卫戍司令，阎锡山则出任京津卫戍总司令，如此一来新攻下的山东、河北都分别成了第二、三集团军的地盘。李宗仁的第四集团军自从西征时到了武汉，接收了唐生智的部队，也走上了唐生智的老路子，成立武汉政治分会，已呈半独立状态，现在眼看着二、三集团军一直打到北方，他也急命白崇禧率军赶来，但已无仗可打，仅滦州剩有一部分张宗昌和褚玉璞的兵，大局已经定了。张作霖在六月四日出关那天已被日人炸死，张学良已退回奉天并业已和革命军接洽中，其间奔走联系的，要算方本仁的功劳最大。

得天下用武，治天下要用文，马上得天下不能马上治之，所以宰相需用读书人来做。民国以来政治不易上轨道，吃亏在始终由军人当道。这并不是说武人本身怎么样，而坏在政客要武人，因为武人利用政客而反受政客操纵，政治家反而得不到效劳国家机会。唐生智、李宗仁都是被政客文人给耍了，我虽区区不才，也受过无数恭维，但我始终能守分，不敢稍有逾越。

十六、 复员与编遣

1. 回驻德州与缩编开始

北伐告一段落，此时京津安定，军队开始准备复员，本军由惠丰桥移防兴济镇住了多日，始奉命回驻德州，因火车多被张宗昌留在山海关一带，我们只好候车，驻了几日才到德州。德州是津浦线上的大站，也是一战略据点。我军部驻在一德人主持的教堂里。因战争连年，道路破坏不堪，我军帮助地方上修路，人民感觉很惊奇，到了第三天，土匪出身的任应岐师也自动参加修路，于是警察也来了，人民自动送茶送水，我部声誉传遍附近民间，德国传教士对我们赞誉备至，由此可见当时人民的痛苦，我们也不过做了这么一点小事，他们便对我们感激不尽了。

我们在德州驻了一个短时期即向南开拔，因济南为日寇占据，铁路交通中断，黄河北段到晏城即止，自晏城下车绕道过济南到大箇山等车，因此晏城和大箇山两站热闹非凡。从晏城到大箇山共六十余里，沿途人力车不绝，总共千辆以上，这条路上的馆子也如雨后春笋，运输公司也应时多了起来，他们临时包来了不少牛车，就靠这些原始的交通工具维持津浦路的交通于不断。

在编遣会议之前，民国十七年年底，第一集团军即自行缩编为十三个师，我部在兖州奉命改编为第十三师。当时全国的军队约二百五十多万，东北的军队还没算在内，这样多的军队，国家的财力如何能负担得了。再者为了消灭内战也应该裁军，不过要裁军应有计划及具体的办法，经协商好了以后再开始，决不是一纸空计划所能成功。

当时我个人有一个想法，若请冯玉祥督办陇海路向西北发展，一面筑路一面开垦；桂系李宗仁督办粤汉路向西南发展；阎锡山也不妨负责山西等地区的筑路开矿工作，粮饷照发，兵员不减，如此则可安定军心，不必为遣散后的出路忧愁，士兵从事生产工作久了，自然不愿意再去打仗了。可是我们做得太快了，自然要出毛病。战后军队复员本来就是件难事，如第一次欧战后，欧洲的许多国家即因复员造成经济大恐慌。民国六年督军团会议即是以“黎元洪不要我们吃饭”为号召，拉拢军心，打击黎元洪。士兵们吃饭的问题必需解决，否则裁汰下来的兵油子，他们一向以当兵为职业，一旦失业，流落地方为匪为盗，社会秩序堪虞。第一集团军先在徐州、南京各地开始裁编，听说裁下来的士兵既不肯归农，又无其他工作可做，立即造成社会问题。第一集团军先开始缩编，有的一军改成一师，有的两军改成一师，师改成旅，旅改成团，以次类推，共编为十三个师：第一军编为第一师，师长是刘峙；第九军改编为第二师，师长顾祝同；第三师师长陈继承；第四军改编为第四师，师长缪培南；第五师熊式辉；第六师方策；滇军朱培德军改为第七师，师长王均；四十军改编为第八师，师长朱绍良；第九师师长蒋鼎文；第十师师长方鼎英；第十七军改编为第十一师，师长曹万顺；第十二师师长金汉鼎；第十三师师长夏斗寅。在编遣期间大致尚称顺利，惟天津报纸曾有谣言，说要把第四军并到方鼎英部，直到发表了缪培南为师长，这个谣言才不攻自破。

2. 调抵兖州与南京之行

八月二十八日我军调抵兖州，九月一日，夏师长偕朱怀冰自京回部，正式发表我为十三师三十七旅旅长，朱怀冰为三十八旅旅长，潘祖信为七十三团团长，叶蓬为七十四团团长，夏鼎新为七十五团团长，卢本棠为七十六团团长。人事如此安排，不甚适当，潘祖信和卢本棠资深可任为副旅长，而钱振亚、王亚翘可任为团长，或者任夏气清、余振华为团长皆较好。或者由我当副师长，以潘为旅长也未尝不是上策，可惜夏师长不采纳我的建议，结果使我很感不快。因为各营长和我相从久，关系深，他们都向我诉苦发牢骚，这也难怪他们，在湖北的胡宗铎、陶钧等和钱振亚都是保定四期的同班同学，结果胡、陶等都是军师长，而钱、王等血战两年，竟落得连个团长都当不上，怎能不令他们心灰意冷，夏师长对于这些事一概不管，朱怀冰只是做他的好人。我何苦留恋在这个部队里，人家当师长生活优裕，用度豪华，我干了两年师长，一文莫名，今日不干了，明日就没饭吃，兄弟姊妹妻子都不会原谅我。我从前对带兵的人吃兵吃饷，我看不起他们。所以我开始当团长，就决心作一清白的现代军人，无奈我的上司及下属，几无不是贪财作弊之流，我遂成了众矢之的。我良心上虽然无愧，环境却使我不安，做个清白的人，实在很难。

九月二十八日，即夏历八月十五中秋节，我请假偕妻到南京一行，在南京适逢全国统一后的双十节，国民政府主席蒋中正、行政院长谭延闿、立法院长胡汉民、监察院长蔡元培、考试院长戴传贤在中央党部大礼堂举行就职典礼，并在明故宫举行阅兵大典，倾城仕女，一连三天在体育场上举行庆祝大会，狂欢的情形前所未见。

南京有两个最忙最热闹的机关，第一是在丁家桥的中央党部，党部中最繁忙的是组织部，因为该部主管人事。由于浙江和江苏近水楼台，所以该部的人员以浙苏省籍的占绝大多数，加以训政时期党居于指导地位，一切政治、经济、教育、文化、外交无不由党来决定，中央党部可谓是个最高权力机构，我去过中央党部三次，看来还算是个有朝气的机关，但也感染上了一些官僚气习，尤其组织部官僚气习最重。第二是三元里的总司令部，这个最高的军事统率机关还在忙着处理军队编遣的工作。全国军队不包括东北在内，已有二百五十二万人，第一集团军首先缩编，新编制为十三个步兵师、一个骑兵师、两个独立旅、两个炮兵团、一个交通兵团、两个教导团，被遣散的官兵达十五万余人，编遣工作业已完成。第三集团军军队比较简单，比其他集团军当然容易办理，正在着手缩编，最难编遣的是第二集团军，兵员之多，几占全国之半，分子也最复杂，编遣工作实非一时所能完成，另一成问题的是第四集团军，不但未着手编遣，反而在大量扩军，总部的幕僚们最感头痛，看情形这不是一个单纯的军事问题，毋宁是个政治问题。

我在南京住了十几天，我的印象是，国府要员多拥挤在沪宁路上，好多委员及革命要人虚憍奢华，浮而不实，昔日北京旧官僚都变成了新政府的要员，一切人事的安排完全凭人事关系来决定，这哪儿是个革命的政府。我对我们的部队虽也感到不满意，可是那毕竟还是个比较单纯朴实的，南京不是久居之地。我遂离京返防于十月十四日到蚌埠，在蚌埠会见顾祝同师长，顾为人沉默、浑厚、重感情，他的干部完全是黄埔的学生，全师很有朝气。

3. 驻防皖北击溃樊老二

本师于十一月初全部由兖州开皖北，师部驻寿州，三十八旅驻正阳关，三十七旅驻颍上县。十一月二十二日，蒋总司令亲莅正阳关来校阅，先集合部队，再点官长的名，并询问各营长的出身，然后对全师训话，官兵都异常兴奋，都愿为国效命。据闻整个集团军校阅的评分结果，第一师和第十三师成绩最优，第八师次之，第二师及第四师又次之，我看不起自己的兵，训练及装备都不够水准，今竟成了最好的一师，教我怎能不担心我国军队的素质。

本师改编下来之官兵，如愿退役还乡即发遣散费，不愿退役者，改编成工程队，夏沛典为兵工大队长，给地方政府做工，但以后均络绎散去。

旅长的责任平时主管教育、训练，不像师长和团长那样连人事、经费都要管，旅部不是个独立行政单位而是个作战指挥单位。

皖北出人物极多，民性强悍，地方士绅的权力很大，教育落后，风气闭塞，我利用剩余时间帮忙地方上做点事，用军队整理环境卫生，打扫街道，提倡民众教育，鼓励学生去剪辫，学生们站在城门口，一天竟剪到五百条辫子，并且发动学生劝妇女放足。

我们在皖北正在整训军队，忽接总司令部的命令要解决樊钟秀部。樊部从前曾由豫至粤受大元帅孙总理任命为建国豫军总司令，后经粤、赣、皖、鄂回豫，经军队如林之地而越长江，纵横四省如入无人之境，所部化整为零，聚零为整，豪气如云，行动如匪，豫人称他为樊老二，而不称呼名字，他心目中只有一个孙大元帅，他的建国豫军始终不改名，他本来对于冯玉祥还有点好感，最近连冯的命令也不听了，显有图谋不轨的迹象，已在蒙城、涡阳一带布防。总部命朱绍良为总指挥，鹿钟麟为豫东军总指挥，刘峙为皖北军总指挥。豫东军为鹿的三个师，皖北军由第一、第二、第八及第十三师组成，前者负责解决涡阳樊部，后者负责解决蒙城樊部。自十二月一日开始布置，五日发动围剿，到九日战争结束，但并未将其消灭，不过打散而已，樊部已化为若干股，想必又会窜回豫西老巢，他自己不垮，外力很难将其消灭。

剿樊老二的事过了不久，又有岳维峻部发生事故。岳维峻将他的旅长（改编前为军长）卫定一刺杀，卫部驻阜西柴家集，因改编不平而生怨恨，不服从岳维峻指挥。中央命岳维峻开清江浦，岳不愿开拔，中央命我师开往阜阳接防，压迫岳部开拔，我派副旅长朱尘缘去劝说，岳勉强开拔。惟卫定一的参谋王韬来我旅部，表示愿意接受本师改编，如不准，则宁愿被中央方面来缴械，也不愿随岳维峻东行。总司令部终于核准本师改编，由沈澄为团长，仍保持其陕西籍的原班人马，因此本师又多了一个补充团。

4. 阜阳剿匪

我师奉命开阜阳，此县南北右两百里，东西三百里，地广民富。前安徽督军倪嗣冲就是阜阳人，再早长江水师提督程元和也是阜阳人，现在该县土匪颇多，到处有山寨。安徽有“南宣北阜”、“金宣银阜”一说，阜阳和宣城二地之富庶由此可见。

阜阳城中住有一千六百个做衙门的皂隶（法警），可见地方人士之好讼。岳维峻驻在此地时，派征派粮，县长及衙役均中饱。当时中国地方政治的情形，我到阜阳后，又得能深一层的了解。

到阜阳不久，即听说豫皖边境一带有匪三千余人，马五六百匹，枪二千支，匪首为王太和孙士魁，日前已窜霍邱，现在又窜到阜阳以南地区的梅家集。本来他们想要冯玉祥收编，冯不好意思这样做，遂派鹿钟麟带领三师及一个骑兵旅围剿，未能将他们消灭。何以徐州（十七年初我部在曹八集等地剿匪四千余）及皖北一带常驻有大军而竟有如此大股土匪呢？就地理上及历史传统上来说，淮河流域是出草泽英雄的地区，古之帝王豪杰出于此地者固然不少，即王天纵、樊老二、刘黑七、孙殿英辈，也多半猖獗于豫、鲁、皖，苏之交界。再者在我们的历史上成王败寇的观念始终不改，因此他们并不都怀有大的政治野心，可是至少想要政府招安他们，把他们编成正式师或旅，就可升官发财。清末民初，此等故事不少，最成功者莫过于在东北的张作霖。至于军队为何不剿匪呢？因为自民初以来有些军阀和土匪勾结彼此利用，所以土匪势力日益庞大。后来军队也有奉命剿匪的，但都为了保全自身的势力，只要土匪不在自己的防区内骚扰，谁肯牺牲实力剿匪？甚至竟有在战线上卖子弹给土匪的例子。北方人民面对土匪的骚扰，多集聚一起筑土垣成寨，居于寨内之居民有组织，实施训练并备有戈矛、枪械，抵御小股土匪有余，若遇大股土匪则力嫌不足。

王太和孙士魁有两个旅和四个独立营，其干部多失意军人、亡命之徒，实在是最强悍的流寇。匪实力远较我旅为强大，而且我们有守城镇的责任，不能不分散兵力；我们需要照顾百姓，时时妨碍行动；我们没有大量骑兵，不够机动；我们对于地方上不熟悉，不能扫除与匪暗通声气之不良分子，因此我们的行动很难对匪保密，而对匪之行动却不易探知；且我们的给养补给也比较困难。以上我们的难处，正是匪有利的条件。因此我不能用围剿的方式，也不能和匪流动作战，只有用稳扎稳打的方法，步步为营，而立于不败之地，诱其来攻，以火力猛然还击，出其不意而歼灭之。我遂命钱振亚团经王化集进至新村集，叶蓬团由润河集进至龙王塔，我自己率领补充团的王韬营，向李寨前进，对杨家集匪压迫。由于我两团在前进时从捕获的匪口中，知道匪对我旅非常轻视。

匪的骑兵窜扰阜阳和颍上附近，我留在阜阳的兵力只有补充团的两营人，颍上则只有两连。我利用正月初二（二月十一日）匪刚过年之后，防范松懈，齐奔匪巢，以山炮四门、迫击炮十二门及四十几挺机枪，同时猛烈射击，寨内刹时起火，匪以主力由两翼来攻，我以两翼反包围，匪死亡枕藉，我遂率何、王两营绕出匪后，匪恐被围，始溃逃，钱、叶两团分途猛进。此役毙匪近千，夺回肉票五十余人，匪西窜入豫，后来可能被冯玉祥改编。阜阳一带的百姓，除在匪溃退时，各民寨沿途向逃匪攻击外，事后对我军表示热烈的感激和欢迎。

驻在颍上的期间，曾看见过一方很名贵的石碑，这方石碑上刻有褚遂良写的兰亭集序，那块石头好、字好、刻工也好，实可称为一绝。此碑为姓杨的一家收藏，杨家是当地数百年的大户人家，其中有一名为杨伯涵者，是国会议员，他们把此一石碑视为传家之宝。北京琉璃厂古董商都知道这方石碑，每年他们总会有人来杨家探问，他们总想有一天杨家败落了就会出卖。杨家不准给石碑照相，也不准移动，石碑的四角已有残缺，幸好石碑的字迹仍完整清楚，我先后看过两次。

5. 参加讨伐桂系

自从十七年初，李宗仁率军西征，把唐生智自武汉驱逐后，李收编了唐的军队，并且于是年四月设立武汉政治分会，一步一步又走上了唐生智的路子。李、白先和广东的李济琛结合在一起，白崇禧又率唐的旧部沿平汉线北上直抵山海关，于九月下旬解决褚玉璞和张宗昌的直鲁军残部，当时在京津一带的阎锡山和冯玉祥的部队也归白崇禧指挥。桂系的军队从两广一直拉到山海关，但美中不足的是湖南省主席竟是非桂系的鲁涤平，把这条长带给割断了。李宗仁主持下的武汉政治分会早已对南京政府保持半独立状态，对中央的法令不大理会，对地方上则以征服者的姿态出现，狂妄骄矜与唐生智无异，自然对于湖南的鲁涤平视为眼中钉，在胡宗铎和陶钧等无识无理的人物主张之下，武汉政治分会终于在十八年二月二十一日免去鲁涤平湘省主席的职，并派夏威和叶琪袭击长沙，解决鲁涤平的第十八师，叶琪自见习官升至团长，一直是鲁涤平的部下，鲁随谭延闿赴粤后，叶才改随唐生智；唐失败，始隶属于李宗仁。叶在开赴长沙之前，他的副官长通知鲁涤平的军务处长，要鲁先离长沙，所以在叶琪和夏威的兵到达时，鲁涤平已带领一部分军队退到江西去了，其余的部队则由谭道源率领退到湘西。当时李、白可能和冯、阎也有联系，在那种情势下，中央自然不易用兵解决，只好再三容忍，及至鲁被赶走，仍不愿用最后的手段。国民政府命蔡元培和李宗仁查办武汉政治分会，这是政治上的查办，至于军事上，则派何应钦和李济琛查办，南京政府并免武汉政治分会委员胡宗铎、张知本和张华辅的职务。到三月十五日本党第三次全国代表大会在首都开幕才决定讨伐李、白。在采取行动之先，蒋主席和胡汉民一再去信劝胡宗铎诸人服从中央，同时在军事上早已有了准备，可是武汉方面还是置之不理，夏威部入了长沙；胡宗铎部集中武穴、黄梅、广济；陶钧集中麻城、罗田、黄安；程汝怀、张义纯两师主力集中武汉；何键、叶琪由长沙分别向洪江、万载追击鲁涤平部。

早在三月五日，师部转达总司令电令，颁定第一集团军战斗序列：

总司令蒋中正，总参谋长何应钦，前敌总指挥朱培德。

第一军军长刘峙：第一师师长刘峙，第二师师长顾祝同，第九师师长蒋鼎文。

第二军军长朱绍良：第八师师长朱绍良，第十三师师长夏斗寅，独一旅旅长陈耀汉。

第三军军长朱培德：第四师师长缪培南，第七师师长王均，第十一师师长曹万顺，第十二师师长金汉鼎，第十八师师长鲁涤平。

总司令部直属部队兼骑兵第二师师长张砺生。

总预备队第六师师长方策，第十师师长方鼎英，第四十八师师长徐源泉，炮兵团团长姚永安。

中央在召开第三次全国代表大会之前已任命何键暂行代理湖南省政府主席，因何键当时的态度不甚明确，何键一生之成败都是在看风转舵的态度下决定，何在湘东已筑有防御工事，中央派他为湘省主席是攻心之战，果然何键对中央的态度立见改变。中央另一步厉害的棋子是派唐生智北上和他的旧部联络驱逐白崇禧，当时白带领的有李品仙、廖磊、韦云淞、刘凤池等部，都是唐的湘军旧属，唐至天津，他的旧部立即通电拥护唐生智和中央。五十四师师长王泽民为部下赶走，魏益三重返该师为师长，至此白崇禧不得不走了。而唐生智之起用，何成濬的关系很大，刘文岛也曾介入。

国民政府于三月二十六日下令讨伐桂系，同时免去李宗仁、李济琛及白崇禧的本兼各职，听候查办，所有附近军队，如仍执迷不悟，有侵犯行动，前方各军当予讨伐不赦，令内并称："据第十三师师长夏斗寅二十五日电称，逆军于该日拂晓向我英山前方部队进攻等语，逆军蓄意谋叛，逆迹昭然。"英山在安徽境地，南京政府要把先行动手的责任归于对方，故意制造桂系的军队越境进入安徽境地侵犯，而且拿鄂籍将领夏斗寅来对付湖北的胡宗铎、陶钧，以箝其口，真是一着妙棋，其实我十三师根本不在英山一带。二十五日说有冲突，二十六日便下讨伐令，若非事先有准备，怎会这么快。

6. 桂系失败的因素

讨桂之役，南京国民政府是在一切准备好了之后下的讨伐令，换言之讨伐令下达时，也就是军事行动的开始。当时是以党训政，故在形式上要由中国国民党全部代表大会通过后，才能出兵，这一点，桂系在政治上已处于不利之境地，而阎、冯并未和桂系同时采取行动，在河北的军队又被唐生智夺了过去，至此政略完全居于劣势。再说，桂系的战略若采攻势，则应出境来攻，战术上亦应采攻势以求配合，若无力量进攻，则应采守势，要守也应守于境外，至少也要守于鄂、皖边境。当年胡林翼为对付太平军，即派兵守在鄂皖边境长岭关、松子关、瓮门关等大别山的险隘关口，并都筑有关门。关门以白石建筑，壁厚一丈五尺，状似城门，是两峰之间的一条通道，真所谓一夫当开万夫莫入，虽然因重兵器的发明使此等关口的重要性减低了，但仍不失为是易守难攻的地形，桂系即使不派兵防守，至少也应该派警戒哨驻在此等关口。可是他们并没有这样做，可说战术完全错误。我们十三师的官兵多是鄂东人，因此情报及侦探工作做起来特别容易，我们探知胡宗铎、陶钧在此一带关口连警戒哨都没设，觉得很奇怪，又听说他们准备在阳逻、黄陂之线决战，那岂不更是犯了战术上的大忌。我军通过这些关口进入鄂境，继续向前行军，侦知武汉最后之防线阳逻、仓埠和八里湾也无敌踪，想必他们想放弃武汉率部南走湘、桂，保存实力，待机再动。我派族弟步文取便道先回武汉，要他约族弟倚吾率部来归。我们一路上所过村落皆我官兵的老家，妇孺夹道纷纷指点队伍，说那是某人某人，相顾而笑，官兵不仅无离队者，反而有不少青年也愿步其兄长之后来本师从军。

经阎家河、麻城县中馆驿时，原属湘军的罗霖旅长派代表持函来见，原来罗霖打算自黄陂率两个团脱离阵地来归中央，我立合用电话报告师部，请转呈总司令部通报友军，我同时复信请罗霖候命行动。至此桂系必然全局动摇，不战而溃，因江南军张发奎、朱培德、方鼎英由九江向鄂南进，切断湘鄂道路，胡、陶想南退恐也不可能，桂系完了，胡、陶更完了。

7. 追击途中

四月四日，我军经过桃园到宋埠，此地风景优美，千里桃花，红霞似锦。由宋埠去黄安，一路上村落稀疏，房舍已烧毁一半，断垣颓墙上贴满了标语传单。次晨军行至桃花镇，是宋埠至黄安的中间站，全镇约有百余家。出镇甫行数里，有枪声。再前行经沙河街，沙河桥头河滩上有尸体四具，身首异处，状似当天早上被杀死的，过桥后又见一具尸体，鲜血正流，显然被害不久。当天经过数十里地不见人烟。

沿途偶而发现农夫低头挖地，我们的军队走过时，他们头都不抬一下，这现象是不平常的，平时凡是人民见到军队走过，绝不会不看热闹的，可是现在他们不敢抬头看，避免被共产党指为有欢迎国军的嫌疑。

途中接师部通报，知桂系李明瑞的一师撤到孝感，向中央军投降，敌方下令向鄂西总退却，胡宗铎、陶钧下野，其部队交李石樵、程汝怀等率领，仓促西行。当时中央政府派去汉口租界向敌方将领活动的人很多，除了罗霖的一旅及李明瑞的一师向中央投降外，还有杨腾辉的一师也投了过来。我部奉令向三汊埠前进，第七军全部在青山口一带，集结地区数十里，李明瑞、周祖晃都在三汊埠，李明瑞既和胡、陶不睦，而又受蒋总司令委派为师长，遂于四月二日率部由阵地撤走。李宗仁、白崇禧都不在武汉，胡、陶闻讯惊慌失措，仓促下令向荆宜撤退。孔庚与卫戍司令部参谋长聂洸率宪兵一营受商会之托维持武汉秩序，第六师兵不血刃于四月五日登陆汉口，蒋总司令第二天也赶到了。敌方向鄂西撤退的军队有胡宗铎、陶钧及程汝怀的三个师，叶琪师的一旅，夏威师的尹承纲、李朝芳两旅各一部，张义纯师的两旅以及警备旅、特务团等，以上各部均沿襄河向仙桃镇、沙洋方向开拔，他们的目的地是荆、宜。到渔薪河时，胡宗铎部有一团长名张亚一率部来归。我师自皖西出发以来，所到之地多能获得人民的协助，侦探可自由出入荆沙的敌人司令部。我旅挺进部队夏祖培营渡过襄河后更展开大规模的活动。我在沙洋，夜半接孔庚、何竞武自沙市打来的电话，他们说奉蒋总司令之命，前来沙市和胡、陶接洽，胡、陶已愿意离职，务请中央各军停止于钟祥、仙桃镇之线，并请我师仍驻襄河左岸待命，我要他们立即向蒋总司令请示，只要命令一到，我军即停止前进。

次日，我师已进抵荆门，孔庚又来电话说陶钧、胡宗铎已经下野，胡、陶的部下已表示服从中央，请不要继续逼进，程汝怀、石毓麟和陶继贤都在电话中表示已电呈蒋总司令，愿听命令，并表示我师不该继续进逼他们，他们的军队已经开始出操，显然没有作战的意思。其实在他们周围，不只是我们一师的部队，何以他们老是不放心，原来我师有一挺进连部队在沙市附近广泛活动，荆沙都感到不安，等我再度接到孔庚的电话后，遂命该连停止活动。

8. 胡、陶的下场

胡、陶已于四月二十一日通电下野，携巨款乘日本兵轮赴沪，夏威率残部由湘西回桂，留在鄂西的桂系部队，由中央派程汝怀、孔庚、何竞武办理编遣，程汝怀要求中央允许编六个师，即由李石樵领第十六师，石毓麟领第十七师，程汝怀领第五十五师，刘和鼎领第五十六师，尹承纲领新编第九师，李宜煊领新编第十师。程汝怀希望保全实力，无异自趋毁灭，殊属不智。因为李石樵一直是胡宗铎的灵魂，人事升迁都由他管，他不离去部队，而又不隶属于中央的嫡系将领，则仍是胡、陶的桂系，中央迟早总是要解决他们的，比较聪明的是何键，他在湘、赣边境构筑工事，备战工作很积极，后来看到桂系有崩溃之势，而且中央又派他为湖南省的主席，故善观风色，紧急转舵。

胡、陶在汉口时，曾向汉口筹洋百五十万元，沙市三十万元，宜昌二十万元，但他们只发给士兵每人五元，所以团长以下的干部，没有不恨他们的，陶在鄂一年即拥资百万，哪里还有干一番事业的雄心？更可笑的是，陶的钱存在日本银行，被日本人吃了，他也没拿到。一般人都说胡比较忠厚，待人也还诚恳，陶则蛮横无理，贪财无度，有人说他在最后曾和孔庚密约向中央投诚，究竟是否真实，不得而知。陶在湖北乱杀人，乱征税，他杀死了不少共产党，无故受累者自也难免，湖北的优秀青年遭残害者很多，所以今日湖北缺少人才，也就在此。

五月一日我接师部电话，知冯玉祥有异动。孙良诚已奉冯命于四月二十六日率部队离泰安向济宁开拔，有回豫的模样。又得情报冯玉祥于四月二十四日在开封召集所部师长以上将领会议，已令第二集团军自豫东撤至郑州以西集中待命，韩复榘部已到信阳以北各要点驻守。武汉谣言甚炽，说什么两广不靖，河南已有军事行动，郑州也在戒严，真有山雨欲来风满楼之势。此时总司令部委派刘峙为湖北编遣区特派员，贺国光为武汉行营主任，国民政府特任何成濬为湖北省政府委员兼主席，中央并于五月二十四日下令将冯撤职查办，其部下韩复榘、石友三又叛冯归顺中央，冯遂通电入山读书，表示消极、军事行动遂暂告松弛。

所要注意的是唐生智，他逐走白崇禧后，中央将其所部编为第五路军，已移防到石家庄及顺德、大名一带。监视冯玉祥所部西北军向黄河南岸集中，这时总司令部怀疑荆沙各部和冯有连系，程汝怀和李石樵赴汉口向何应钦解释，殊不知问题不在有无和冯联络的事实，而是拥有六个师的这样一个部队，总难不令人不防范，这六个师中央要派很多军队监视，这个局面自然不会维持太久的。

五月下旬，当李宜煊部开施鹤时，为谭道源缴械，朱绍良及张发奎各部也都奉命参与解决荆沙部队，本师奉命解决徐方旅。我向刘峙、朱绍良力保族弟万倚吾旅，他们均允许将该旅改为独立旅。叶蓬团在林铺向徐方旅攻击，徐方即表示愿意缴械，贺国光偕严薪传到沙市来办理编遣工作，特派人来问我是否奉命解决荆沙的部队，我说："若没有命令，谁敢?"可见连贺国光身为总司令的参谋长，都不知道究竟。程汝怀的第五十五师全部在荆州城集合缴械，石毓麟的第十七师由当阳绕道来荆门，我遂偕夏师长赴荆州会晤朱绍良，结果石部的六个团编成两旅，刘峙委派彭进之和彭启彪为旅长，荆沙的部队固然解决了，可是因留在鄂西的张发奎部获枪械太多，而种下了以后反对中央的恶根。

不久，中央派夏斗寅为湖北警备司令，方本仁为湖北省代主席，因何成濬常往来华北，故由方代理。方是陆大出身，清末在吴禄贞统第六镇以前，即做该镇的参谋，李纯统六镇时，他升参谋长随李入赣，后来在江西由镇守使做到督军，因和孙传芳不调协而去职，所以倾向南方政府。他很有干才，精明心细，很适合做联络代表，北伐后，他曾代表蒋总司令奉使四方，尤其运动东北军的一幕，功劳最大。方为人诚恳，如能长期代理省务，比何成濬要好。何对中央固功不可没，对地方则无功可言。

9. 鄂东反共

七月初，本师奉命去黄安剿共，夏斗寅为省府委员兼湖北清乡司令及十三师师长驻汉口，在去鄂东以前，我自沙市搭船去汉口，探家兄玉拂的病，睽别了三年的汉口，经过两度政治上的变动，已暮气沉沉，非复北伐时的面目。旧日的政客、官僚，为了升官发财，到处应酬钻营，我在武昌住了半个月，谋事的、借钱的，真是应接不暇，还有好多无谓的应酬，使我精神耗费殆尽，我能力不足以应众人之谋求，还是早日返回部队的好。

我带七十三和七十四两团开往鄂东剿共，在极炎热的天气下行军多日，官兵始终精神饱满，遵守纪律，军队中这种焕发的朝气立时扫除了我在武汉时留下的阴影。

黄安县七里坪镇有个名叫戴季英的人，在地方上教书，他的儿子是萧楚女的好朋友，他儿子在广东死后，萧楚女常写信慰问戴季英，而且有时也寄少许金钱。除此之外，萧更常寄共产党的宣传品和书籍，戴季英即用这些书籍作教材，戴的学生后来大都进入武昌的共进中学。黄安县其他乡镇的子弟，进入共进中学的也很多，这所中学是董必武和郑位三办的，以后黄埔军校开办，萧楚女在黄埔做了教官，常寄黄埔的出版品给董必武。表面上看来共进中学不过是一所普通中学，事实上他们暗中有特别组织，而且教授马列学说。在军阀当国时期，虽然也有所谓防止赤化的主张，不过是官样文章而已，实效不大。董必武是老共产党员，他去莫斯科读过书，也参加过民国十年共党第一次全国代表大会。除了董必武的共进中学之外，高等商业学校也是共产党的养成所，在该校任教的共产党人有李汉俊、詹大悲，耿丹自英留学返国也在此教书，他们又都是董必武的好友，所以也在共进中学兼课，对学生灌输先进思想，并以打倒帝国主义、打倒军阀等观点赢得学生的好感。

民国十三年，他们纷纷去广州和长沙，十五年冬随同北伐军回到了武汉，他们几人掌握了湖北省党部，共进中学的学生更遍布湖北省各县市，争取地方上的领导权，一时气焰极盛。民国十六年清党，一部分共产党党员随贺龙、叶挺入赣赴粤，大部分逃到黄安大别山区，共产党在民国十五、十六年间已在黄安、麻城一带打下了基础，并未因武汉清党而动摇。尤其郑位三在七里坪、紫云山一带，将失学失业的青年组织了起来，训练成共产党的忠实干部。经过三年来的武装起义，大别山区南北各县，黄安、麻城、商城、六安、霍山、霍邱都相继被他们攻陷，于是共产党在豫、鄂、皖边区建立了根据地，组织了道县、乡、村苏维埃，和江西井冈山遥遥相应。

10. 收复七里坪

我第二步行动是派刘锐的七十三团驻八里湾，并分一营驻桃花，七十四团一部驻河口，我带旅部进驻黄安城，我先巩固交通线及据点，派兵在据点三十里以内昼夜不停的游击，遇敌即追击，但不准离据点太远。由黄安架设电话线两条，一经桃花主师部驻在地——宋埠，一经冯嘉驿通河口。经过一个月不停的游击，黄安、河口、桃花以南地区的共军已被肃清，进一步以大部队向七里坪、吕王城方面追剿，至九月中旬先后已将该两地收复。

一个月后百姓纷纷回乡，收拾他们破碎的家园，几乎家家都是披麻戴孝，烧纸念经，为家人超渡亡魂。道士诵经的声昔，响遍城厢内外。

十七、 变乱纷起

1. 张、桂军与西北军之叛变

方本仁代理省主席，听说七里坪收复了，想亲自来看看，就在动身的那天，突来电取消此行。原来张发奎在宜昌叛变了。

先是汪系中委王法勤、王乐平、朱霁青、陈树人、陈公博、顾孟余、郭春涛等藉口指摘三全大会指派代表之不当，在上海组设中国国民党各省市党部海外总支部联合办事处，号召反蒋，并通电欢迎汪精卫回国改组党务，于是有“改组派”之名，并唆使各部队脱离中央，张发奎立即响应，电呈蒋总司令要求汪回国，同时将全师集中枝江。在张发奎八月十七日通电之前，部队驻防鄂西沙宜一带，中央八月初举行编遣实施会议之后，即派曹万顺新一师去接防，令张师调驻苏北海州，张抗命不移防，曹部的先头一团，被张师缴械，后二团也被张师胁迫跟从，曹本人逃亡。张部向湘西移动，方本仁因此不得不取消七里坪之行。

接着西北军宋哲元、石敬亭等也通电反对编遣，出兵进犯豫西。冯玉祥自从撤职查办后，即离开军队去太原，暂居晋祠名胜之地，阎、冯勾结势成自然。李书城想游说唐生智与阎、冯联合反蒋，因此唐也到过太原，他迟疑不敢动。蒋总司令对李书城始终不满，大概因为李原是黄克强的参谋长，黄与陈英士不合，而蒋先生与陈关系密切。大概除了何成濬以外，黄的干部始终对蒋先生不好。

当时的形势很恶劣，广西的俞作柏通电反叛中央，并通电欢迎张发奎回桂，张发奎通过常德、桃源进入湘西，如入无人之境，以百战之师破釜沉舟之势，何键怎敢阻挡。汪精卫在海外遥遥呼应，形成反叛中央的一种主流。随后西北军也开始调动，冯玉祥自己却留在山西，阎锡山一面提线操纵傀儡，一面向中央以调人自居，太原在此时成了全国政治的中心。冯军继续由陕西和山东向河南集中，中央不得已，遂于十月十四日下令讨伐西北军。

中央的战斗序列是：

总司令蒋中正　总参谋长朱培德

第一路军总指挥方鼎英　参谋长贺国光

第二路军总指挥刘峙　预备队司令夏斗寅

第五路军总指挥唐生智　参谋长晏勋甫

汉口行营主任何应钦

2. 中央军处境之艰苦

唐生智除指挥其嫡系部队刘兴和龚浩的两师外，魏益三和门炳岳两部也归他指挥，部队先集中于郑州，准备出洛阳进潼关当西北军的正面，担任主攻，刘峙率第六师（赵观涛）、第九师（蒋鼎文）、第十一师（陈诚）集中于襄樊老河口一带，计划出南阳入武关直捣西安西北军的根据地。

中央方面除了采取军事行动外，并派方本仁去五台劝阎锡山就陆海空军副总司令职，此一着果然成功，中央在政略、战略上都占了优势。

我们第十三师正在剿共，忽然奉命调往平汉线，遂以补充团接防黄安，我师开往信阳担任护路的任务。此时安徽省主席方振武叛变，中央令方策代理主席职务，方策与我是陆大同学，任第六师师长，不久他被方振武部师长鲍刚俘获，并挟持他反叛，窜扰皖边。据说鲍刚和共产党有预谋，朱怀冰率夏鼎新团开赴罗田防堵，卢本棠旅率七十八团补充团驻麻城宋埠，七十六、七十七两团集中岐亭仓埠待命，师部移驻武汉。我们武力四散，既要剿共，又要护路，又要防守鄂皖豫边防。我编组了一辆工兵营巡逻列车，在平汉路南段来往搜索护路。我曾去许昌谒见蒋总司令，并赴郑州各地，因此目击许多情形。

中央军的第九、六和十一师在襄樊一带构筑工事已达半年之久，十月中旬开始和西北军正式接触，到了下旬，冯军和唐生智部在登封、巩县、孝义的战事甚为激烈。十月三十日晚八时三十分蒋总司令专车抵信阳，召集我十三师官兵训话，询问匪情甚详，至十一时三十分始北行，次日中午到郾城。

此时，蒋总司令处境极艰苦，四面八方事故层出不穷，人心浮动，有些部队又未尽可靠。他亲到刘黑七部驻在地禹县和刘春霖驻在地白沙，安定军心、鼓舞士气。刘黑七向总司令说："咱是老粗，只知服从总司令，不晓得别的……"总司令送他六挺机枪，一万银元。于是刘黑七安定了。

蒋总司令又由刘黑七处突然来到刘春霖部，该部最为动摇，蒋总司令的突然莅临，出乎刘春霖的意料，刘大骇，遂决心服从听命。

3. 张笃伦说服万选才

蒋总司令至郑州，下车站后走半里多路到刘镇华司令部，沿途街道行人驻足，一时哄动。总司令镇定如故，若无其事。他到郑州走了这一趟，立即使郑州的人心跟着他跑了。当天蒋总司令又到观音堂，召见刘茂恩、万选才（这是刘镇华的两位师长）。

密县距离新郑最近，地势突出，当时已经失守，蒋总司令要刘镇华由新乡驰援光复密县，刘的先头部队是万选才，万部移动缓慢，每日只前进几里路，总司令很着急，何成濬派张笃伦去万部催促，张并不认识万选才，张一见万，万就打官腔。张知万抽鸦片，而他自己却连纸烟都不抽。忽然灵机一动伪作烟瘾大发说："我有点来不及，你能否给我一点烟抽。"于是万请张入房内共抽，张最会揣摩，又善辞令，一面抽鸦片，一面谈得也渐渐投机起来。张最后对万说："密县打下来，那边一切的武器、给养都是你的。"至此，二人颇有相见恨晚之感，几乎都要换帖拜把子了。此时适蒋总司令突然至观音堂并来电召见万选才，张遂偕行，途中万对张说："蒋总司令洪福齐天……"接着万将其心中的不平说出，他跟刘镇华最久，刘始终薄待于他，厚待其弟刘茂恩，明明是他的功劳，总是托到他的弟弟身上。在新乡时，冯玉祥就给了他委任状，他把委任状和信都交给了刘镇华，以免猜疑。这一次，冯又给他委任状，而且驻在密县的冯部两个旅又是他的旧部，旅长也是把弟兄。这回他决定把一切都向蒋总司令和盘托出。不料，到了观音堂，蒋总司令已经走了。万选才大惊，拉着张笃伦到野地里去，问张怎么办。张陪他去见顾祝同，顾即提笔写信给蒋总司令委万为独立师师长，脱离刘镇华的统辖，而且答应打下密县一切弹械给养都归万选才，万高兴极了。本来，万要勾结密县冯部二旅攻打许昌的刘镇华，截断平汉路线，现在他转变了，可见此事关键至大。

张笃伦乘我的列车，携顾祝同函至许昌，正向蒋总司令报告时，密县投降的消息，也正到达总部。蒋总司令大喜，立即授万为独立师长，并命张笃伦带五万元赏金给万部，把密县的敌军归他改编，张笃伦把委状命令及赏金携回交万，万选才大为高兴，接着去攻打登封，从此，万对张佩服的五体投地，说什么听什么。这次以冯的部下打冯，张笃伦功劳不可没。

4. 西北军失败后石、唐叛变

西北军以张维玺和田金凯两军之众出陕西攻下老河口和谷城，于十一月十五日围攻襄樊，主攻襄阳的冯军是张维玺部，主攻樊城的是田金凯部，两地中间隔有襄河，他们联络支援不易，不得不各自为战。刘峙担任防御襄樊的总指挥，电令本师派一旅于二十一日前到达枣阳待命。我抽调护路的两个团，星夜赶赴枣阳，原定我部至枣阳即开始总反攻，但西北军因豫西战场失利，洛阳先已失守，不得不向西撤走。中央军第九，十一两师乘势进击，分别克复老河口和谷城。此役先后不到一个月结束了。

在这次讨伐西北军的战役中，唐生智的第五路一直以全力猛攻，唐本人不但亲自上阵督战，而且和士兵一起打机枪，（他的枪法好，练习过几十万发，他能点打）士气受鼓舞不少，冯玉祥始终没离开晋祠，因此使西北军缺乏最高统帅，影响自然不小，但是西北军仍然很强。

阎锡山态度不够明朗，方本仁和何应钦均先后去太原拉拢，阎于十一月五日接受陆海空军副总司令的任命，并三路出兵，然未参战，只是屯兵观望而已，他出兵打谁，恐怕很难决定，今冯军既已被打败，阎锡山自然也就无何行动了。

讨成西北军之役结束，开封行营撤销，河南军事令唐生智指挥，十一月二十二日蒋总司令由郑州到汉口，命唐生智代行总司令职权，然后转回南京处理广东张发奎的叛乱（经过安庆时，并亲监石友三就任安徽省主席宣誓典礼）。张发奎部自从鄂西经由湘桂入粤后，在广西的呼应下向粤进攻，粤军几不能阻挡。蒋总司令想选派一能战的部队守广州，使守广州的第八路得能出击广西。熊式辉建议派石友三部一师去广州，说石部可守能战。石友三也自告奋勇，愿全军南下。

石友三和韩复榘本来都是冯玉祥的部下，在中央西征桂系时，冯派韩复榘带领二十辆列车沿平汉路南下，等到中央军克复汉口，韩复榘和石友三来汉口见蒋总司令，蒋待他们亲切之至，并且赏他们“钱”，而且另有人在对他们运用“色”，这“财”“色”两大法宝以及有时运用第三个法宝——升官，使他们对蒋总司令甚为服贴，等到西北军西退缩编时，韩复榘和石友三未跟随冯军西退而归附中央。

这时石部自蚌埠调到浦口，补充武器粮秣，准备上船开广东，改组派乘机造谣，说上船后将被解散，石听了很起疑心，恰巧蒋总司令又在此时打来电话催促石部赶快登船，石更害怕起来。十二月二日，石友三没有过江，就在浦口实行叛变。此时南京非常危险，只有冯轶裴的一个教导师驻守，这个新成立的师恐不易防守南京，幸冯师渡江和石部接战后石部即退回蚌埠，未攻击南京。

唐生智听到石友三叛变，他即乘机联名非中央系诸将领于十二月五日通电叛变，拥护汪精卫回国主政，并推重张发奎，南北相呼应，这个将领的名单中也有夏斗寅的名字，他并委夏为十六军军长兼武汉卫戍司令。

在我未接到唐生智叛变的消息以前，我正办理接任襄樊老河口一带的警备司令。刘峙忽然来通知我，即仓皇离去，我还不知什么原因。我正接眷属到襄樊，满以为可以在此久居，借此也可整训部队，做梦也未想到唐生智会在此时叛变。

刘峙命我部即返信阳，接着石友三、唐生智叛变的消息传到，我大为忿恨。因为我和唐关系太深，更觉得唐这次叛变，在道德上实说不过去。我立即集合部队训话，随后要团长们带领部队向信阳开拔，我乘汽车到花园站送家眷去汉口。

5. 对夏斗寅之谏诤

夏斗寅一向热心于政治活动，从来不带兵，经常住在汉口，即使部队作战的时候，他也很少到前线。夏在湘时间长，和湖南人关系深，政治行情也很熟。这次唐生智叛变，事先派陶菊隐（孝忠）、许彦飞、蒋友文（后为夏的省府秘书长）三人来鸡公山和夏连络。唐通电时的声势浩大，冯、阎、李、白以及鄂西各军均响应，豫西部队也都动摇。因为陶、许、蒋三人在鸡公山游说夏斗寅，所以我们的部队也弄不清我们的态度，我到花园时，特务营长来向我说："他们的无线电台在此通讯频繁。"我以为是指唐生智的，便问："他们怎敢在此设电台？"营长再说，我才知道原来是指刘总司令（峙）的，我说："刘总部设电台是应该的，为什么大惊小怪？"我怀疑夏师长有毛病，不然，部下何至如此荒唐。当时师部已移至广水，我立即打电话到广水，要夏派车头带一车厢来接我。见面后，夏问我态度，我不太知道他的心思，即答："不打唐生智，我们还能做人吗？"并历数唐的罪恶。夏说："刘峙他们疑惑我们。"我责备夏说："我们态度如明白，他怎会疑惑我们?”他在紧要关头总听我的话，他这才告诉我，陶等三人仍在鸡公山，我说：“送他们回去好了。”夏又告诉我说：“唐生智委我为十六军军长兼武汉卫戍司令。”至此，夏已决心讨唐，但他又告诉我：“叶蓬曾和他说：‘万旅长和唐生智、龚浩、晏勋甫等都是同班同学，前些日在郑州时情意极为欢洽，不知有无密谋。’”我对夏说：“我到郑州时，唐生智和龚浩都在前线督战，晏勋甫一见面就叫我‘叛将’，我说：‘论私诚如公言，论公不知谁是叛将?’勋甫和我二人大笑。而且他们对十六年我们在鄂西反共的事，始终恨我，而原谅你。”我把这些事情说明后，夏师长立即下定决心，我于是即刻写信致叶蓬说明经过。不过夏仍然担心汉口方面对我们的怀疑，我即亲自去汉口见刘峙，并把唐生智打来的电报也都带了去，我当面说明了我们的立场，刘表示对我部一向信而不疑。

十三师驻汉口办事处的人，因夏师长态度模棱，也难免猜疑，再加上汉口的谣言蜂起，则更使他们显出偷偷摸摸的样子了。我向他们说明实情后，他们才知道我们的决心，我又和曾晦生商议将拟定讨唐的电稿发出。

夏师长爱享受，不能吃苦，总在汉口不去部队，我一直在部队主持一切，因此我对部队有直接的影响，在紧要关头时夏总看我的态度，像这次讨唐，假若我不坚定，他当然就变了，假若十三师变了，赵观涛的第六师必受影响，原来刘峙已派第六师监视我的三十七旅，因为中央已知道唐生智早把夏斗寅编入战斗序列，并扩编为十六军，而且夏也派人去唐处接洽过。我在广水师部时，曾接到唐生智来电问军长的旗帜和印信送到哪里去。

为什么说十三师若变，第六师也会受影响呢?这要从叶焕舟说起，叶号南帆，原是第六师的老团长，后来蒋百里派他到唐生智处，此时正代表唐生智和蒋百里赴第六师游说，他对赵观涛说："我们都是浙江人，蒋介石是浙江人，我们没有不爱护蒋公的道理。可是还有一个蒋百里先生也是浙江人。蒋百里先生对蒋公之爱护也是无以复加，而今日竟指导唐生智反蒋，其意义之深刻，你们可以想想吧。"听了他的这番话，第六师的军官们就商量何去何从，因为团长都是保定的同学，而又都是浙江人，所以很难下决定，遂决议看十三师的态度而定，也就是说看万旅长的意志而定。这些事，我都是事后才知道的。第六师既见第三十七旅和他们一起行动极融洽，毫无提防戒备，而且我又坐车先走了，一点都不像要叛变的样子，也就定下心了。

当时蒋百里师有电致唐说："东不如西。"意思是叫唐西去靠拢冯玉祥以保持西北的局面，此事刘文岛最清楚。为此，事后蒋百里被关了二年。

6. 善战唐生智

在讨唐的战役中，第十三师打得最好。实际上，我师只有三个团，因为七十六团原在保护郑州至信阳间的铁路，唐叛变了，起初他们尚不知道。再者这个团是十三师最后在武汉成立的，当时就是由晏勋甫为团长、王亚翘为营长，现在晏勋甫既然在唐生智处，而且唐生智又委派王亚翘继任七十六团团长兼代旅长，因此，战事一发生，这个团也就跑到唐那边了。

我们先开到信阳，蒋总司令严令要做好工事，他说广州所以没被张发奎攻下，就是因为工事做得好。但时届隆冬，天降大雪，为数十年所仅见，雪地里筑工事极苦，刚挖好了土，马上又给雪盖住了，行军顶着北风，路又全被大雪淹没，无法分辨，给养运不到，无食物又无宿处，士兵挨冻受饿，病患甚多。大雪一连下了几天，雪深一二尺，甚至有些地方，人陷进去，就不容易爬出来，真是比沙漠行军还苦几倍。我们占了确山城，开始和唐生智南下的大军接触。

唐生智利在速战速决，中央方面则不在积极求战，原因是豫西杂牌部队极多，内情复杂，他们不太明了各方关系，也不清楚唐生智的实力究竟如何，所以大多态度暧昧、观望、投机，中央对他们需要作政治部署，想利用较多的时间，向杂牌部队说服，使之倾向中央，同时委阎锡山做陆海空军副总司令兼北路军总司令，阎接受委派，将平汉陇海各路驻军编成战斗序列大举出兵，派出了孙楚等四个步兵师和一个骑兵师，阎本人在郑州，貌似讨唐，实则观望，想取渔人之利，阎、唐之间原来就有勾结，唐初拥阎后拥汪，于是分道扬镳。

唐生智在这一战中，举棋不定，初在西平一带占领阵地，以逸待劳，以后又改变计划，再想推进时，我军已占领确山。双方在确山以北展开，构筑工事。唐部主力是龚浩与刘兴，两部作战力很强，而且是顺风，我十三师四个团当其正面，是逆风，冒着雪攻防，眼睛都睁不开，所以作战极为艰苦，几昼夜下来死伤枕藉，左翼秀山阵地是最艰苦的地带。敌人山头阵地高过我方秀山阵地，可以俯击，我方则为仰攻，受敌方炮火控制，攻既不可，退亦不能，这一带遂成敌我作战焦点，我方伤亡了连长七人，排长十七人，士兵每天都死亡数十人。

7. 讨唐军事之结束

唐生智发动战争之前，他们部下几乎都不赞成，晏勋甫（参谋长）反对，龚浩更是痛哭陈词，刘兴虽然不说话但内心亦反对，只有张笃伦暗中鼓励。张此时跟唐一鼻孔出气。唐对湖南部队不管有无联系一律下令作战，唐生智骄横跋扈，但性格优柔，信任顾和尚，将前方司令部委之晏勋甫。晏是一个纯粹军人，根本不懂政治，以为军人都服从唐生智，其实靠得住的不多，只不过是表面恭顺而已。唐对友军缺乏了解，军事上仰仗刘兴为主力。总部设在驻马店，军队完全遣派在外，驻马店成了空城。

十九年元月一日，杨虎城派冯钦哉部袭击驻马店时，有人在漯河车上报告唐生智说杨部东移，唐生智还说杨虎城是友军。冯钦哉部在驻马店大掠三昼夜，民众损失五百万元以上，秩序混乱，晏勋甫才得在乱军中便衣出走。

激烈的战事进行到元月四日，我部极力反攻，刘兴不支，开始后撤，绕进漯河会见唐生智。唐还想继续干下去，龚浩、刘兴知道军心瓦解，大势已去，决无可为。唐生智才于元月十五日通电下野。经开封，逃往天津。龚浩、蒋锄欧、刘兴、晏勋甫等留在漯河，决定按兵不动，向中央无条件投诚，我过朱家胡同时，目睹士兵尸体数百具，伤兵几百人奄奄待毙，急令救济，救活三百人以上。

中央对于收缴唐部枪械，已有良好部署，命令唐的残部沿漯河以南铁路线驻扎，将所有列车停在宿营地附近，唐部以连为单位，由连长率领自行将武器送缴车上，分门别类，排列整齐，然后徒手离开，回到宿营地，听候改编或遣散，总计投诚官兵一万六千余。所缴枪支数亦大致相同。

阎锡山以副总司令名义于元月三日至郑州，并就北路军总司令职，委任韩复榘为前敌总指挥及各路总指挥，实际上还是抱着观望态度，假如唐胜而中央败，则唐步亦步，唐趋亦趋，及至唐败，阎复委李品仙为总指挥乘车赴漯河招收唐的残部。李品仙行至中途，闻唐已缴械，即原车回去。此役前后不过一个月，河北许多部队都接受中央命令，但都不采取行动。阎锡山一到郑州，这些部队首长，都去拜访阎锡山，为的是要饷要钱，其实都在投机。阎锡山气量浅狭，对于金钱锱铢必较，要领面粉非拿上次面粉袋来领不可，蒋总司令恢宏豁达，要多少发多少。

十八、 中原大战

1. 反中央各派系之联合行动

广东方面，张发奎攻广州，陈济棠、朱绍良守之，未曾失守。李宗仁、白崇禧、胡宗铎、黄绍竑退广西，暗中酝酿拥护阎锡山倒蒋。阎于元月十五日由郑州回太原。此时太原成为政治中心，各方人物络绎不绝。至二月十日，阎锡山发出通电，主张礼让为国，要求与蒋委员长共同下野，实为叛乱之前奏。此后便与中央发生电报战，往复辩论，哓哓不休。三月二十日，太原党部且发出迎汪的电报，四月一日阎锡山在太原宣布就任“中华民国陆海空军总司令”职，冯玉祥、李宗仁同时通电就任副总司令职，准备联合改组派及西山会议派举行扩大会议，军事上开始动员。四日，中央方面下令免去阎锡山本兼各职，并予通缉拿办，是为中原大战的揭幕。

本来在三月中旬时局已甚形紧张，阎氏放纵冯玉祥于三月十日由晋入陕之潼关，而西北军之声势顿张。万选才遂倒戈为冯之前驱，回师袭郑州，韩复榘未及准备，撤退东行，以至开封不守，谈到这里就不得不谈一谈张笃伦导演的万选才倒戈。

冯、阎如果出兵首先通过洛阳与万选才碰，以冯之实力击败万选才当无问题，计算两败俱伤，太不划算，尤其这次全国反蒋大联合运动，倾冯、阎全力与中央决战，总要一举而击败中央军主力，才是正确的决策。

2. 万选才倒戈与张笃伦

当时阎左右智谋之士，如潘宜之、胡宗铎、朱绶光（阎的参谋长）、辜仁发（阎的首任参谋长）等均为此事思索。潘宜之系湖北人，代表桂系在太原，他说“说服万选才舍张笃伦外无第二人”，并介绍张、万的结合，与万对张的倾倒崇敬。阎大喜，促宜之电北平约张前往太原，受命专车赴陕，冯玉祥亲迎，恭敬倍常，又以专车到洛阳，万闻张来，亲切之情，胜于同胞兄弟（他们已经换帖结盟）。原来阎、冯的希望，只要万选才让出洛阳（潼关以外至洛阳均万之部队）防地，什么条件都可。万的头脑简单，对于张信仰得五体投地，言听计从，张首问万：“你想不想当省主席？”选才惊问：“那有省主席轮到我的？”张说：“假使有主席给你如何呢？”万回答说：“只要给我主席，叫我做什么就做什么？”张告诉选才：“阎锡山就任陆海空军总司令，现在正在组织政府，你肯听他的命令反蒋，让出洛阳，就给你主席。”他说：“那何必说让，我先反过头来打郑州、开封不行吗？”约定之后，张就电请阎锡山发表万选才为河南省主席。阎不信，久不回电，张不知何意，遂经平汉路石家庄，至太原见阎，阎对之很冷淡，似不相信张有此能力说服万选才，张愤而离晋，未到北京，万选才驱走韩复榘占领郑州捷报传遍全国，阎乃请张到太原，万选才的河南省主席亦已发表。此段经过笃伦、宜之都对我谈过，我常说张笃伦是申公豹，此为一端。冯军遂直入河南抵郑州，万选才驻开封。

阎锡山令傅作义、李生达等晋军沿津浦线南下，徐永昌、赵承绶（骑兵旅）守陇海路，冯军鹿钟麟部集中郑州，冯驻洛阳按兵不动，控制第二线，让阎锡山打冲锋，万选才虽然当了河南主席，但在开封受河南人包围，对张笃伦自不能言听计从了。

3. 大战前夕之双方形势

中央处境虽然困难，但是东南财富仍然掌握在南京手中，南京仍然尚有可为，朱绍良防守广州应付张发奎的进攻有功，何键因刘文岛的拉拢未曾动摇，刘湘在长江上游稳得住。此时张笃伦已秘密来汉口，几乎每天与我见面，但绝对避口不谈公事，一日何成濬告诉我，刘湘已知张要去四川活动，刘文辉来电报挡驾，张如入川，必经刘湘防区，恐有生命危险，我以此劝张，他起初发火，还是被我说服才回北京。

此时四川是各争雄长，刘文辉、田颂尧、邓锡侯三位一体，刘湘另在一边，杨森、刘存厚、赖心辉都自成一派，各派都有代表在外活动。

赵观涛也有代表在山西，据姚琮说，在徐永昌日记中看到，当时我并不知道，大概赵始终抬不起头来，与此事有关。赵是浙江人，第六师的师长，第六师的人都起来了，而赵起不来，并非偶然。

中原大战准备时间是在二、三月间，结束则在九月间，真正大战达五月之久，除东北及西南少数人守中立外。政治及军事方面反蒋各派大联合，与南京形成对立，阎锡山、冯玉祥、李宗仁动员的兵力在七十万人以上，区域之广，南方有粤桂湘，北方自济南沿黄河经皖豫越平汉线到南阳紫荆关止。

中央方面以徐州为总枢纽，以长江水运连络津浦、平汉两线，阎、冯则以郑州为总枢纽，双方目标在争夺陇海平汉津浦铁路交通线，广州军队可海运天津，上海军队可江运武汉，双方均有内线作战与外线作战，而运兵之多，地区之广，时间之久，交通之掌握亦是此役的关键。如果说战争是艺术，委员长在这一役中可以说发挥了艺术天才。

4. 敌我兵力部署的分析

我本是步兵旅旅长，旅是师的构成部队，师才是战略单位。师本身才有统一的补给、火力、人事管理等独立的系统。旅只是在师与团之间负责教育训练，在作战时并不重要。我本来不必负担重任，但是我这一旅却是独立行动，保护铁路，开到信阳就近划归蒋鼎文第二军指挥。蒋鼎文那时除了指挥我三十七旅外，还有第六、第九两师。第十三师除我旅外，归何成濬第五路的战斗序列，驻在武汉不动。何本人软弱，军事上不行，所以何应钦以汉口行营主任名义驻节汉口控制两湖。

蒋鼎文把军部设在周家口，第二军防地在淮阳至漯河之间，我曾往周家口向蒋借粮借饷，在武汉拨还。周家口有三个城寨，在三岔河口，以南寨为精华中心。主要战场在陇海线归德牧马集一带，现在先说一说双方的兵力部署。

阎锡山主力李生达、冯鹏翥、李服膺部驻津北段，主力在沧州，由傅作义负责。陇海路归德一带由孙楚（驻兰封）、杨效欧（驻杞县）负责。石友三在考城，孙殿英、刘茂恩、万选才也在亳州。太康鹿邑一带的土匪都被他们网罗，冯玉祥本人在洛阳，主力在郑州，注意平汉线，以鹿钟麟为前敌总指挥驻开封。张维玺、田金凯、刘汝明等部驻豫西，孙良诚、孙连仲负责支援晋阎，郑大章、赵承绶、孙长胜等部骑兵往来游弋。

中央军陇海路正面是第二军团，刘峙担任总指挥，右翼津浦线上为第一军团总指挥韩复榘固守黄河，防晋军南下。陇海津浦间为总预备军团的陈调元与马鸿逵。平汉线上为何成濬指挥的第三军团，左翼南阳有杨虎城，襄樊有范石生（襄樊警备司令）以防刘汝明。平汉线与南阳之间为徐源泉，平汉线正面初为王金钰，后因王与孙传芳有勾结，换为上官云相。蒋鼎文和我也在平汉线上，皖北为叶开鑫、杨胜治等部，归王均指挥。

5. 周家口接防与漯河作战

中原大战开始大打，是在五月一日蒋总司令发表讨伐阎、冯誓师词以后，一面作正面攻击，一面采左翼包围（左翼为黄河）。令蒋鼎文侧击开封，后因陇海路打不动，改用蒋部由太康、杞县以东前进，所遗周家口、淮阳防务，由我率三十七旅接替。蒋鼎文行动秘密，连无线电通信都不用。蒋东行后归入陇海路战斗序列，与我方仅赖石曼牛开的小飞机联络。何应钦在汉口都不知道蒋部行动，打电报来问我，我一一回答。

刘桂堂驻西华、石振清驻扶沟、樊钟秀驻许昌，再加上任应岐，都是些土匪。蒋鼎文驻周家口时，刘桂堂曾派人与蒋联络，我接周家口防务，刘续派人与我联络，我不予理会。蒋鼎文调防时，刘桂堂曾跟踪捡便宜、拾辎重。

我这一旅下辖两个团，一团驻陈州（淮阳），一团驻周家口，两地相距有七十里之遥，因此还要维持这七十里的交通，任务相当艰苦，周家口以西至漯河，是郝梦龄的五十四师，周家口原为冯玉祥旧驻之地，冯部军眷很多驻此。我部丝毫不加骚扰，过去冯部常常摊派，人民敢怒而不敢言。我只是严守城关，不准摊派，所以老百姓对我们很欢迎。

中央委石振清为军长，我派人将委任状送达。河南报纸天天刊登刘桂堂如何攻打我旅，如何得胜，这都是刘桂堂给阎锡山的假报告，根本没有打，那是骗他的。

刘茂恩归顺中央，是与第一军团接洽，刘茂恩归顺时俘虏了万选才。万被押到汉口，被何应钦枪毙了，当年万曾叛刘茂恩，现在总算一报当年之恨。刘茂恩之降，对战局自然有影响，因此五月十六日克复归德，双方又形成僵持，局面之阵地战凡三月。

战事移平汉线，上官云相及徐源泉部攻许昌、新郑、临颍一带，这些城池建筑坚固，久攻不下，其实也并没有认真的攻打。何成濬指挥部队是用商量方式，先商量好再下命令，他是不敢不经商议断然下令的。蒋总司令每天催促进攻，曾一度亲自来漯河督战，希望平汉线进攻，好让陇海路能松一口气。但因久攻无效，乃调我旅至漯河作战，以岳维浚（西峰）师接我的防。岳的参谋长何汉城是我保定时的老同学，先来与我接洽。我发现岳的一旅人，不及我一营的实力，枪少人数也不足，而岳号称数师，我因此而担心。他笑着说："岳西峰对付刘桂堂，还怕对付不了吗？"原来他们之间有联系，是不会打硬仗的，我才恍然若释。

6. 上官云相的围而不攻

我到前线之后，发现上官云相（纪青）等围许昌，围而不攻，攻也攻不下，我主张攻不下即不应再攻，而应调整阵地、兵力，这样结集，后方危险，我掩护他们撤退。此时总指挥部设驻马店，我守漯河一线，兼漯河警备司令及豫中警备司令。敌人用铁甲车上的炮进攻，我知道这样炮并不足怕，镇定如常，依然在驻马店西平一带巡视。

蒋总司令改变战略，在平汉线采取守势，调上官云相去陇海路作战，命令下达多日，上官行动不了，我奉命接防，蒋总司令又亲自前来，坐上何成濬的火车，劳顿异常，一连写了七封信给上官云相、徐源泉、杨虎城等人。我亲眼看见蒋总司令吃点稀饭，何应钦把上官交来孙传芳的委任令给他看，表示上官的忠贞。何对上官好，所以乘机帮他的忙。魏益三也发委任令给郝梦龄，郝也上呈。蒋总司令因此对上官与郝也采取商量态度，从不下令。但这一次要调上官部队，所以蒋总司令亲自写信叫我送去，把地图铺上指与我看，某日到清香集、某日到龙曲集，与他相会，到达后给奖金一万元，并允照顾上官在杭州眷属，由湖北财政厅厅长张观时负责。

我带张观时往见上官云相，上官允次日开赴舞阳，答允达成任务，结果事实上有困难，未能成功。另一方面，他也未曾十分卖力。我接上官防地，一去就攻下两处据点，受到上峰褒扬。我只派了一营人进攻，就拿下了，可见当时上官云相只是围而不攻。蒋总司令又要调郝梦龄师，再三催促，郝迟迟不动身，与何成濬商量，何也不想调郝梦龄，我力劝无效，郝依然不动。

7. 由平汉线调津浦线

此时张发奎与桂军李、白于五月二十九日合力攻湘，何键来不及集中，以致势如破竹，一路下零陵、宝庆、衡阳。何应钦在武昌无兵，只有夏斗寅第十三师的七十五、七十六两团和补充一团，共三团在鄂东剿共（在平汉路归我指挥者为七十三、七十四、七十七、七十八及补充二团共五个团）。何应钦急调夏斗寅率部赴长沙，因为湘人对夏情感不恶，但长沙于六月四日失守，已来不及了。遂退汨罗，拟再退武汉，守武胜桥。此时何键已由醴陵退岳州转湘西。张发奎长驱直入，武汉震动。

广东部队此时出动抄张发奎后路，而李蕴珩与毛秉文则自广州水运汉口，江西鲁涤平部队也出动，张发奎被迫于六月十六日退出长沙，蒋用兵之妙又是一例，事后听说，张发奎部队至长沙时，士兵服装褴褛，疲惫不堪，每人只发二块钱，张又与桂系不和，派人与何应钦接洽，只要保留番号与部队，他愿归顺中央。

这一次何键没有动摇而且是真打了，所以刘文岛坐飞机到漯河见何成濬，建议把第八路陈济棠的主力和李韫珩、毛秉文调出来，打垮阎冯，即使长沙再失，也是值得的，而且何键在控制湖南，可无后顾之忧。蒋总司令接受了建议。

第十三师调来平汉线，拨归我指挥布防，师部也登上火车，忽然接到命令要调我去浦口。原来济南于六月二十六日为阎锡山所部攻陷，韩复榘退胶济线，马鸿逵所部连泰安都守不了，望风而逃，南京震动。总司令派贺耀祖到兖州，劝马坚守阵地，而马鸿逵仍续退滕县，此时第十三师奉调遂东下浦口转津浦车北上。贺耀祖令每来一团即间赴曲阜，夏斗寅到汉口一看已无军队可以指挥，即请病假去上海。朱怀冰以副师长身份指挥第十三师，我闻讯建议何成濬促调李韫珩、谭道源来接我的防地，我则奉命带四团人赶往浦口。此次何成濬不能再作挽留，上一次去湖南作战，我应归还建制，何不准。我们只有三团随夏去长沙，五团在平汉线，我只能指挥二团，另外三团由何成濬直接指挥。能如此指挥自如，是我的部队特色。

8. 拒绝政客游说

我们调离漯河到葛店上车，行动秘密，以免惊动百姓。此时有一个朋友张君的，突然上车见我，持有前湖南督军汤芗铭（铸新）的信，约我到汉口见面，汤是湖北浠水人，素来反对国民党。张口头上要我反蒋反中央，并且说，夏斗寅与他们有密切的接头，但关键在你，所以必须与你见面才能定夺。此时政治上、军事上、党务上反蒋的人物纷纷活动，汤自民六下野后，失势已久，亦不甘寂寞，我的答复是："我只忠于蒋，我与汤多年未见，本来应当去会晤，但他有此一着，我就不能去见他。"在火车上我拟好电报，抵信阳即发往驻汉办事处人员，命令到达部队应在刘家庙集合露营，并准备运输船只，按照七十七、七十八、七十三、七十四各团序列上船。我已警觉到，汉口情形实在太复杂。

我并命令部队到刘家庙后，团长以下，任何人不得离开部队，及部队不准进住民房。当时我带领四团，另一团还在护路，我去汉口晤何应钦，报告平汉线军情，叶蓬包下扬子旅社的五楼招待我，我的家人与同学都来相晤。

很多的人前来向我打听前线的消息，也有不少人向我建议各种办法，聂洸（恕夫）劝我说："你这次来汉口，可以大干一番，武汉没有兵，你只要把电报局一占，把银行控制起来，发出通电，则天下震动。"我答复说："我是忠于中央的，而且你说的时间又太晚，我的队伍都上船了。"聂说："张笃伦说过，万武樵早就应该把夏斗寅这顶烂帽子扔掉。"我说："我做人的道理不但不能做此事，而且不能存此心，我不能捧夏创造一番事业，内心已极惭愧，不能再对不起他。你们做朋友在道义上，也不能如此劝我，你对我讲的话，到此为止，我不会泄露。"

七月九日，本师七十七团和七十八团上船后，晚上张亚一团长来电话，声音发抖，说有事情，我说立刻就到。遂托故洗浴下楼赶往刘家庙，原来该团上船后，复全团徒手下船，未明何故。

我遂召三个营长来，原来是士兵索饷，我严饬营长督促连长依次上船，违命者报请议处，乃依次上船，平安无事。

次日，我从汉口上船赴浦口，部队依限到达，但津浦路无车未能再走，这不是我的错，中央对我的行动守时，印象深刻。

我在南京住下关花园饭店，又有人前来游说，来游说者包括我的倚吾弟，他奉了胡宗铎指使前来，说阎锡山要委我做湖北主席，我说从民国十五年起追随蒋总司令，每役必与，我与阎、冯向无渊源，严予拒绝。

9. 曲阜之战

我七月十日渡江，指挥部队北上，在浦口听说曲阜之围已解，曲阜之战对于整个战局影响极大，是这一战的关键，傅作义南下后，韩复榘退胶东，马鸿逵闻风而逃一路退至兖州，石友三扬言南攻，贺耀祖苦劝马鸿逵坚守，马只勉强留一团人守兖州。我部卢本棠旅到达时，由贺耀祖指挥，即派七十六团去曲阜，兖州到曲阜四十华里，沿途无一兵一卒，济宁在左，曲阜在右，七十六团到曲阜，七十五团又跟着开上去，工兵炮兵诸营，也陆续到达，在城外布防。七月一日补充团才到，傅作义于次日即行进攻，七十五、七十六二团分在曲阜左右，工兵营守城内，补充团守孔林，曲阜因为是圣地，已有千年没有遭受到兵祸。曲阜城呈正方形，没有侧防设备，敌人容易接近，城墙薄难以防守，敌人初以一师人攻，后加一团，再后又加一师，我军难以抵御退守城外，补充团守在北门，七十五、七十六两团分守东西二城之外，城南为后方，师部还远在东县，因为行军仓促，弹药口粮电台都没有到，所以曲阜之战是一场苦战，一直苦守到七月六日，才有补给送进去，城外守不住，退守城内关起城门死守，晋军用一百几十门炮进攻，用排炮削平城梁，把士兵压死，后面士兵再补上去重行构工，再行苦守。

晋军知道东北角空虚，集中兵力在东北攻城，不再用炮轰，我们用机枪射击，从六日到十日血战了四个昼夜，我军在东北角又构筑里城，以防被破。晋军三个师这样钉住曲阜整整十天，曲阜到兖州无一兵一甲，傅不进攻别处，专门进攻曲阜，不知用奇兵，真是蠢极。如果进攻马鸿逵一举下兖州，傅成为津浦线强者，胜败之数不难推测。傅主力被曲阜吸住，陈诚十一师由陇海路赶来增援，晋军于七月十四日退去，守曲阜的三十八旅旅长卢本棠晋升中将，中央传令嘉奖。

曲阜之战南京至为关切，街谈巷议，毕竟能守土之责。阎锡山从此垮台，此次中原之战，蒋委员长采纳刘文岛之建议，以十八路军在陇海线采取守势，一面调李韫珩从汉口经上海水运青岛劝韩复榘在歇马亭南驿车站打一硬仗。蒋光鼎、蔡廷锴两个师走泗水绕到敌人后方，声势大增。

10. 济南光复前后

曲阜之战，晋阎把主力都用上了，晋军与中央军这是第一次兵戎相见，曲阜城下死亡枕藉，攻城者踏尸而上，再踏尸而下。孔庙大成殿亦中弹，其他公私房屋损失不少。陈诚的十一师赶到，晋军退守歇马寨一线山地，我方展开反攻。十一师与十三师担任中路攻击，六十四师担任左方攻击，新自湖南调来的十九路军担任右翼攻击。这一次攻击是攻坚战，所以特别审慎，用六门重炮，三十六门大炮轰击，由杨杰指挥炮兵。蒋总司令曾亲来视察、部署，由刘峙担任总指挥。正面十三师，右方十一师采取正面迂回，十九路军走泗水采取大迂回，由于我方攻击猛烈，十九路又抄了后路，敌守不住而退却。时值大雨，敌渡大汶河时，辎重大炮皆无法渡河，从河北山东征发来的骡车、马车，更沿途丢弃，太原兵工厂制造的手榴弹丢得满地皆是，各师大量地收捡辎重。我们追击的工作因为敌人破坏了大汶口的铁桥，石桥为大水冲走，等水退我军才渡河。教一师、教二师这时也赶到右翼攻肥城，十一师攻正面，十三师攻铁路至肥城间地区，十九路军向泰安右边迂回拦截。这一带地区是我民国十七年北伐时旧游之地，所以地形很熟。沂蒙山区泰安一带自古即为作战之地，控制此处济南即可唾手而得。前次北伐至此，张宗昌部队糜烂地方，我军粮秣特多，符合军队节食救济饥民，此地老百姓有的头一次才吃大米，深留印象，这次我们卷土重来，因之非常欢迎。替我们打听情报担任斥候，一路顺利直入长清县，晋军退黄河以北。这一仗晋军是想在徐州会师的，但在曲阜采攻势，我采守势；歇马亭、泰安采守势，我军采攻势，晋方在战略上即有错误。

济南于八月十五日克复之后，蒋总司令亲自来济，韩复榘也赶到。韩在晋军到时根本没有打，就沿胶济线退往周邨、潍县一带，总司令部总参谋蒋伯诚奉命去韩处联络过，他仍是不打，晋军张会治与胶东土匪刘珍年都压迫韩，而不真打他。阎锡山派人向韩游说，韩举棋不定。阎甚至劝他：“如果你自己不出面，可用部下师长出名通电。”冯玉祥也曾派人与之联络，韩始终徘徊，李韫珩部队奉令由湖南开青岛，归韩复榘指挥，韩颇不快。因他在坐观成败，一看阎久攻曲阜不下，即决定不向阎靠拢，等到歇马亭一下，他立即转变，打电报欢迎李韫珩，表示拥护中央。惟有石友三既已脱离冯玉祥，又背叛中央，只有跟阎锡山在考城东平一带，把陈调元打得落花流水，石部是很能打仗的。

我方原拟渡河追击，以十九路军为主力，十三师派出一旅由我指挥，我很高兴，但突接蒋总司令电报，调转陇海路在归德下车，由周家口开驻柘城。原来张学良此时已决定拥护中央，于九月十八日派兵入关，夹击晋阎，表示黄河以北归张负责，因此中央遂把济南一带防务仍交与韩复榘负责。

11．陇海路的大战

教导第一师与十一师原由陇海路调到山东，冯玉祥于是乘机调大骑兵团来攻归德、牧马集一带，时逢大雨道路泞泥，因之未能疾进。中央军反攻战争激烈，归德飞机场都有战事，我们西调时，沿途战迹斑斑。

当时平汉线是采取守势，部队多调陇海线，已如前述，后来陇海路也采守势，集中力量以攻击晋阎，晋军既已解决，乃在平汉线再取攻势。因为冯玉祥在陇路兵力雄厚，工事坚强，侧防机关多，寨子厚，壕沟深，坚守不出，我们无法进攻，双方相持，进行阵地战，不免旷日持久。

我方在陇海路的部署是右翼军蒋鼎文，中央军顾祝同，左翼朱绍良，其余均调平汉线，编制如下：

第一纵队　徐源泉　走尉氏、扶沟向开封

第二纵队　夏斗寅　走西华、鄢陵、洧川向白沙

第三纵队　上官云相　向郑州以西

第四纵队　刘茂恩　向巩县

第五纵队　杨虎城　向洛阳

我方是想五路纵队切断陇海线，但冯玉祥主力此时丝毫未有损伤，吉鸿昌守洧川，张维玺守长葛，孙连仲在尉氏，至于新郑、郑州、开封一带部队更多，大约一二十万人，西华是土匪刘桂堂（刘黑七）部，鄢陵是王振部，许昌是樊老二部（此时樊已

于六月六日被中央军飞机炸死），冯玉祥用土匪防守第一线，主力控制后方，始终未打。十三师与十一师走西华鄢陵，在敌人中间通过，敌人只放枪不加理会，一直开到许田与洧川的吉鸿昌对峙，不能前进。十一师攻长葛，亦未能攻下，夏斗寅初驻五女店，后驻许田。

五路纵队既不能攻下陇海，中央再增加四个纵队：

第六纵队　蒋光鼐　由十九路军编成

第七纵队　王　均　原是陇海路预备队

第八纵队　顾祝同

第九纵队　蒋鼎文

这四个纵队陆续补上去在长葛、洧川之间通过，第六纵队往铁路以西攻新郑，第七、第八纵队直奔白沙，但仍然无法攻进去。

12. 吉鸿昌的投诚

九月底，吉鸿昌派出代表来我处接洽投诚。我送他到夏斗寅处，夏送之去漯河，蒋总司令也到漯河，允许给钱，“你来不来不管，钱先给。”听说第一次给四十万元仍不够，第二次又给，但是下面仍在打仗，并未停火，张维玺打出来反攻占领五女店及许田。

吉鸿昌投诚成功，刘桂堂等土匪均投降，吉派参谋长出来接洽，钱也领了，领去的中央票，吉部士兵不要，吉派人在何成濬处换了五万大洋，在我处换了两万元。此后十天，吉仍未表示态度，张钫（字伯英，当时河南民政厅厅长）进入洧川与吉鸿昌谈判。

吉鸿昌表示投降后，蒋总司令心情轻松，在许田游山玩水，等待吉的行动，吉因掌握部下，又迟了十天，吉的部下说不是部队不能打，而是上边战略不好。吉鸿昌的通电列名甚多，如张自忠、张印相、梁冠英都列入。

吉鸿昌发通电前我原担任监视，蒋总司令命我撤退。我认为，这一次我军受了阵地战教训是一件有益的事，从前我们一直打野战、打运动战，从来没有这样挖战壕筑工事，战场上实地经验是最好的教育训练。

这一带的冯玉祥部队除张维玺、田金凯、任应岐部被围缴外，其余均投降，开封新郑、郑州一带有几十万队伍，都被围在此，没有后方军需，就地征发，此时又急需复员，所以部队一宣布投降，蒋总司令即至开封，下令部队至许昌上车，吉鸿昌部开到泰康集合。先要疏开部队，然后复员，不然连东西都买不到。

此时我部与吉部交叉行军，彼此点头微笑，我想到死者，真有些茫然，鹿钟麟率部退黄河北（鹿原主张如此），冯则准备退西北。

13. 战事结束与复员

晋阎既退山西，但陕西仍未解决，蒋总司令认为连年战争皆在中州，故以郑州为重点，刘峙驻守，令蒋鼎文驻洛阳统制拯陕军，令杨虎城先头入陕，当陕西省政府主席。

复员后兵力除陈诚、钱大钧所部调鄂整训外，大致分布如下：

王　均　津浦路警备司令

上官云相　平汉路警备司令

郝梦龄　郑州警备司令

李鸣钟　豫鄂皖边防督办，吉鸿昌会办，负责豫南剿共

张之江　江苏清乡督办，梁冠英副之，驻淮阴

万耀煌　鄂南剿共司令

范石生　鄂北剿共司令

萧之楚　鄂东剿共司令

徐源泉　湖北省剿共总指挥兼鄂西剿共司令

谭道源　赣西剿共司令

张辉瓒　赣南剿共司令

胡祖玉　赣北剿共司令

朱绍良　福建剿共总指挥

我虽被命为鄂南剿共司令，但未就任。上面的负责主官都是师长担任，我只是旅长，而十三师调鄂以后，奉命改驻黄陂整理，我也不能离开，鄂南之命遂无形取消，同时夏斗寅师长表示愿负鄂东剿共责任，也不得不有所变更。

十月上旬，蒋总司令回南京，此时仅余山西一省，交张学良处理。张软硬兼施，压迫阎锡山，阎终于走大连，晋省交给商震（启予），由中央发表为山西省政府主席。

十九、 剿共与国难

1. 豫鄂皖边区的共军形势

中原大战结束，开始剿共。此时豫鄂皖边区共产党已发展壮大，极为活跃。黄安、广济、罗田三县皆为共区，县长出亡。黄陂、孝感、麻城常受共产党影响。十三师集中在鄂东剿共，原定师部驻黄州，我旅驻武穴，三十八旅驻麻城、广济，县长来见才知广济已陷，黄梅刚失，共军离武穴不远，蕲春只有江边的县城还在，蕲水县长是军人，本地人才能保境。

我军收复广济、黄梅两县，县城空无一物，百姓落荒而去，田赋档册烧光。旋又调罗田，已是民国二十年正月，我在武穴过年。这时剿共军事失利，发生了几件大事。

一是三十师吉鸿昌主力在金家寨剿共，大打败仗，退保商城。一是四十六师范熙绩在皖西麻埠、流波礚为共军所败，损失了三个团。一是第十八师张辉瓒在江西龙岗剿共受挫被俘，旋即遇害。这是民国二十年新年前后的事，到三月间，三十四师岳维峻部在新集光山一带剿共，共军化装成难民，岳部队纪律坏，出门就拉夫，共军把干部混入民伕中，岳行动不保密，为共党预知，向导又是共产党伪装，引入共军埋伏处而被俘，叫岳下令缴械，部队不受命即杀岳，缴械后允每人发三十大洋，三团人遂全部缴械，岳被俘后不久亦遇害。

2. 鄂东麻城之役

元月十九日，朱怀冰由麻城专差送信给我，谓麻城以北发现大股共军来攻，朱兵力单薄，欲我率七十三、七十四两团赶往驰援，留七十八团守罗田。其时七十五团有一营人驻磨家楼及江树（离麻城三十里），我忽接该营段营长立人电话，说磨家楼被围，电话即断。我知共军以大军围磨家楼，但我深知我部能守，即调一个团（七十四团）驰援，离磨家楼四里路发生激战，共军后退，潜伏四面，采袋形阵地，让七十四团进入。第二天共军再合围。七十三团派一营驰援，仍能进入，共军又合围。被以四万多人围攻，我只有一团两营坚守，共军用人海战术，更番攻击，我方连、营长受伤不少。共军是红四军的邝继勋部，由邝亲自指挥。我一看形势，即带补充团到骑龙铺筑工事，调七十三团出来，白天他们在四周山上监视，我方派人徒手进去，抬伤兵出来，共军要诱我方入内，一举消灭，我们趁抬伤兵溜出很多人，到黄昏跑出二千多人。夜间共军再攻，扑了空。

到二十九日共军调至我方附近，停一日忽然不见了。再隔了几天接到情报，共军把七里坪的一团人吃掉了。在鄂东几个月只打这一仗，我三个团的士兵伤亡亦不少，单营、连、排长就阵亡了二十余人，战事之激烈可知。但剿共并无效果，我只能做到在防区内无共产党，做到军民一体，至于消灭共军则无此能力，因此我在麻城一带只能消极防御。虽然恢复几县，但情形依旧猖獗。受命之初，武汉行营限一月内将共军肃清，可见对共党情况并不了解，许多部队到共区走一次，回来报告说肃清共党了。这怎算数呢？武汉行营以耳代目，新闻记者更不知详情。自唐生智在驻马店称兵，加上阎、冯作乱，而导致共产党坐大，已成星火燎原之势。

吉鸿昌吃亏以后，始终不剿，吉离部队后，张印相格外不剿，他们承冯玉祥“保全实力”的衣钵真传。剿共是消耗战，无法补充，只好任其蔓延，处处居于被动。至于何成濬主持武汉行营而剿共无功，由于何自己不懂共党情况，对我的建议如春风过耳，也未尝不是原因之一。

3. 九一八事变与国内政潮

民国二十年九一八事变发生时，我部队驻在鄂东，我本人在汉口，十九日汉口尚不知情，连武汉行营都不知道，二十日才在报上看到。当时消息之不灵通，有如此者。日本觊觎东北三省已久，至此原形毕露。全国男女老幼无不悲愤填膺，继之发起抵制日货，事实上汉口的日本租界当局早有部署。十九日那一天，所有侨民全部避入租界，日舰停泊汉口江面的，也都卸去炮衣，作战时的准备，形势紧张，敏感人士纷纷揣测，不知将有何举动，及至九一八事变消息传来，才恍然大悟。

在九一八事变之前，国内政局一直杌陧不宁，胡汉民为反对召开国民会议，于三月间被扣于汤山，激起西南两广中委的反感，另组国民政府及中央党部，与南京对立，并于九月派粤桂军入湖南衡阳，中央军紧急抽调江西剿共军六师赴湘抵御，第十三师及四十四师原亦奉有调湘之命，双方在湘潭、湘乡、醴陵一带相持，战事一触即发。及至九一八事变既起，国难严重，双方懔于团结御侮之必要，遂开始和谈。到十一月间经过蔡元培、张继、陈铭枢等多次的奔走，和平有了眉目，并释放胡汉民赴粤。又在上海、南京、广州三地，召开第四次全国代表大会。三方面选出的中委均算合法，蒋先生则于十二月十五日辞去国民政府主席。同月二十八日四届一中全会在南京举行，旧账一律不提，共赴国难。并选举年长的林森担任国民政府主席（不负实际行政责任）。张继为立法院院长、于右任为监察院院长、戴传贤为考试院院长、伍朝枢为司法院院长、孙科为行政院院长、陈铭枢为行政院副院长兼交通部长、何应钦为军政部长、黄汉梁为财政部长，至此国内政潮纷扰多时，才告一段落。

4. 调赴信阳

蒋先生下野前，把第一、二、三、四四个师集结徐州、郑州，第十三师调到信阳。何成濬发电报要留我们在湖北，同时又派参谋处长徐永熙赴南京请求，蒋先生不肯，我们接到命令于十月三十日开拔，由李鸣钟的第三十师八十九旅接防。

我于十一月三日到信阳，命七十四团在武胜关警戒，其时豫鄂边境有股匪万余人，匪首为崔二旦，纵横桐柏山区，无人敢加以剿击，信阳县县长向我报告，我派七十七团前往进击，出乎匪意料之外，我们进攻，匪逃窜，打下了一千多“肉票”，分别放回返家，我们一直把匪追到随县溃散，但并未完全消灭，因为缴的枪械不多，信阳地方人士因我能清匪患，莫不感激，尊为万家生佛。

此时豫鄂皖边区共产党已发展壮大，第二师汤恩伯师长（副师长韩德勤）在潢川剿共，粮饷弹药后继不上，汤、韩赴省会谒刘峙，刘不支持，汤、韩束手无策，正好蒋先生宣布下野，无暇及此。向来蒋先生在下野以前，必先把军事和财政预作安排才宣布下野，此次亦然。孙科担任行政院长，在财政上毫无办法，军政各费均发不出，走投无路。何应钦只对中央直辖部队每月汇出几万块钱，一切尚未接上头。我与汤部都没有办法，我比汤稍好，乃把棉衣借与汤部，可见他那时的狼狈情形，汤部正吃败仗，他天天到我处吃饭，以后过了很久，军饷才到，另外常来我处的是陈耀汉，带了一个独立师，大概是新编三十三师。

蒋先生下野之后，剿共系统略有变更，以张钫为豫南剿共总指挥，统率豫南各部队，我师则归入鄂东剿共总指挥李鸣钟统辖，因此奉命移防先赴汉口。来接替我防务的是张钫所部七十六师，其旅长李万林原是河南红枪会会匪，从前是我追剿的对象，现在竟然担任清剿共产党的工作。他们来信阳接防，人民敢怒不敢言，想留我们又不敢表示出来。

5. 接任师长与回驻武汉

二十一年元月十五日，夏斗寅呈辞第十三师师长兼职，保我继任，国民政府照准于同月二十三日正式任命，并以卢本棠为副师长。当时只有一至十三师是正式的方印，是固定的建制，战略单位，下辖两旅，印工的文是“陆军第十三师师长之印”。军长、总司令都是临时的，所以用关防。我于同月二十七日在信阳正式就职，次日就是一·二八事变。

其时，孙科已于元月二十五日辞职，他只做了一个多月的行政院院长，即行下台，财长黄汉梁亦联带去职，改由汪精卫担任行政院长，孔祥熙为财政部长。蒋先生亦由杭州入京，是为蒋、汪合作。孙科任院长时，有件事非常好笑。由于马占山在东北抗日，两广在西南高呼援助，孙院长居然电令我等若干师“迅速开赴东北援助马占山”。我们接到电报，啼笑皆非，他不懂军事，大少爷当惯了，糊里糊涂乱发电报。

我于二月十二日，离开信阳，率领部队开赴武汉。临行，信阳欢送规模甚大。我秘密先行。此时夏斗寅以第十三军军长兼任武汉卫戍司令，又兼二十一路总指挥，我们由信阳交防返回武汉，是应何成濬的要求才这样办的。

一·二八事变时，政府迁都到洛阳，重要军事重心移到郑州，军事参议院也移到洛阳，由唐生智担任院长，夏斗寅曾赴洛阳晤汪、唐，有所活动。我在他回来之后，往晤问他：“怎么可以去洛阳看汪精卫、唐生智等人，多少年来我们追随蒋先生，忠贞无二，蒋先生对我们也加意培护。此时汪、蒋虽在一起，面和心不和，你纵想担任湖北省政府主席，怎可找汪、唐推荐？何况现任主席为何成濬，你怎能谋此位置？何宁可不做武汉行营主任，也不肯放弃省主席。”他默不作声，原来他自己有把握。三月一日四届二中全会在洛阳举行，曾议决要军事与政治分开，暗中要撤换湖北省主席，因为不满意何的人很多。其时蒋先生已由中央政治会议决议任为军事委员会委员长，打电报暗示何辞职，要何保举四人，其中就有方本仁和夏斗寅，蒋委员长遂电夏赴京，我闻讯去看何成濬劝他打消辞意，并且认为不当保夏。何说：“你不知内情，我还要保你做武汉警备司令。”我说：“我决无心行政，只想把十三师练好就满意了。”何乃保荐叶蓬担任武汉警备司令。

6. 湖北省府改组

三月二十二日，行政院决议改组湖北省政府，由夏斗寅担任主席，省府委员李书城、孔庚、晏勋甫、朱怀冰、程汝怀、蒋友文、程其保、沈肇年等人，我一看名单，知道与何成濬不会相容，因李书城、孔庚等对何成濬之投靠蒋委员长始终不满，果然以后夏斗寅与何距离日远。

我于四月间，以新任师长须赴京请训，往返费时两周，总共住武汉三个半月，精神十分痛苦，因武汉人物，公私交情都不错，我不但手握重兵，而且夏斗寅当省主席，叶蓬当警备司令，朱怀冰当民政厅厅长，私交都够得上，谋职者不愿直接找他们的都来找我说项，使我难以应付。

同时，我又负责护路，李顿调查团来华，取道平汉路北上。我得到消息，异常着急，平汉路两侧都有匪，万一出事，影响国家甚大。日本人到处在找我们的错，如果出事正好予人以口实。我乃亲赴孝感指挥，使车厢内看不见沿途的工事，直到武胜关，严防在我防区内出事。我电报报告蒋委员长能否设法叫李顿调查团不走此路，责任太大我负不了。蒋委员长回电说所见极是，但不能阻止，幸而调查团来汉口一宿，即原船由长江返南京，而未采平汉线北上。

是年五月十三日，武汉中华大学校庆，我曾应邀前往演讲。来到台湾后，中华大学校友以何成濬先生生日为校庆，今年何逝世，校友们来向我征询校庆意见，我翻查日记，把原来的校庆日期恢复。

当时国难日急，我一心一意想认真的练兵，过去，没有三个月安定过，连正式的练兵房都没有住过，当然谈不到练兵，驻防大半是住民房，其实住民房仍可练兵，若干部队疏于练兵真是可惜。

汉口是一通都大邑，商业茂盛，不适宜驻兵，士兵易被都市恶习感染，我请求调驻外县，遂驻孝感。五月五日上海淞沪停战协定达成，蒋委员长准备剿共。当我四月间，在南京晋谒蒋委员长，曾面奉指示："今后你可放手练兵。"因此我除军事方面以外，绝对不接触政治。

7. 鄂中剿共与贺龙其人

六月十五日，蒋委员长在庐山召开豫、鄂、皖、湘、赣清共会议，五省省主席、民政厅长，与少数将领均奉召出席。我先期自汉口乘德和轮前往，时汪精卫、何应钦、罗文干、顾维钧等亦在庐山，我和何成濬、夏斗寅、徐源泉、叶蓬均住胡金芳旅馆。会议决定成立豫鄂皖三省边区剿共总司令部于武昌，由蒋委员长自兼总司令，直接指挥，另派何成濬担任鄂中剿共，我于十七日下山回防。

蒋委员长于二十八日抵汉口、武汉，各机关无形振作，其精神足以慑服一切，我部负责京山一带的清剿工作，对象为贺龙部。贺部是以洪湖为根据地，贺原来是湘西桑植县人，个性剽悍而慷慨，纵横于湘西、川南等地，与袍哥关系深，曾受四川石青阳编制担任旅长。赵恒惕收编、任命他担任湘西镇守使，驻澧县。我有朋友多人担任他的幕僚，都是石青阳的一系，他在防区征鸦片生产税，因而很有钱，声势日大，北伐时参加左翼军。贺龙加入共产党，利用洪湖为根据地，把洪湖改名为红湖，统辖有红三军，下设七、八、九三个师，在长江与汉水的三角洲中求发展，三省剿共总部未成立以前，第四师徐庭瑶曾往进剿吃了败仗。汉口召开清剿会议，我主张鄂东之共军与豫鄂皖一体，非一省之力所能胜任。我们应先把洪湖之共军剿清，此为我们一省兵力所能胜任者，与会人士皆同意我的看法。

我们十三师走京山钟祥一带，前后共四十几天，沿途肃清，所到之处与鄂东情形类似，荒凉无人。正值酷热天气，室内温度高达（华氏）九十四度至九十九度，旱灾已成。兵民缺乏食水。我们与贺龙部队未曾遭遇，所遇到的两次战争都是由赤卫队编成的红军，算不上是正式作战。其时贺龙已渡襄水退沔阳一带，所以我们未曾遇上共军的主力。

这次鄂中剿共得很彻底，因为老百姓受赤化的时间不长。国军所携带之粮食医药，尽量资助地方，老百姓很愿与国军合作。我们仍用“胁从不治，已乱之区从宽，未乱之区从严”的原则来处理，老百姓对军队是采取合作态度。

8. 再调鄂东

我部正要渡河进攻洪湖时，蒋委员长下令调我赴鄂东剿共，这时，蒋委员长已亲任豫鄂皖三省总司令，曹浩森当参谋长，钱卓伦当参谋处长，杨永泰任秘书长。三省剿共总部管政治、军事、经济、教育，军事由委员长亲自指挥，政治、经济、教育则归杨永泰负责。我到武汉看夏斗寅，夏正要辞去省主席职，因为三省总司令部与行营把省府都管了，省主席有职无权，我劝他不可以辞职，看守省主席大印好了。我并以胡林翼与官文之例相勉。

湖北省教育落后，我曾经在武昌中华大学校庆中看到统计图表，湖北省教育落到倒数第四，仅胜于新疆、甘肃、贵州三省，我劝夏说：“你虽无权，但至少有一件可以办到，那就是发展湖北的教育。张文襄公（之洞）从前在湖北那样的提倡教育，而今湖北教育落到如此田地，岂非鄂人之羞？以你的地位，把学人拉来开开座谈会、谈谈天都是件有益之事。更可以亲自视察学校，给老师一点鼓励，你做这些事，别人总不会干涉你吧？”他采纳了我的意见，在这方面下了一点功夫。但也许因为手段不高，也许是因为遭忌，不到一年省主席便下了台。

蒋委员长来汉口，住怡和邨。我先去看了曹浩森，蒋委员长即来电话召见，我报告鄂中军情以及处理办法。我曾命令各县县长、各县所有团防，不准搜索民家，不必清乡。俗称清乡为清厢，团防成了鱼肉百姓的工具。我上了几条条陈，蒋委员长颇为嘉纳，谈了半小时辞出，他叫我临走时再见一次。这一次他提出了“轻装远袭，夜行夜袭，便衣远探，神速机密”四项剿共秘诀。他给了我私人一万元，我回来全交到师部统收统支。我傻得很，不知爱财，我也最鄙爱财的人。那时各师师长都很愿意见到蒋委员长，每谒必有点赏赐，至少一万元钱（合美金五千元）。

我部奉命开黄陂河口与卫立煌联络。卫带了三个师，即汤恩伯八十九师、刘戡八十三师和李默庵的第十师。陈继承统率黄杰第二师、李玉堂第八师，还有李果第八十师走潢川一路，刘峙在信阳统一指挥。

我部到了河口数日，老百姓才纷纷回来，再到七里坪去接卫立煌的防。当时卫正与徐向前部大战，徐在边区已发展多年，所向无敌，这一仗真可以“尸横遍野，血流成渠”来形容。

我部到达时，战事已过三天，但见尸横遍野，再到黄安县城，已颓破不堪。余廷襄县长找了一处破屋做县政府，连门窗都没有，城墙连根掘起。沿途没有人烟，黄安遍地是谷子，长得好，没有人收割。这是民国二十一年八九月间之事。

9. 共军的战术

我率军到鄂东麻城、黄安这一带已经是第三次。前两次来，老百姓很帮助我们。这一次我们再来，老百姓不与我们合作。所以我们组训民众的工作一个多月来毫无办法。

军事行动仍照常进行，我们每天都有伤兵抬回来，但共军的主力并未被摧毁，卫立煌于九月二十日将金家寨改为立煌县。

七里坪是一所战略据点，徐向前部大力进攻，我部兵力薄弱难以据守，放弃则太可惜，终于力不能敌而弃守，退到黄安。此时蒋委员长在牯岭指挥军事，我的主力一个团在黄安，一个团在河口（属礼山县），这两个地方都很重要。共军穿插到河口、黄安之间的冯秀驿，我部合起来仅一个旅，自非其敌，幸此时第一师胡宗南部增援河口，归第二纵队陈继承指挥，陈本人带了三个师（黄杰第二师、李玉堂第三师、李思塑第八十师）由京沪区增援黄安。另八十八师俞济时部到达河口，即猛攻，结果吃了败仗，还是靠河口我的一团人用八挺机枪掩护才退下来，不然的话会全军覆没。

共产党此次战术特别，大致有三个特点：

1. 这一仗用二十四面红旗，每旗一百人到一百二十人就是一个连。由连长及政治指导员指挥，红旗总是跟着连长，连长打死，政治指导员拿红旗，指导员打死仍然有人接着拿，红旗总是存在，冲锋时，以密集队形猛扑，一下便冲破防线。

2. 共区民众彻底动员，国军到时，老百姓先运用瞭望哨用标竿作信号，指示国军行动，使共军有所准备。

3. 作战时，共区老百姓在山上呐喊，不沉着的部队，军心便会因此而动摇。

胡宗南部队虽然勇敢，但不知对共军作战的方法，不先侦察，只要见到共军便散开作野战，因此容易上当吃亏。

10. 徐向前西行以后

蒋委员长来电报说："共军如果由河口与冯秀驿附近北窜，十三师应负全责。"我复电说："三十八旅已追击，河口有一团，黄安至冯秀驿间有一团，共军确是由此北窜，我部署不周，请予处分。"蒋委员长又来电问："河口的一团如何？"我回电请胡宗南就近指挥。继又来电问李玉堂等部的明确位置，我才免于处分。

八十三师蒋伏生部追击共军，追到随县，打了一仗，夺得电台一座，但仍然对共军莫可奈何，何成濬亲自到随县，曾向他请示，他也拿不出办法来。

我随后驻防到华家湖、黄陂站一带，以防共军回窜，并指挥第三纵队马鸿逵所部第三十五师，师长马腾蛟。

后来听说红四军徐向前已率部西行，大家都认为这一来可以安定了，其实红二十五军邝继勋部并未走，仍散豫鄂皖边区。这时邝已在霍邱负伤，其政治委员蔡某亦阵亡，而我们尚不知道。红二十五军既未走，我们不得不再大举清剿，但是仍然得不到什么结果。华家河熊家畈（熊斌家乡）等地我都去看过，这些地方有寨子，是洪杨之乱时建造的。

在黄陂到华家河道中，看到山顶上竖立一根长长的竿子，我不知道那是干什么的。我的部下对此有经验，告诉我那是共产党利用老百姓做的信号。如果国军前进，他们则竖起双竿，派人去搜，百姓则弃竿而逃。如果我们军队少，则用此种竖竿办法来指挥共军，进攻我们。

进剿到十月中旬，蒋委员长来了命令，限十月底要一律肃清，否则以纵共论罪。我心中有数，即使再有两个月的功夫也没有用，但是我仍然尽力以赴。

11.“竭泽而渔”的战略

蒋委员长来电报频频催促，以后又电令我到汉口去述职。我到汉口谒之于怡和邨，在未晋见时，我先与何成濬的参谋长杨揆一谈过一次，杨是士官出身，对当时军事情况尚能了解，但是三省剿共总部没有办法。杨建议我去见剿总参谋长曹浩森，我把共军情况讲解之后，曹不相信，以为我夸大其辞。我只有退出去，晋谒委员长，面陈了一小时零二十分钟，大意说：“共产党是一个有理想，有主义，有一定目标的集团。共产党是统一的，政治上采行苏维埃制度，军事指挥也是统一的，领导机构有中央有地方，决不是普通土军，不能拿剿土匪的办法来剿共军。红四军走了，但是红二十五军未走，各县独立团赤卫队没有走。行政上有各级苏维埃——省苏、县苏、区苏，还有各级党部。”我拿出了一份共产党重要人员名单，上面省委会沈泽民，道委会徐宝山，游击总司令郑位三，继任者戴季英，江安县主席陈方五，红二十五军军长吴焕光，七十四师师长徐海东等人。我用下面两份公式来表示共军的力量，与我们的力量之对比：

共军：红军+地方武装民众（赤卫队）+无武装有组织的民众+主义=总力量

国军：兵+兵+兵=我们总力量

我并且举出一实例作比喻：“共区好比一个大湖，民众就是湖水，红军是水中之鱼，在水里来去自如，我们剿共部队是渔船，水能载舟，也能覆舟。我们一网下去虽然能捕到水中少数的鱼，但是仍有大多数鱼在湖中。黄安县城有堤埂围着，城外便是沙滩，即灰色区，再外面便是湖水了。黄安对外交通是一条狭长的堤埂，那是兵力造成的，堤埂外全是湖水。”

蒋委员长听我说，明白了军情，反问我怎么办？我回答说：“1. 军队无休止地到水中去捕鱼。2. 用农民车水的方式把湖水（民众）车到堤这边来使之干涸。3. 水抽完剩下的鱼再一网打尽。”蒋委员长说：“只有这样。”我接着说：“军队对民众已失去信用，必须长期车水才能生效。这种‘竭泽而渔’的方式，也许是一种苛政，但剿共却非此不可。”他问我：“需要多久时间？”我说：“至少一年。”蒋委员长认为可以办到，要我告诉老百姓说：“在这一年内不调走。”我回到防地，就照这样剿共。本来蒋委员长想在十二月二十五日以前一定要肃清共患，并且准备在十二月一日中央党部和国民政府由洛阳迁回南京以后召开四届三中全会上提出报告。听了我的话之后不再限期肃清，也不在全会中报告剿共成绩了。

12. 汤恩伯的清剿作风

民国二十二年新旧历过年我都在黄安。

元月五日，总指挥卫立煌召集军事会议，决定由汤恩伯率领第三师及八十三师先剿黄安的七里、紫云两道共军老巢，并由第十三师在西，第三十师在东，分头堵剿。展开一百里宽四五十里纵深，区分三线前进，士兵一手拿枪，一手持火把，见房即烧，遇共即杀，这样的搜山进剿，只见漫山遍野的烟火，这些军队原都是好军队，叫他们“烧杀奸虏”，军队拉走少年男女，耕牛几千头，这一次进剿，地方所受的涂炭真是不忍卒睹。军队是奉命这样干的，但是共产党并未被搜干净，山深林密，共军把壮丁都拉上山，留下老弱，军队只搜村庄。如此十余日，而清剿功效不大。汤恩伯第二次又去，格外的不像话。汤嗜杀，有一次抓了六百多人，不一刻就杀死了一百二十多人。

卫立煌不相信共产党会这样厉害，又带了八十九师、五十四师和三十八师，再搜一次，一直剿到麻城一带，未遇共产党，可是我的一团侧翼就曾受共军的袭击，伤亡不少。

以后毕竟还是利用我的办法，一、封锁共区，使共军不能输入食盐。二、不停地昼夜进剿，使其因不能耕作而无粮食。再逐渐建筑碉堡和道路，恢复交通，黄安于是渐渐安定。但附近先后两部分友军始终同情共军，先是吉鸿昌，吉曾召集会议用手枪把旅、团长囚禁，要带部队走，因士兵反对而未成，第二次是张印相、彭振三等来接吉鸿昌防务，对部下不敢严紧，共军经过他们防区，互不侵犯。

13. 黄安一年

我对部队的指定是："敌情不明，要自己去找。民众不归，要自己去叫。共产党的组织严密，要设法打破他的组织。方法要自己去想，经验要到共区去找，练兵要找共军打仗去练。"我向蒋委员长报告过，黄安共区是水最深处，大军搜剿无功，我花了一年多的细密功夫才收到一点效果。

此时湖北教育厅夏厅长元瑮（曾任北大理学院院长）随朱怀冰来黄安视察，一入黄安看到房屋皆无门窗，内无家具，民房都是空着，感到奇怪。夏厅长搜到共党标语和宣传品如获至宝。我把共军的来历讲给他听，他认为是"见所未见，闻所未闻"。如非身历其境，即使避居汉口的黄安人，都不相信我的话。

刘镇华继卫立煌为三省剿共总指挥，刘总算用了力气，梁冠英、孙连仲、上官云相、郝梦龄、范熙绩、刘茂恩等部都调来了，可见如果共军势不炽何必用这样多的军队。

我和程汝怀商量建立新的社会制度，想以邹平、定县为蓝本，黄安老百姓捐二十万成立了两个保安团，以鄂东各县支援这两个团的经费。

黄安全县人口，本来有六十万人，到程汝怀来当专员时不到三十万人，我调离黄安时，共军还有一个团五六百人在黄安境内。所以到二十三年二月，蒋委员长任张学良为三省剿共副司令，一直至次年二月，撤销剿总，改为武昌行营，张又担任行营主任，仍是从事三省清剿工作。多少年来在此剿共，用了多少兵，花了多少钱，死了多少人，历史上没有详细记载。大家只是注意到江西剿共，多忽略了豫鄂皖边区，影响之大。

从民国二十一年八月到二十二年十一月这一年多来，在黄安初奏肤功，蒋委员长要调我师赴赣剿共，经何成濬再三要求，才没有调。何与李书城亲来黄安看过一次，对于我们的方法成绩，均能有所了解，所以委留我在此，以竟全功。

二十、围剿与追击

1. 调驻抚州

黄安的民众协助我们，共方无弹无粮，转眼就可肃清。可惜我们调走了，由四十四师萧之楚部来接防，共产党的党部写信告诉戴季英说：“江西、福建、四川的红军都打胜仗，现在十三师调走了，四十四师来后，你们可以好好的打一仗。”何成濬先生曾写他的部队萧之楚如何打败共军，其实都是粉饰其词。孔荷宠在湘鄂赣边区闹得很凶，中央调我去剿，何总想留我。

民国二十二年四月间，江西第四次围剿失败，五月间蒋委员长在南昌召开军事会议，指示了下面的战术战略，那便是“七分政治三分军事，战略上采攻势，战术上采守势，筑碉堡、修公路，实行广大的包围，步步为营，步步筑碉”。此时江西已有四十多县由共军掌控，共军每一次胜利，共区便要扩大一次。闽北、闽西、赣东、赣南，遍地皆共军。

军事会议之后，便召集中下级部队长在庐山训话，予以精神鼓励，此后进剿乃略有转机。十一月间彭德怀率两个军团进窥抚州，先攻浒湾，我第四师冷欣部突围，将彭击退，彭铩羽而归，此为一转折点。

十一月间，陈铭枢、李济琛等在福州发动闽变，成立人民政府，自称是揭竿而起的陈涉、吴广，推广州西南政府为沛公，中央将派蒋鼎文六个师集中上饶，经玉山、衢州向延平出动，陈诚率四个师攻光泽，本师及九十师、九十六师为预备队。我接到命令由黄安向抚州出发，先在七里坪集中，由团风上船，按时到达九江，转乘火车经南昌至抚州。我先到抚州见到侍从室主任林蔚和北路军总司令顾祝同、总参议韩德勤等人，他们都说我行军神速。说话之间，蒋委员长刚好走进来，看见我："你来啦，部队呢?"我说："已到九江。"他异常高兴。

在抚州，驻军还发生了一次误会，装甲兵不服补充旅步哨口令而引起一场枪战。子弹都射到蒋委员长官邸之内。蒋委员长对此事件震怒非常，要我带同该装甲兵史队长及补充旅方旅长晋见，手令将肇事的队长枪毙，方旅长交军法议处。林主任、顾总司令代为求情，俱无效。非等执行之后才肯离去。他认为围剿前夕，发生不幸事件，是军事上的大忌，可见他很重视。

闽变时中央空军大举出动，闽方对大局缺乏正确的认识，以为各方会响应他们，其实他们与各方面并没有确实联络，各方面也并不是完全赞同，所以人民政府便很快的瓦解了。

2. 庐山训练

我在抚州担任警备司令，住了半年多，负责地方治安。康泽（兆民）那时在抚州成立别动总队，奉派为总队长，从事组织情报系统与地下工作，在鄂赣两省发展很快，布置了健全的通信网与军邮，更进而扩及全国，便是以后的情报工作的基础。此时抚州的伤病院就有五所，伤兵很多，秩序很乱，蒋委员长时常来此驻节，我的责任很重，命令伤兵上街一律佩带外出证，并派骑兵带卡车在街上巡逻取缔。不久，抚州和九江一样成为示范区。东北及西北将领常常组团来抚州观摩，向我们学习，中央为了拉拢东北西北将领，像张学良、刘多荃等人都到抚州来过。我还保存有一张华北将领会餐位次表，可资纪念，兹录如下：

华北将领会餐位次表

乔旅长芝轩	李旅长绍秋	第处长	赵旅长学韬
邹长处	吴旅长绍周	白委员兆宗	卢副处长
富旅长兰亭	徐办事员继抨	李旅长锦辉	张旅长茂如
黄师长宪章	杜处长	夏县长	吴师长克仁
王旅长	梁旅长克坂	唐旅长树东	康总队长
黄师长辽云	周办事员辣生	李旅长干卿	张师长善卿

郭师长柴凡	何师长立中	王委员萝雄	黄师长涵夏	刘师长维之	李师长端浩	宋师长柏庭	黄师长警钟	周委员磐
李师长焕文	总参议	冯师长仰之	曹师长乐山	总司令	张师长荩忱	杨师长安铭	万师长	周委员全五

《大公报》主笔胡政之到江西来参观，曾在该报撰文说：“华北死气沉沉，到了南京才有生气，到了江西一省，才看出中国有办法。”原因是蒋委员长驻江西，被称为蓝衣社的别动队，随时作有效的督导，使贪污绝迹，改正官僚作风，并推行新生活运动，所以呈现了一片生机。其时熊式辉（天翼）当主席，张笃伦在南城当行政督察专员，政绩斐然。

二十三年四月底，我把警备司令移交给王耀武，仍去前方任第二纵队司令兼师长，常常指挥两三个师，与第八纵队周浑元并肩作战，就地取材，建立碉堡线，赣南产竹，以竹编成篓筐盛土作垒，步步推进，推进后即筑碉堡，堡与堡之间，构成封锁线，使共军无路可走，如此形成了一个大包围圈，把宁化、石城、宁都、兴国、古龙冈等地，都划在包围圈内，目标是指向赤都瑞金。

蒋委员长为了检讨与策划剿共而分期举办了庐山军官训练团，各地将领都调到牯岭受训。团长由蒋委员长兼任，陈诚任副团长兼教育长。第一营营长孙桐萱，第二营营长何柱国，第三营营长孙楚，我则担任第二营的连长，训练的目的则在“重振国魂，报仇雪耻”。每期四个礼拜，蒋委员长亲自主持，训话多次，亲自点名一次。中枢要人多有被邀至牯岭演讲者，如行政院长汪精卫演讲“救亡图存之道”，他口才极佳，讲得十分精彩，驻平政务整理委员会委员长黄膺白也因公来赣曾演讲过，其他名流学者轮次至训练团讲话，使将领精神上增加向心力，理论上接受了不少新知，因此庐山训练的成果是伟大的。

3. 经湘南追剿

江西共军的组织远不如鄂东，鄂东之共军组织严密，无懈可击。江西区域指挥统一，国军火力强，比豫鄂之共军容易平定，中共以红三军团彭德怀为前锋，中央干部在中间，第五、第八军团在后卫掩护，最强的第一军团殿后，向西突围。此时陈济棠为剿共军南路军总司令，共军的正面主力便是由陈的防区突破。蒋委员长对之大为不满，令薛岳（第六路总指挥）、吴奇伟（第七纵队）、周浑元（第八纵队）进至湖南境内，归何键指挥追击。追进至黔边时，其战斗序列则改以薛岳为进剿军第二兵团总指挥，吴奇伟改任第二兵团第二路司令官，周浑元改任第二兵团第三路司令官。

自从民国二十三年十月二十八日我们开始围攻兴国以来，至十一月共军便突围了。我们虽然有碉堡线围住共军，可是碉堡是单线，是阻不住共军突围的，追击时也是困难重重，共军的流动性大，方向不定而飘忽，不能侧击，只好在后面跟进。我第十三师隶属于第八纵队，一路由湖南的汝城，宜章、良田、临汝、桂阳、嘉禾、宁远、道州，向前追，湖南的部队刘建绪布置在湘水以西，结果并未能阻止共军西进。我们在追击途中，经过高山峻岭，行动困难，不仅吃尽苦，而且时时可以丧身于峭壁之下，重武器无法携带，弹药也不能多背，至宁远时与共军发生了一次激战，共军是利用这一仗来拉长与追击部队间的距离。追离江西二十多天，到道州时又打了一仗。追进了广西，广西的民团有零星的抵抗，当然收效甚少。我的便衣前哨到道州永安关以后，与一军队在马鞍山遭遇，我上前派人查询，原来是与桂军廖磊部的二十六师发生误会。共军由灌阳西方的兴安、龙胜、台拱、施秉、黄平、施洞口而进入贵州苗区，从此更是了无阻碍。中央命粤军三个师由张达率领，桂军由廖磊率领追剿，桂军并未照办，只是按兵不动，周浑元纵队经东安、新宁、武冈、洪江、天柱、三槐、施洞口、黄平，薛总指挥经晃线玉屏、施秉、黄平、镇远等地追击，共军乃走余庆、瓮江、息烽，渡乌江至遵义而桐梓。

4. 桂林之游与进驻贵阳

我到全州之后，利用时间去桂林一行，何键之婿李觉也赞成我去，周浑元派他的参谋长余诏伴我同去，白崇禧派他的参谋长徐文明招待我们。徐为江西人，曾与余诏同学。白对我们十分谦恭，白天我们畅游桂林独秀峰、风洞山、象鼻山诸名胜，晚间与白及刘斐等人共餐，只谈广西建设，不触及政治问题。广西的民间组训和教育办得很好，老百姓很能刻苦，每次白都亲自送我们出大门，非常客气。

我们离开桂林复返全州，经东安、新宁至宝庆晤周浑元，我的部队则由洪江入黔。洪江为湖南对西南的交通要冲。过洪江进入贵州以后，一路都是苗区，我在施洞口河左岸江西街度过二十四年元旦。迨元月三日行军至黄平，薛岳来电报要我军快去贵阳，其时共军已向北突进，蒋委员长曾命粤桂军至遵义，粤桂军并未遵命，他们怕离省境太远，防务空虚，中央军会乘机进入，不料薛岳即在他们迟疑不决之际，已占机先，先进贵阳。我军于元月九日抵达贵定，贵州省政府派汽车来接，我和周浑元到贵阳，王家烈率省政府人员至南门外欢迎。建设厅长刘民杰，民十六年任周西成代表，在宜昌被拘捕，经我营救得释，称我为恩人。此次相见，甚为欢洽。

白崇禧闻讯，急命桂军周祖晃部星夜向贵阳急进，周部到都匀始知中央军已占贵阳，急电向白报告，白闻讯色变，贵阳在战略政略地位之重要可见一斑。我们在贵阳住了一个多月，共军占遵义，黔军犹国才部队为共军击溃，侯之担离部队只身去重庆，只剩下王家烈自然无法抗拒，中共控制了贵阳即可控制贵、川、滇各省，云贵鸦片不入广西，广西税收大受影响。

5. 和廖磊一席谈

其时共军张国焘、徐向前等已抵川北，贺龙、萧克等则活动于湘西，亦有入川之势。何键不得不分出兵力阻遏。南昌行营特派参谋团入川，协助刘湘剿共，于元月十二日抵达重庆。上官云相、郝梦龄等部亦至川东，陈诚主持宜昌行营，指挥一切。而广西方面，李宗仁曾派其大将覃连芳至贵阳，要求贵阳以西之指挥由其负责，蒋委员长当然未同意。我时驻防贵定，薛岳以我与广西将领多有同学之谊，来电要我由贵定去贵阳，相机做点说服工作。适廖磊亦第二次来贵阳，大家晤面闲谈，吴奇伟向廖磊说："你们广西口头抗日，买日本人飞机是什么意思?"廖答："买日本飞机是有其事，但不过是福州人民政府失败后卖给我们的，我们只花三分之一的价钱，此外你能在广西看到日本货吗?"吴说："无论如何，买日本飞机就是证明你们是买日本货了，那还谈什么抗日?"我调解说："我们现在不谈这些，现在内有共党，外有日祸，国内应该团结一致。"廖说："白健生并没有与中央不合作，大家都应该开诚布公，你们不妨去桂林谈谈。"我说："我去桂林，谈的也是冠冕堂皇的话，不会有用。"这一次会谈彼此不欢而散。

6. 王家烈统治下的贵州

周西成治理贵州时，禁止吸售鸦片。老百姓生活虽苦，地方总算平靖，并且修筑通到广西的公路，遵义至贵阳也修了公路。到王家烈时代则不同，侯之担、犹国才、王家烈三部军队的给养全由百姓负担，鸦片遍地，军队和公务员不发饷而发由鸦片征税而来的铜元，遵义归侯之担管，贵定由犹国才管，王家烈太太把贵州银行的资金提光，民不聊生，怨声载道。

当我到贵阳时，王家烈告诉我，连饭都不准备给我们吃。因为我们军队是领中央饷，七块钱可买一头猪，老百姓都欢迎我们，他则不同，他向老百姓要粮要钱，老百姓怨恨他。此时薛岳已于二月十九日担任贵州绥靖主任，蒋委员长派了李仲公、韩文源等人慰劳军队，其实是说服王家烈，要他放弃贵州省政府主席，请其去黔西代理二十五军军长，但他不听。蒋委员长于三月二十四日亲到贵州，王家烈太太去见蒋夫人，夫人不见，引起不快，中央终于四月十六日调他到军事参议院去任中将参议，以吴忠信为贵州省政府主席，因为如果任薛岳为贵州省主席，广西方面将更不安，吴忠信性格平易，有甘草作用，从此贵州置于中央控制之下。

7. 共军自黔至滇

在军事上，蒋委员长于二月二日以何键为第一路军总司令，下辖陶广、李云杰、李韫珩、李觉四个纵队，刘建绪为前敌总指挥，龙云为第二路总司令，下辖周浑元、孙渡、王家烈四个纵队，薛岳为前敌总指挥。到三月底，共军向古兰去，未到威信即转头占领桐梓、遵义，西逼贵阳。我原去赤水河边的仁怀县阻共军，但共军已冲过来，吴奇伟的二十八师为王家烈的溃军冲毁，周浑元和我会合于仁怀，大破共军第一、五军团于仁怀南鲁班场。

蒋委员长坐镇贵阳亲自指挥三十六军的六个团、三十二师六个团、第四军六个团，力量较共军强数倍。蒋委员长命各部固守，共军终无法得逞。其主力似在攻周浑元之纵队，由共军之政治部主任王稼祥和副主任李富春发的命令可以看出来。

我们在贵州，注意野战、构工和围击，占领高地后即打栅子做工事，不住民房，我和周浑元会合时同他参谋长等一齐吃饭，我把我太太寄来的菜宴客，喝茅台酒。他们盛赞我的部队好，我说："我的部队上下一致，参谋长的命令可以直达基层，平时管得好，战时无需管，十三师到哪里，薛伯陵都放心。"以后薛岳接空军报告，说共军已走，薛来问我，我说共军根本还在。薛命周浑元追击，共军每日走六十里，薛岳又命我去追击，日伤亡数千，只好放弃遵义，迨进攻贵阳不下，即行南窜，经青岩、定番、长顺、紫云、贞丰、兴仁、兴义扰乱滇边，分大部分经盘县西北渡盘江入滇。我军奉命兼程追赶日行一百六十里，共军走的是直道，我们走的是山道弯路，这样怎能追到共军的前面去伏击？所以所获无多。

8. 从云南追到西康

共军入滇，一路由宣成、白水、沾益、寻甸、嵩明至昆明，一路经令泽、禄劝、元谋抢渡金沙江入西康，蒋委员长以全力部署阻遏共军至川康。我军一路追踪到了云南后，受薛岳指挥，孙渡则受龙云指挥，在共军尚未渡金沙江时，薛岳曾电令吴奇伟、周浑元乘共军未渡江时围剿之。薛命我去元谋马街堵击，我只有放弃原来追共军计划，回头走两天，未到武定，薛来电报说共军并未去元谋，为何消息如此不确？可见谍报大有问题。

据我们知，共军先头部队已在金沙江布防，用了六条船，每天渡三千多人。我追到金沙江边，共军已渡完，船已为共军凿沉。周浑元追到金沙的一个渡口，也是人走船沉。以后共军对龙云、刘文辉那样好，也许与此不无关系。龙、刘唯恐中央太得势，对他们不利，因此多存着养共军自重的私心。

此时共军第一集团只剩下两个师（四团人），第五军团剩下两团人，第九军团剩下两团人，德人李特也在其中。副主席为周恩来，总书记是秦邦宪（博古）。朱为前敌总司令，毛为总政治部主任，可以独断处理一切。此次朱、毛渡金沙江与徐向前会合自为上策，如会合不上，则在川滇黔边境打游击。结果我与周浑元仍走巧家渡金沙江，吴奇伟走元谋渡江，至西昌、越小隽，我渡江就花费一周时间，这一带是倮倮区，水粮皆缺，往往数十里无可饮之水，温度达华氏一百二十度左右，汉人生活与中原无大差别。龙云在云南控制严格，共军往往进攻县城，县长能率地方团队守而不退，云南富庶，鸦片烟为主要来源。

由巧家渡过金沙江至宁南县，宁南县土名叫“披沙”，宁南到西昌一路皆黑白夷。我们大军过境，夷人尽来欢迎，牵一只羊，拿一只鸡，手持红帖，并说随传随到，我给他们一两百元，夷人感动万分，说从前只有夷人给汉人钱，汉人从来没有给过夷人钱。西昌地方不坏，风景很美，我经过这一带深感我们对边疆无政策可言，不施行教化，让边疆民族自生自灭，夷人汉人自相残杀，真是慨叹无穷。

9. 有关追剿函电一束

（一）二十三年十二月二十二日何键电文

第三路周司令志密拟第一路刘司令号戌电称职千皓晚驰抵全州当与白副司令会商结果呈上（一）两军队各以有力一部防守湘水及漓水上流外追剿军之李章陶各师主力集中埠头东安黄沙河一带为北路攻势部队于黄沙河禾蒿铺之线构筑攻势据点桂军主力集中兴灌一带为南路攻势部队于文市全州之经构筑攻势据点共军之主力为从永安关及东山摇方面窜入全州平地时则利用全州西方山地既没动堡之阻绝双方对其夹击而歼灭之（二）由追剿军之两李部及周部为追剿队当追剿军及桂军主力在全州平地与共军主力决战时即向西猛攻使共军腹背受击以薛部绕出城步方面俾于共军万一脱围西窜时对其迎头截击（三）桂军以有力一部防守龙虎关及富贺一带掩护其主力右侧之安全并以一民团酌置于西侧山地内对共军进路阻绝俾我两军得对共军捕捉（四）共军由恭富贺西窜时桂军主力即折抚河左岸地区追击追剿军之李章陶各师主力由全桂黔道南进并协同粤军在西江地区对共军歼灭共军之主力如进出龙

虎关时桂军主力即折向其猛攻追剿军之李章陶各师主力则进文市灌　协剿三四项　先电呈职即由黄沙河移驻东安等语除转报暨复电外特电饬查照何键养亥衡总参机四。

（二）二十四年二月一日薛岳电文

限一小时到周、吴、宿密。甲、共军全部于感俭陷等自由施秉黄平分经余处旧州向瓮安逃窜俭日陷瓮安城现共军主力已过猴场正向紫江息烽方向急窜中黔军主力现转移至平越清水河方面防守。乙、本路军以迅速向西追剿共军进犯贵阳而促我中心城市以利尔后向四川进剿之目的以一部尾追以主力进出于贵阳其部署如下吴纵队支日进至贵定限虞日到达贵阳以欧师在北郊村落韩师在西郊村落唐师在南郊村落梁师在东郊村落警备候命周纵队东日到达黄平以谢萧两师经旧州平越尾追谢师限微日到达贵定萧师限微日到达平微马场坪万师限支日到达炉山重安江纵指挥部应在贵定本部及郭师进至马场坪郭师限鱼日到达龙里本部限鱼日到达贵阳。丙、本路军部署不得向友军宣泄希遵办（薛岳）东西施恭。

（附）

第八纵队部译电纸

发报人	薛　岳		
发报	2月	1日	24：00
	地　点	施秉	
收报	2月　2日　上午　2时		
	地　点	施洞口	
有无	线　电　来　专　适　电		
摘由			
译电人	何		

（三）二十四年二月十五日蒋委员长手函

武樵同志弟勋鉴西征辛勤官兵劳苦系念何如兹派李处长仲公来黔聊作面慰尚希亲爱团结共成大业诸事希秉承伯陵乾初切实遵行吾弟资深品高甚望为诸同袍模范也余不一一惟盼为国珍重努力自勉是荷顺颂戎祉　　中正手启二月十五日

（四）二十四年四月十三日蒋委员长手函

武樵吾兄勋鉴司拉河防务自司拉大寨至捕狼以南一段最为重要该段布置北岸之每渡口当然要构筑工事与碉堡如有余暇对于南岸各渡口亦应修碉防守而且北岸每隔三里中间必须配置以排为单位之监视哨与横的联络哨其比较重要地点务须多置轻重机关俾得压制匪部之强迫徒涉而其各监视哨中间之侧防侧射与掩护及死角之减小等手段更应注意凡夜间与雾天尤应特别巡查与向前警戒也其次由捕狼以西至铁锁桥一段虽兵力可以减少但配备与监视仍应令一个团长负责严防不使匪由该团偷渡也此外对于司拉大寨以东至簸渡河一段防务亦应派监视或联络哨以防匪由镇西卫以西地区乘隙至簸渡河与白貌河一段偷渡也故兄之总预备队之位置务须特别研究总使其策应各方东至白猫河簸渡河南至谷填郎羊关罗义寨下填狗长屯观音山地区不失时机皆能相机出击运用裕如也与周总指挥部切实联络尤为要紧望努力完成使命克奏奇效对于万一为匪偷渡过河之地点勿稍犹豫应全力扑灭之是为至要　　中正四月十三日十时

（五）二十四年四月十八日蒋委员长手函

武樵吾兄勋鉴残共进窜方向必以盘县与亦资孔为其目标兄部既在我军最右翼故其任务特别重要到达普安以西地区时应速派两团兵力星夜密赴盘县以南之燕塘与保全堡一带路上离隔道路十里左右之处相地设伏或乘机夜袭必奏奇效望鼓励所部努力完成使命

也但设伏要旨当以封锁消息与假装向导诱敌深入为第一要件如匪之主力或其高级司令部在我伏地附近宿营时则其虽未进入我伏阵我军亦应向其宿营地乘夜猛袭但须对其宿营地之地形道路必须预先侦查明确故凡伏阵附近三十里以内之地形其负责设伏之主管长官皆应平日率领重要官长便衣前往侦查是尤为唯一要件也请实验之　中正十八日午刻

（六）二十四年四月二十四日蒋委员长手函

武樵吾兄勋鉴昨夜今晨各电谅达文恐兄昨晚已率部向平彝前进再奉令转进宣威道路不便故再函告如果已在平彝道上行进则可先到平彝堵剿倘现在行进途中能于今晚或明晨到达平彝北方地区更好否则直趋法家梁子与大田坝可也凡追击部队每晨出发时间必须在上午三时以前开拔而其先头部队必须于当日午前八九时到达其目的地则宿营可早而疲劳亦可减少此次三十六军出发每日皆在卯时故匪易先我偷窜否则威舍附近必可截堵大部也望兄勉之努力急进为要　中正手启四月二十四日卯刻

10. 驻军西昌及雅安

部队进入西昌后，薛岳在天主堂召集军事会议，部队大概是吴奇伟纵队之九十师欧震部、九十二师梁华盛部、周浑元纵队之第五师、谢溥福部及九十六师萧致平部，周纵队是由云南直到西昌者。西昌原由刘文辉驻守，刘文辉的子侄如刘元璋、元琮、元塘等人都是旅长。刘元璋守西昌，共军还没有到，便把西昌财富付之一炬。西昌为汉人所住，附近山上则为夷人所居。三国时代，孟获就住西昌，诸葛亮之七擒七纵就是在这一带，西昌在清代为四川之宁远府下辖西昌、冕宁、盐源、昭觉、会理、蓝边、越隽等七县，盐源县产金、盐、药材和其他矿产，多为夷人。其他交通方便的地方，则汉人较多。夷汉仇视原因甚多，不及一一叙述。

我军在西昌住了十几天，共军已渡过大渡河，朱、毛有经懋功、理番、茂县与徐向前合流之趋势。薛岳带第二纵队尾随，我则暂留西昌，中央势力到此处，真不容易。我在西昌时，各地方土司不断地带了鸡羊成批到我处来见我，跪在地上说："我们都是好百姓，随传随到。"其实我也不是用什么好方法，只是赐给他们酒食、铜元，严令军队不加骚扰而已。以后经过夷区，我一直本此原则，夷人都来协助我。我曾把我的办法报告蒋委员长，说以前我们用帝国主义办法对付夷人，所以失败了。如能改变办法，夷人还是信任我们政府的，蒋委员长也深以为然。

在西昌，师部设在举人康陶然家，他曾任道尹，为西昌名士。六月中旬奉命开雅安，由西昌到雅安，行军半个月，薛岳已去雅安，我一路经礼州、泸沽、登相营、小相岭、保安、海棠、富林等地，尽是夷区。到汉源时，蒋委员长命在汉源、荣经暂住，整理部队，修筑碉堡，七月初再开雅安，此时共军已自茂县、汶川、理番、懋功北进，在雅安时，蒋委员长曾在成都召见我一次，垂询军情及夷情，我一一报告，此后即开绵阳。此次行军历经赣、湘、桂、黔、滇、康、川七省，备尝艰苦。

11. 自川入陕

八月初，我奉调至峨嵋训练团任第一连连长。峨嵋训练团，仍仿庐山办法，着重精神训练，陈诚仍任教育长，团长由蒋委员长兼。西南军人奉调受训者不少，此次口号为"川滇黔为民族复兴根据地"，今后抗日要以西南作据守之地，以后果然如此。

峨嵋训练一个月结束，与四川军人经一个月相处，情感融洽，四川人大半重视感情，此为峨嵋训练最大收获。我由峨嵋转返绵阳，督率部队及民工修筑川陕公路，巡视剑图广元，师部设保宁。这一带风景绝佳，古柏参天，猿声处处，惟古柏被军政机关砍伐甚多，急电中央下令保护。九月底到宁羌已入陕西境，属汉中专区，刘县长告诉我专员张笃伦已接任，笃伦亦长于周旋肆应，有行政干才，故为杨永泰所赏识。

十月初，奉命将十三师与二十五师合并改编成二十三军，原二十五师改为一四〇师，我受命为军长。虽然成军，而人员武器装备均不够条件，实际上只有一师战力，有军之名，无军之实，但又不能推脱，而责任加重。曾陈情调鄂未能邀准。我部队所经之处，虽然不能完全做到不扰民，但是军民情感的确非常融洽，我由绵阳一路行来已亲眼看到，老百姓对我部队爱戴情形，在威县时，受命南郑防务，遂经徽县赴汉中。西北方面驻军杨虎城、于学忠、孙蔚如等闻我军开至，咸具戒心，他们看到王家烈及川军情形，非常恐惧。

我部布置在陕甘边境，这一带自古即为用兵之地，十月中旬抵汉中，孙蔚如专机去西安，二十一日我在汉中就任二十三军军长，电辞十三师师长兼职，未被允准，此时接家信，知大哥耀藻于九月二十九日在汉口逝世，悲痛莫名。

是年年底，仍在陕川边境驻防修路，并兜剿土匪王三春，该股土匪经围剿后窜向川北，汉中一带异常安定，至成都之公路已告完成，沿途古柏甚多，公路均避道修筑，以资保护古迹。这条公路完成，我是第一个乘车通过此路者（工程人员除外），是以自傲。我乘车到成都后转飞重庆，入川之参谋团，此时已改组为军事委员会委员长重庆行营，后与行营各处处长接洽有关二十三军运输补给各种问题，均获圆满解决。我由重庆再经成都回绵阳时，补充新兵拨到，每日督导训练，仍在绵阳待命。

二十一、 西安事变前后

1. 由陕回黔堵剿萧贺

民国二十五年元月间，奉蒋委员长电令第十三师开赴四川綦江待命，我部乃由陕南、川北兼程向綦江开拔，徒经成都少住，与川省将领得有交往之机会。然后随顾主任祝同、贺参谋长国光飞渝，到重庆时已快过阴历年（一月二十四日为阴历元旦），知贵州军情紧急，萧克、贺龙等部在贵阳附近连陷数县，我奉到电令限五日内到达遵义。我率部赶到遵义，知平越已为共军所占，平越专员聂怒夫（洸）是我多年好友，率领民团在共军攻城奋勇抵抗，不幸壮烈殉职，至为哀悼。

抵遵义后，未及休息，奉命任第五纵队司令，下辖十三师及二十三师，会同第六纵队郝梦龄（五四师、四七师、新八师）部向黔西进军。我部夏旅，与共军激战，共军伤亡惨重不支退去，我部下级军官亦有伤亡。克复黔西、大定县城后，我军复继续挺进，与傅仲芳师会师，乃巩固城防，收抚流亡，复派便衣队出动作广大的搜索。我搜索队一营在老鹰岩受共军两个团之包围，该营在武营长钟琦率领下，奋勇抵抗，终以众寡悬殊，全部壮烈牺牲，以后的搜索行动，不得不十分谨慎。

二月下旬傅仲芳部又收复毕节，蒋委员长获悉武钟琦营在老鹰岩的壮烈战迹及牺牲精神，特电嘉奖，对阵亡者从优抚恤，对生还者一律晋级犒赏。

2. 滇黔边境之追击

贵州地方多山，山涧中河流又多，我工兵部队发扬吃苦精神，架桥拆桥，对行军大有裨益，但天气严寒，冰雪载道，行军颇感辛苦，有时行军在高山之上，空气稀薄，给养困难。在追击途中，时常发现共军能脱离追击。我纵队部进至桃源时，七十五团与共军在桃源西南高地发生激战，急命七十六、七十七两团增援，战况激烈。据称此役乃贺龙亲自指挥，激战一昼夜共军退去。我方潘旅阵亡官兵八十余名，夏旅伤亡官兵五十余名，行李损失殆尽。贺龙、萧克等曾议决："坚决消灭十三师，因为十三师太顽固，能打仗，如不消灭十三师，红军永无出头之日。"所以我们遇到几次的硬仗，都是共军想消灭我们的具体行动，但这次战役，萧、贺两部也损失了两团精锐。

经过这次战斗，在镇雄待命，这里是夷区，原土司已改称区长，我驻防此地，听到夷人说十三师军纪优良，内心非常安慰。待命不久，奉命开安顺，此地距安顺七百八十余里，依规定每天要行军一百三十里，才能依限到达。到贵阳时，奉命兼贵州第二绥靖区指挥官，指挥部设遵义，下辖第四、第五两行政专员区。此时贵州划成四个绥靖区，负责各绥靖内之剿共工作。结果顾主任祝同未让我到遵义去，故此官衔形同虚设，我仍在贵阳。

3. 两广异动奉命入粤

是年六月，广州西南执行部及政委会通电抗日，并采取北上的军事行动，广西李宗仁、白崇禧、广东陈济棠的部队，都已开入湖南，中央要人迭电劝告，终未能使之接受。蒋委员长密令中央军向广西开拔，以七个地方为目标，依次为洪江、武冈、新宁、灵川、零陵、宝庆和桂林。以后与蒋委员长通电，只说到达目标之数字，而不说地名，以资保密。我的部队是一支奇兵，直趋桂林。其余薛岳，刘建绪、郝梦麟、傅仲芳、胡宗南、李默庵等部对两广采包围势态，如此两广不难平定。

七月中旬，我军开抵衡阳，陈济棠已离开广州，改由余汉谋就广东绥靖主任，粤省陆海空军皆投效中央。粤局平定，我部在衡阳略事点验，奉蒋委员长手令开到广东归余主任指挥，我乃乘专车赴穗。时中央改组广东省政府，以黄慕松为主席。

当广东问题解决后，对于广西方面，中央于七月二十五日发表黄绍竑、李品仙为广西省绥靖正副主任，调李宗仁入京，为军委会常务委员，白崇禧为浙江省主席。李、白认为系调虎离山之计，遂负气组织军政府以李济琛为主席，时局又趋紧张。我认为桂事并不严重，因共军已进入西北，陈济棠下野，桂省一隅之地，何能当中央百战之师，中央只要派大员斡旋不难就范，果然八月十二日，蒋委员长飞抵广州，处理两广善后，派居正、朱培德、陈诚等先后赴桂疏解，并改派李宗仁为广西省绥靖主任、白崇禧为军委会常委、黄旭初为广西省主席，黄绍竑仍任浙江省主席。自是广西问题遂告解决。

4. 调驻洛阳

我师奉命驻广东肇庆，第一次住到正式兵房，从事严格训练。十月间，奉调洛阳，在行军期中，我曾至南京参观，目睹首都的建设，进步惊人，尤其军事方面蒸蒸日上，颇有复兴之象。

到洛阳后担任护路工作，时值蒋委员长五十大庆，就在洛阳欢渡。前来祝寿者有阎锡山、张学良、傅作义、徐永昌、贺耀祖等。军分校航空分校，十三师上校以上军官，以及炮六旅等都在洛阳作大规模庆祝，晚间并举行提灯会，祝寿之后曾随蒋委员长游嵩山，并视察国防工事后同赴太原，阎锡山热烈接待。

我驻洛期间，与中央人物来往频繁，同时更结识了张学良。十二月间，奉命开到咸阳待命，蒋委员长要在西安分别召见高级官长，我遂在“双十二”军变发生的前三天偕内子到西安，住西京招待所，蒙蒋委员长在华清池召见慰勉。此时西安真是将星云集，冠盖往来不绝于途，顿成军政中心。

5. 西安事变之幽禁生活

十二月十二日，天未黎明，我从睡梦中，闻人声嘈杂，西京招待所内外皆有武装士兵，继枪声四起，判为局部兵变。天亮后，我和内子从窗缝看到街中，满布哨兵，遂关紧卧室待变。此时同寓招待所者，如蒋百里师、蒋作宾先生、陈诚、卫立煌、陈继承夫妇、朱绍良、陈调元、蒋鼎文、郭寄峤、李基鸿，均禁处室中，失去自由。邵元冲因越窗逃走，被乱军枪杀，钱大钧亦受弹伤，送医院治疗。

到十一点钟时，有军官来敲门，找万军长，我开门，拥戎下楼到大餐厅，这时中央大员差不多都在餐厅中。过了几十分钟，有人奉张学良命来请我，我随车去到新城杨虎城公馆，在小会客厅，张学良向我道歉，连说："对不起！"以后说到这次事变的原委，和他的政治主张，并且说他们已提出了八项条件。我说："我是军人，一向对政治不敢置词，不过，这几年来，国民政府声望很高，我希望副总司令以国家民族为重，不要再使国家分裂，做西班牙第二。"他又问了一些军队情形，我要求见蒋委员长，为张所拒绝。谈未久，张即命人将我送返。回西京招待所，才大略知道蒋委员长在华清池蒙难经过。不久，何柱国、王以哲两人来谈。王大发牢骚，诉说东北军的苦经，中央对东北军剿匪损失毫无补充，又说蒋委员长不纳忠言、不抗战等语，何则比较沉默。我此时为待决之囚，自不必多所辩言，仅把我所知道的中央对于国内团结和抗日的准备，大略地说一下。他两人和我谈十三师的事，希望能安定，不要有所举动，我说："除非我派人到洛阳之外，别无他法。"其实我内心是想派人去和部队联络，王、何两人向张请示后，同意我派人前往咸阳，我乃派随从黄金山前去指示，命卢副师长道生代理师长，对我之生死不要顾虑。部队应听命军政部何部长与开封刘峙主任，我从西安发出的一切手书皆无效。可向汉中、安康行动，保存实力，决不投降。不久王以哲送来杨虎城的通行证，黄金山乃前往洛阳。

王、何走后，我仍被还押到楼上卧室，室中存物荡然无存，最可惜的是二十三年到二十五年的日记亦在浩劫中损失。当天下午张学良又来探视一次，此时我对房蒋作宾先生患病，我和我妻调视汤药，病愈替我们讲欧洲风俗，以解寂寞。此时陈诚、郭寄峤、李基鸿都在卫立煌房中，谈笑如常，彼此行动自由，日用物品亦渐送来不少。

6. 西安事变之结束

到了十二月十四日，情形稍为和缓，卫兵送来《解放日报》，报上刊载张、杨所提八项条件，下面署名的连我和陈诚、蒋鼎文均在内，真是啼笑皆非，报上也登出陕西省政府改组，改组后的陕西省政府完全是杨虎城的人。

十五日我夫妇和陈继承夫妇、陈调元及一女仆，分乘三辆汽车，离开招待所，迁到仁寿里一号居住，此为四合院，我们分住各房，有客厅、沙发，火炉设备，仍由便衣监视，但行动较为自由，已经可以用麻将牌消磨囚禁生活。此时蒋委员长移居至高桂滋住宅，与张学良对门，安全已无问题。张学良来告诉我十三师已由咸阳开拔南行，又说宋子文、顾祝同将来西安。到了二十日，蒋百里师来说他看到蒋委员长两次，张、杨对他谋国的苦心，已有了解，不久即可有圆满解决。

自西安事变发生以来，震惊中外，南京国民政府首先褫夺张学良本兼各职，继则下令讨伐，陆空部队向陕西开动，剑拔弩张一触即发。另一方面，蒋委员长之顾问端纳，于十四日飞抵西安，端纳原为张学良之顾问，于谒蒋后，电京报告安全，以释京方疑虑。十八日，蒋鼎文持蒋委员长亲笔函飞京，令停止渭南轰炸，避免军事接触，期能和平解决。二十二日，蒋鼎文陪同宋子文与蒋夫人都飞来西安，和蒋委员长会晤。像这样政治与军事双管齐下，大局前途有急转直下之势。

果然，到了二十六日，早餐用完，我们即看到《解放日报》大标题，张、杨已于昨日恭送蒋委员长回洛转京的消息，我们欣喜如狂。最妙的是杨虎城中午来拜访我们，自己打自己两耳光，说实在对不起。下午卫兵也撤走了，我们一起往陈诚、朱绍良住处合摄一影，以资纪念。杨虎城又在新城大楼请客，由东北军将领作陪。次日（二十七）我夫妇、陈继承夫妇、蒋百里师、蒋作宾先生、陈调元、朱绍良、钱大钧、陈诚、卫立煌、李基鸿、邵存诚、蒋孝忠、周文章等十五人合乘一架巨型福特机返京。

返京的第二天，蒋委员长在官邸召见，并询问西安情形，我一一作答。蒋委员长要我去看张学良，我辞出赴宋子文公馆看张，彼此寒暄，无话可说。在京期间，中央要人，每日皆有宴会，为我们压惊，到了南京才知道全国人民对于蒋委员长热烈拥戴，大家关心他的安危，无论男女老幼，都是出于一片至诚。张学良由国府明令交军委会惩处，经军法会审判处徒刑十年，蒋委员长念其尚能悔悟，呈准特赦，才告一段落。

7. 庐山军官训练与"七七"事变

二十六年元旦，我偕内人由京飞汉，汉口父老热烈欢迎我夫妇脱险归来。我抵汉次日，我即发高烧，昏迷不醒，两个月间，历经中西名医治疗，始告痊愈。我病愈后略事休息，即乘车北上，转赴西安，参观蒋委员长蒙难处，对西安事变真相有进一步的了解。何柱国对我说：西安事变为共产党策动，既发之后，共产党与苏俄又出面做好人，担任调解。张学良平白的受人利用供其牺牲，但张本人轻率冲动，几闯大祸，也是无可原恕的。

我在西安略事停留，即返部队，此时我十三师已驻盩厔、鄠县一带，官兵相见甚欢。此地风景甚佳，不殊江南，出产丰富，很适合部队整训。驻训两月后调驻汉中，时适五月十三日，为我十三师十周年举行纪念大会，我乃检阅官兵以资庆祝，并报告十三师当年东下经过。六月间，第十三师奉命整编，五月底整编完毕，我即于六月中旬去南京，出席军政部召集之军事会议，并参与庐山训练团的准备工作。

庐山训练团团长由蒋委员长自兼，陈诚担任教育长，我奉命为第二总队第二大队长，调训的对象是全国优秀干部。全团分两个总队：以孙连仲、黄绍竑分任总队长，我与刘兴、徐庭瑶、胡宗南、周至柔为大队长。第一总队为全国中学校长地方教育行政干部，第二总队为党警军干部，干部训练完成为将来实施全国总动员的骨干，训练进度按照计划实施，紧张而有规体。每日担任讲演者有何应钦、杨杰、蒋百里、陈立夫、朱家骅、王世杰等。

六月二十九日训练团开始报到，我先期自京到达庐山海令寺团本部，在训练期中发生了七七事变，蒋委员长在庐山宣布“和平未到绝望时期，决不放弃和平；牺牲未到最后关头，决不轻言牺牲”。当时由华北宋哲元二十九军调来的学员，蒋委员长集体召见训话，予以鼓励。其他华北晋绥鲁、及长江要塞、海岸防务与空军人员，也是如此，然后分批下山，各还岗位，我们欢送他们，真是悲歌慷慨，不胜依依惜别。留在山上的仍旧继续训练，我在山上，蒋百里师曾分析抗战到底的理论，至为精辟。到七月十八日，第一期训练完毕，行结业礼，我奉命仍留任第二期大队长。在第二期学员未报到之前，我转回汉口一行，因旧居狭小，购置联怡里二十七、二十八号房屋一幢。其时汉口日本租界戒备森严，其兵舰及商轮经常停泊江中，准备撤侨。

七月二十四日，我再上庐山执行第二大队长职务并检讨上次得失以为此次改进之依据。次日，二期训练开始，陈教育长和汪精卫均曾召集全体讲话，到三十日平津沦陷，蒋委员长于八月二日补行开训典礼中报告北方抗战形势和政府的决心，这一次训练两个礼拜便于八月九日结束。我因长江轮船运输拥挤不堪乃搭机回汉口，此时汉口已疏散民众，避免日机轰炸，我的家属亦大部分迁居仓子埠，我妻因我行动不定，且因家事照料，仍留汉口。

二十二、 抗战开始

1. 参加东战场作战

“八一三”松沪抗战发生后，烽火已波及东南，我由汉口飞赴西安，转往汉中，向部队训话，鼓舞他们抗战情绪。不久，第二十五军军部迁咸阳，再奉命调经陇海转津浦渡江，开抵首都附近之栖霞山，蒋委员长在陵园召见，我详细报告本军战力，旋即拨归第三战区顾长官祝同指挥，开赴东战场作战，我到苏州转徐家桥，晤顾长官军部设于小南翔，在广福到陈家行一线构工，敌机不时轰炸，损失严重，我二十五军为长官部直属部队，也在前线苦战。敌人有优势炮火，上有飞机掩护，我们只有拿血肉来抵抗，到九月底、十月初，战局逆转，陆续后撤。在撤退途中，损失甚大，到十月底，我奉命率十三师到太仓整理，这时东战场已作总撤退，秩序非常混乱。我在太仓调查十三师干部殉国的惨烈情形，一一料理善后。幸亏我师先调太仓，尚能保持序列。吴福线的国防工程，也未能发挥多大的抵抗作用，长官部即迁宣城，战事重点移到南京城的保卫战。唐生智戍守南京。顾长官要我随他移动，随时商讨军情，并调用我军部幕僚办事，十二月初渡江，随顾长官经滁州至扬州。顾原兼江苏省主席，将省政交韩德勤代理，此时韩已先到扬州，略事部署，仍返滁州。此时南京已于十二月十三日失陷，唐生智也到了滁州，南京撤出之部队，均调开封整理。我也经开封、郑州转赴武汉，中央机构大部分经武汉迁重庆，蒋委员长尚驻节于此。顾长官早想请我担任三战区参谋长，东战场撤退以后，他要我随他行动，意即在此。我由武汉随顾长官乘机到南昌，转赴屯溪，此时我名义上仍是二十五军军长，军部驻徽州，并不任顾的参谋长，但事实上已参与三战区的机要。

2. 战时将官训练班与军官训练团

到了二十七年元月底，我奉蒋委员长电召赴汉口，我乃经南昌长沙前往，原来蒋委员长命令成立军官训练班，命我担任班主任，调训副旅长以上的军官，班址设立在旧督军衙门，经多次与何总长应钦、贺主任耀祖（军委会办公厅）洽商，定名为“军事委员会战时将官研究班”，隶属军委会，编制、预算、组织、任务，均经核定，筹备工作积极进行。三月一日借珞伽山武汉大学举行开学典礼，训练期中如陈诚、吴石、周至柔、刘翰东（炮兵监）、马崇六（工兵监）、徐永昌及德籍顾问等，都有专题演讲，蒋委员长也经常来训话，第一期到三月二十九日结束。

战时将官研究班三月底结束后，军委会在珞伽山的武汉大学成立军官训练团，蒋委员长兼任团长，一切均仿峨嵋训练团成规，陈诚兼教育长，名义上陈氏负责一切，我是副教育长，实际上由我主持行政及团务会议，协调内部意见，让陈诚最后决定。至于战时将官研究班则迁到武大附近的东湖中学，教育长原为周碧砦，随军北上，我推荐王东原继任，负责班务，名义上我仍是班主任，如此两面兼顾，异常忙碌。

四月初将官研究班第二期开训，由于王东原肯负责，因此比第一期办的更好，更有成效。受训者大都是部队长，有的曾参加台儿庄会战，前方回来的与后方将领交换作战经验，受益很大。第二期五月初结训，学员各回原单位，一面办理结束，一面检讨得失，并筹备第三期开训事宜。此时徐州方面酝酿大战，不久即于五月十九日失守。但第三期训练工作仍未稍懈，第三期办完以后，第四期便因五月二十八日归德失陷而停办了。

军官训练团也是一期一期的办下去（每三周一期），并设有党务班、校官班等，徐州失守后德国召回在华之德籍顾问，接着俄国顾问来了，由蔡总顾问率领，衣服褴褛，我们看不起他们，实在他们也没有什么贡献。

军官训练团的成效渐渐引起人们注意，蒋委员长也认为军官训练团的训练方式很好，有一次召见我时，表示文职人员也可以调训，以后中央训练团也就是由军官训练团变化而成。

3. 保卫大武汉

六月间，敌攻陷安庆，马当要塞继之失守，武汉震动，蒋委员长亲在汉口坐镇，新设第九战区，陈诚为司令长官，仍兼武汉卫戍司令，我被命为卫戍副司令及第十五集团军司令，专心办理武汉防卫工事，但其他兼职仍屡辞不准。到七月间敌军沿江而上，湖口九江相继失守，武汉紧张，我的工作加重。十五集团军司令部方面，我以方昉为参谋长，黄翔为参谋处长。卫戍司令部日常事务由总参议代为主持，我专心负责军事，对于武汉防务原拟有指导要领三案，我取决第二案，即以阳逻、葛店为门户，构筑坚强工事，互为犄角，独立作战，掌握机动，部队俟机出击，以求决战。并加紧构筑工事，江防空防炮火，均按预定作战计划构成火网，日夜演练，蒋委员长召集训话阐述武汉重要性，全军上下对保卫大武汉之战场有决心，此外武汉成立动员委员会，从事民众动员组训工作，配合作战。我以卫戍副总司令身份主持，贺衷寒担任秘书长，各部门由市政府各单位首长分头负责，颇具效果。

4. 机关内迁与工事构筑

八月初起，日军逼近武汉，我以会战在即，乃把家眷送往重庆，以免牵累，各机关纷纷开始迁徙。南京撤退时，行政院等迁至重庆，军事机构多半移到武汉，此时又不得不移动了。武汉的撤退计划是：湖北省政府迁鄂西恩施，中央军事委员会退往湖南，而中央直属单位则入四川。

由武汉到鄂西，有两条路线：一为长江的水运，另一为汉（口）宜（昌）公路，省政府及中学以上男女学生皆编队步行前往，武汉大学则早经撤至川西嘉定，所以在武汉时的中央训练团就设在大学内，工厂的拆迁是最大的问题，南京撤退较简单，因机关多而工厂少，武汉则不然，武汉的大工厂有汉阳兵工厂（迁重庆化龙桥）、汉冶萍钢铁厂（迁重庆飞龙坡）、震寰、裕华、新生等纱厂，所有机器完全拆走，工程最大。

此外，银行钱庄的撤迁容易，商场因存货关系则较难，拆迁利用各种民众组织，将民众动员起来，如人力车工会、渔船工会、码头工会等，皆纳入组织之中。三镇人口约一百二十万，一个半月之中，迁离了一半，所有飞机、船只、车辆无不征用，因为事先无法统计，都是临时征集，一举撤尽。这是最彻底的动员，所谓国家总动员，即此之谓也。我以后在陆大，曾特别提出这个实例。抗战八年中、中国向内地移民三千万，实为一大壮举，电影《中国之抗战》中，有许多这种镜头。

军事方面，保卫大武汉，是以武汉为中心，半径一百华里以内的范围，包括黄陂、仓子埠、阳逻、葛店、贺胜桥、孝感等地，部队有郭忏、周磊、甘丽初、黄国梁、董钊等五个军，共十三个师，俱隶属第十五集团军指挥。我每日都要参加军事会议，会后蒋委员长又有特别训示，有时在省主席官邸，召见指示构筑武汉外围工事、核心工事、布置巷战等，我回答称："筑工事是可以的，但不要下最后的命令。"蒋问何谓最后命令？我说："就是撤退，以我们国家之大，人口之众，牺牲几万人和若干将领算不得一回事，最重要的是要争国格和正气。"蒋笑着答应，当时在座者尚有于达、林蔚（蔚文）二人，事后蒋对林说："我还不知道有这样负责任的人。"

唐生智在南京撤退，深为我所不齿，所以我当时实抱必死决心。死是很容易的事，但死得其时、死得其所则甚难，以抗日杀敌而殉此武汉名城，死时死所，兼而有之，亦足不朽。何况必死之中，方可求生，自是我日日出城巡视工事和鼓舞士气。但陈诚反对死守武汉的计划，主张外围作战，与其死守挨打，不如主动采取攻势。故工事刚近完成，部队已多调出作战去了。当时日军沿长江至嘉鱼，拟分三路包围武汉，故部队纷纷外调迎敌（董钊一军调信阳隶胡宗南指挥），武汉守军几乎调空，但构筑工事依然进行，余留部队仍照常教育或实施演习。筑工事时，我命令各部队只就各自己防区的构筑，将来作战时则自行使用，故都能仔细完成，但因缺乏工具，工事都未能尽如理想。

九月初，武汉外围的大别山、霍山、广济一带发生接触，战争愈趋激烈。是时，蒋百里师正在武汉（自德返国后，又曾赴香港一行），每日携其第五女公子蒋英与我同往视察工事，并告诉我，俟日军接近时，他无论如何要在阵地中留两天，以观察日军进攻的情形，又授我王闿运《湘军志》一本，要我注意武汉附近小路，我就命参谋将书中“湖北篇”所举小路，一一加以研究。其时，百里师住于旅馆中，但每日到我家中吃饭，《日本人》一书亦在此时完成，特嘱我交人带往重庆出版。不料，不到两个月，他奉命代理陆大校长，在赴广西宜山途中去世，故武汉相处这段时间，是我和百里先生最亲近的时期。

5. 从鄂北到赣北

九月十九日，武穴、潢川失守，张自忠在潢川作战极勇猛，日军于广播中亦大加赞誉。九月二十一日，罗山失陷。自罗山至汉口，竟无一部队防守。此时威胁武汉最大的是豫南之敌，如长驱南下，可切断我鄂东、豫南各军之后路，尤其豫鄂交界处兵力空虚，蒋委员长立即以电话指示命我率领方靖第十三师，赴宣化店布防，我派参谋长领一排人先往布置，次日，我带一无线电台就道，沿途竟不见一兵一卒，日军若在此时进攻，实不难一鼓而下。此时武汉外围一般战况，已成不利之势。敌由瑞武公路西进，在阳新、辛潭铺、龙港一带激战，蕲春、兰溪亦有敌军登陆，陈诚主张放弃武汉，从形势上看，亦难久守。

我抵达宣化店后，第十三师及六十六师亦先后开至，遂与胡宗南军及川军夹击日军，竟然打了个胜仗。反攻到柳林，此时才发现替日人作先驱的皆是东北伪军或蒙古军，遂在柳林展开激战。不久，广西韦云淞部队开抵宣化店，李宗仁驻夏店，部队则在礼山，武汉卫戍司令部则由罗卓英接我的职务（卫戍总司令则由郭忏代），并且也赶到武胜关，遂在夏店举行军事会议，检讨此次鄂北之战，指挥系统紊乱，运用不灵，行动不协调，为战败最大因素。

未几，我奉命调鸡公山结集，准备开赴武汉，担任防卫，我把十三师防务交与韦云淞，便率领军团部及十三师驰赴武汉，我由鸡公山乘火车至汉口时，田家镇要塞已早于九月二十九日失守，蕲春、大冶均告急，军事机构俱集中汉口。此时外围作战方面，张发奎负责大冶，汤恩伯负责阳新，郭忏在葛店指挥，罗卓英在贺胜桥指挥，我在汉口谒见何应钦总长，他命我率领军团部到江西武宁（军团部是活动的指挥部，随统帅调动，部队则不随之移动），负责该方面军事。此方原属陈诚指挥，欲夹击瑞昌者，包括有杨森、王陵基之川军，李玉堂第八军及丁炳権、孔荷宠（江西部队）等部队，因杨与王不相容，陈诚又不能亲自前往，不得已将杨、王均后调，而命我前去指挥。

我出发之时，即预感此次离开武汉，武汉均难久守。是时，薛岳驻南昌，陈诚在长沙，我绕道经平江到达武宁，即向薛岳以电话报告，薛要我在瑞昌方面准备游击，此一地带，东起鄱阳湖，北达长江，西迄洞庭湖，南抵湘赣铁路线，可以构成一大游击区，我受命大为振奋，以全力部署。适有一位专员王有兰，江西人，请求调往靖安，我说："蒋委员长有过命令，县长可以离开县城，不能离开县区；省主席可以离开省城，不能离开省区。你是专员，自然不能离开你的专区，我也在这里，你怕什么。"武宁县城内储积弹药很多，一日，我召集了二连炮兵，共八门炮，对敌军炮兵阵地行炮兵袭击，连续射击了六小时，将所有炮弹发射干净。

6. 武汉撤退与长沙大火

到了十月中旬以后，蕲春、大冶先后失陷，敌人由新洲、仓子埠循麻城通黄陂至汉口公路而进，黄陂遂于十月二十四日失守。我在汉口时督促修筑之阳逻经井字山至三山铺第一线工事，及滠口、横店间第二线工事，都是准备与敌决战之所，此时兵力调走，敌人长驱直入，而于十月二十五日攻下武汉。

武汉既陷，敌人必取嘉鱼、赵李桥、九宫山之线，以巩固武汉外围。记得蒋百里师曾言国防作战方略，所谓三阳之线，即洛阳、南阳、襄阳之线，以及峨嵋训练时之口号“川滇黔是民族复兴根据地”都一一实现，武汉沦陷后蒋委员长在长沙与高级将领商谈，决定今后战局及处置，并发表告全国军民书，谓保卫武汉之战目的已达，政府仍本一贯方针，坚持长期抗战，赢取最后胜利。

武汉沦陷之前，广州先于十月二十一月失守，战局极为不利，敌军复乘势攻湘，于十一月十二日占领岳阳，停留不进，而长沙军警误信谣言，纵火焚烧市区，损失甚重，蒋委员长除严令追查责任外，复于二十七日在南岳召开军事会议，历时三日结束，决定了军事训练计划。秋奉命自赣调返长沙，部队交李玉堂指挥。与我同时调往长沙的有汤恩伯、罗卓英及王东原，其时长沙刚经是月十三日大火之后，一片焦土，惨不忍睹，焦土抗战在当时不过是句口号，武汉撤退时，重要建筑物及堤防是破坏了，平汉路武胜关涵洞，破坏到一个月不能通车，蒋委员长说：“够了！”但武汉的破坏是必要的。长沙的焦土计划，则由于湘省主席张治中的张皇失措。

当时日军止于岳阳，并无意进攻长沙，因每一会战都有一定目的，不会贸然前进。张治中缺乏军事眼光，内心胆怯，一闻谣言，即命军警四面八方浇洋油，人民烧死者甚多，长沙数百年精华，完全付之一炬，实可痛惜。所有肇事人员，经军法会审，仅将长沙警备司令酆悌、警备团长徐崑、省会警察局长文重孚判处死刑，而张治中应负重责，反而是革职留任，责成善后，可见其神通广大。

7. 继续抗战与英美借款

南岳军事会议结束后，蒋委员长经衡阳赴桂林，当此军事逆转之时，国际上英美借款恰好先后成立（中美桐油借款二千五百万美元，中英信用借款为九十五万万镑），关于美国的借款，郭泰祺曾告诉我一个故事，当时胡适之为驻美大使，在美国各地演讲，借款事成，罗斯福叫人以电话通知大使馆，使馆人员皆是宋子文的人，宋即将该项消息封锁。一面打电话给胡，要胡到纽约见面，有要事相商；一面拍电回重庆，报告已将美国借款接洽妥当，要求任他为全权代表，胡被骗到纽约住了两天，事后知道此事，为之气结。

英美的借款在武汉、广州相继失陷以后，因为英美对我的援助，认为失地无关紧要，重要在看我国能不能继续作战，所以上海、南京、徐州失守不重要，马当要塞轻易丢失则受人轻视。广州失陷太快，但武汉经过长期外围战事后撤离，是英美领事所目睹，并且退出武汉时，还表现了几项优点：第一，军队虽然打了败仗，但并不气馁，打败仗的原因只是教育、训练、运输、通讯等不如人，而屡败屡战的精神，深足以使英美感动；第二，尽管打败仗，但没有将官及军队向敌人投降的；第三，民心士气旺盛。所以我们以空间换取时间的持久战略是正确的，政略也是正确的，只不过战术、战斗太落后罢了，在这个时候，蒋委员长仍然侧重举办训练，正是他眼光过人之处。

二十三、 陆大教育长时期

1. 陆大简史

蒋委员长赴桂不久，陈诚、王东原与我由长沙飞桂林晋谒，他只嘱我们研究训练计划，并成立桂林行营，委白崇禧为主任，旋即飞往重庆，我因在桂林无事，也于十二月初赴渝，其时适值蒋百里师病逝，蒋委员长突然召见，要我担任陆大教育长，我毕业陆大已有二十余年，实不敢膺此重任，曾再三力辞，蒋委员长对我说："委派你去办教育，不是去当教官。"又授我以"严肃军纪，严正学风"八个字，为办事原则，命令如此，不好再辞，只得勉力去做，于是自二十八年一月至三十一年五月底，是我任陆大教育长的时期，共约三年半。

关于我国陆大的简史，我在前面已有叙述，兹再加以说明：世界第一所陆军大学创始于普鲁士，一八〇六年耶拿战役，普鲁士大败，战后即建立世界上第一个参谋本部，一八一〇年又成立陆军大学。参谋本部研究国防计划，陆军大学则是从事国防教育，二者都是为了建立参谋系统。原来当时德国尚未统一，各邦自置军队，不过以普鲁士力量最强。普鲁士为求统一，便成立参谋本部及陆军大学，命各邦派人到陆大受教育，以培养各级参谋人才。其军事理论与计划都自成一个体系，尤注重战争理论、战史，指挥参谋修养的陶冶，以养成军官优秀的人格、学识与道德。三年毕业，毕业之后，仍回各邦服务，但都携带普鲁士参谋本部的密码本，与之直接联络，普鲁士军队素质本高，各邦因此仿效，于是所有编制、装备、教育训练等大权均入参谋之手，各邦军队实际上已由普鲁士所统一，所以不到六十年，连败奥、法，完成德国统一。普鲁士的成功，可以说赖此参谋本部。

日本明治维新之后，仿行德制，聘请德国顾问，尽得德国军制之神髓，日军因是而成亚洲之雄师。维廉二世时，德国总顾问奉命回德，日本特为其竖立铜像，以志其伟业。

中国之建新式陆军，始于袁世凯。袁曾于所属北洋六镇中成立陆军随营军官学堂，分为深造、速成二班（速成仅办第一、二期），以培育参谋人才，并聘请日人为总教官，但建军必须有一假想敌，正如德国的假想敌是法国一样，日本建军时的假想敌就是中国，所以一八九四年甲午一战，中国大败，日本参谋本部也成功了。而我国建军之假想敌是谁？日本吗！何以聘请日人作总教官！俄国吗？根本没这个力量，实际上当时只有袁世凯的个人野心，想武力统制中国，所以练兵的假想敌，不是对国外，其目的纯在对内。陆军随营军官学堂就是陆大的前身。

陆大第一期学生都是北洋六镇的军官，第二期中选拔了第八镇（湖北）和第九镇（江苏）的军官，到第三期以后，招生范围始扩及全国。民国前一年，改称陆军预备大学。民国元年，始定名为陆军大学，校址亦由保定迁北平西直门。自第三期起，校长始由中国人主持，第四期起，改总教官制为教育长制，教育长由国人充任，惟仍聘日人为教官。自第三期起，规定惟有陆军军官学校毕业学生经服务军旅之后始得报考。

民国十七年，国民革命军抵北平，蒋总司令派刘光（字君实，江苏人，日本士官毕业）接收整理，民国二十年，迁校于南京，改聘德国顾问为教官，由蒋委员长自兼校长，黄慕松代行校长职。其后周斌、杨杰先后担任斯职。民国二十四年，为统一学制，全国各军事学校皆由蒋委员长自兼校长，但实际由教育长负责。杨杰代校长名义亦改为教育长，民国二十七年五月，杨杰奉命使俄，随行者有张冲（字淮南，浙江吴兴人，留俄学生，系CC关系），周亚卫兼代教育长（周系浙江武备学堂出身，陆大四期，原任训练总监部副监，后任军训部副部长）。二十七年八月蒋百里师代校长，就职长沙，后由湘经桂转黔，病殁途中。自二十八年一月到三十一年五月，由我任教育长，后由阮肇昌接我任，约一年，徐培根再接阮职，而以陈仪为代校长。三十八年行宪之后，由徐永昌为校长，以迄四十二年结束。溯自光绪三十二年陆大开创时起，共为四十六年，在我国高等军事教育上，实具有长远的历史。

2. 陆大的沧桑一页

整个陆大的历史，依我的看法，可分为三大时期：

（一）沉闷时期：由第一期毕业生至第九期由北平南迁止。

（二）鼎盛时期：由第十期至撤台时止。

（三）衰落时期：至台湾结束。

清末陆军大学隶属陆军部，实际上则属南北洋大臣。嗣军咨府成立，又改隶于军咨府，民国建立，始归参谋本部。本系三年一期，且每一期人数亦少，不过七八十人。在第一、二、三、四期学生中，一、二两期皆系北洋六镇中选出，素质甚差，六镇大部分军官是行伍出身，故多以书记、军需充数，而随营学堂中较优秀的学生也都送入陆大。所聘教官都是日本人，学制、讲义亦无不模仿日本陆大，但成绩不佳，至民元止，只毕业两期，约有一百余人，但毕业学生出路成了问题，陈调元是第一期的，毕业之后被派往第三陆军中学任教员，教授兵学地理。另一位则任陆军中学队长。尽管如此，已算是最好的职位了。第三期始加收七、八及九镇学生，故有不少系武备学堂毕业者。第五期起，规定必须保定军校毕业，在部队担任下级军官两年后，始得报考。自第五期至第九期之学生，除保定者外，尚有东北、云南讲武堂出身者，故素质较为整齐。

但陆大历来是与主管机关共荣辱的，主管机关无权，陆大毕业生也不会有出路。清末，铁良任尚书时代的陆军部，独掌军权，军咨府形同虚设。名义上各镇的正参谋由军咨府委派，资格限于陆大毕业，但也有例外，如张绍曾就不是陆大出身而任第二镇马龙标的正参谋。当时军咨府曾企图建立参谋系统，所以正参谋部持有军咨府正式的密电本，可以直接报告于军咨府，报告内容，统制亦不得过问。因此各镇统制均讨厌正参谋，且怀有戒心，张绍曾告诉人，某日，马龙标突然询问他：陆军部要来校阅，我们一镇共有多少人？多少帐篷？张一一回报，马甚惊讶，问何以知道？张答以每日均有报告表。这是马存心要对张考查，意在使之难堪，不料张平素极为留心，张知其并不信任，已无法见容于焉，乃转往北洋督练公所任职。

光绪三十二年，彰德秋操，袁世凯及铁良为阅兵大臣，张任总参议，南军统制张彪，北军则为马龙标，演习完毕，阅兵大臣所说皆是客气话，无非奖勉一番，但总讲评系由总参议担任，张绍曾上台即呼北军统制，问所部演习人马各若干？帐篷有多少？马瞠目不知所对，再问马之正参谋雷震春，亦不知，张遂于讲评时大骂北军，马退下后无话可说，惟自打嘴巴，一时传为笑谈。

民国成立，黎元洪以副总统兼任参谋总长，陈宧以参谋次长实际掌理部务，袁世凯对陈个人信任有加，但并不重视参谋本部，参谋本部无权，陆大亦同虚设。掌实权的是陆军部，用钱、用人以及补给装备，皆归其负责，是以段祺瑞任陆军总长时代，声势煊赫，不可一世，北洋系的带兵官又都是马弁系统，不讲军事学识，幕僚不过政客、书记之流，也难怪大学生无用武之地了。以致六、七、八三期，是陆大的最低潮时期，学生竟至断炊，校内印刷所两年不发薪饷，教官也都属滥竽充数者，后由各省学生分别回省请求督军援助，始渡过难关，其中尤以第七期最苦，张学良竟被聘为督办，其余可以想见。

陆大学生毕业之后，至多派为各省驻京代表、办事处主任及其他闲散差事，未尝有派往部队者。吴光新是陆大第一期，方本仁是二期，齐燮元是三期，毕业之后都无事可做。故五期之后，毕业学生多有投往南方者。在北方的亦只以保定资格求职，不提陆大学历，第九期时（民十八年）已有黄埔学生投考，如夏楚中及特别班第一期之卫立煌，第十期迁至南京薛家巷后，学生已以黄埔生为主干，蒋委员长自兼校长，并对参谋本部加以整顿，至此陆大学生才因黄埔关系而有出路，可以说由于黄埔生之加入，始给陆大带来了生气。

抗战军兴，军事委员会于二十七年改组，设军令、军政、军训、政治四部。军令部为作战指导中心，参谋总长何应钦外，军令部长徐永昌，次长林蔚以下，全属陆大毕业，为指挥统一计，各战区司令长官自然乐于任用陆大学生，因此大为各方所见重，在校学生未及毕业，已为各军预订一空。陈诚曾笑说：“陆大学生求过于供，好像商场一样，行情看涨了。”实际上作战需要好的参谋干部，所以陆大学生才为各方竞相罗致，形成供不应求，当时上尉入校，毕业后即可升上校，其盛况可见一般。

撤至台湾后，仅办了二十二、二十三两期即告结束。另成立参谋指挥学校——国防大学以代替之。

3. 陆大的前任教育长与外籍教官

我记得受命担任陆大教育长之次日，正是汪精卫在河内发出艳电之时（十二月二十九日），他主张中止抗战，对日求和，这显然是违背中枢国策，以他的地位而发此谬论，至堪惊人。我曾列席参加中央会报，在座者有叶楚伧、朱家骅、王宠惠等，仅谈及开除汪等党籍等事。会毕，蒋委员长告我：“快去吧，不必再来见我了。”我即起程赴黔就任。

其时我离开毕业陆大已有二十余年，情形甚为隔膜，此次奉命，真是诚惶诚恐，遂先在重庆遍访与陆大有关诸人，听取并研究各方意见，中国并无海军大学或空军大学，所以陆大实为军事最高学府。但中国军事教育始终只停留在初级阶段，所以中国的建军始终没有成功，战斗指导、战略方针都很正确，但建军不成，未有不失败的。

在重庆有一初步了解后，我就到贵州遵义陆大就职。首先即逐家拜访各教官，又召集学生举行座谈会，鼓励他们就教官、教材、生活管理等各方面尽量提供意见。由是我才知道学校内书籍缺乏（所有书籍在湖南桃源被日机炸光），印刷所内只有清末买的几部旧机器，还使用老三号字，教官中有陆大三、四、五期的，也有十一、十二期的。学生都寄宿校外，精神散漫，我到时十五期已考完毕业试，学生纷纷回家，闻我到校，始陆续返回。至此才发现前任诸人不是办教育的人，只是敷衍了事的官僚，在教育长制度之下，蒋校长完全不过问校务。杨杰是在南京时的教育长，我对他的看法是：言大而夸，华而不实。杨很能教书，故校内外都恭维他，但主持教育行政和教课究竟不同。继杨出任教育长的周亚卫，是著名好好先生，无为而治，弄得学风散漫不堪，要做到蒋委员长指示的“严肃军纪、严正学风”八个字，在当时真是不容易的事。

学校中有三位白俄老教官：(1) 斯达维斯基，是世界有名的要塞工程学家，后在西南联大讲学，卒于昆明，此人坚决反共。以后学校中有苏俄顾问，我问三位白俄教官，愿不愿与之见面，三人中独他坚决反对。(2) 多马舍夫斯基，讲日俄战史。(3) 布尔林，已入中国籍，原为帝俄时高加索军管区司令，俄国陆大毕业，在此主讲情报及战争原理。

我在了解到陆大全盘情形以后，知道从北京到遵义，陆大的教材与教育内容都毫无进步，只有在战术、战略方面略有改革。但陆大又称为战术学校，目的在培养指挥大军团的参谋人才，所以学生的品德及学术修养均极为重要。这一点布尔林给我启示不少，陆大的克劳塞维茨的《战争论简编》，即是由他主编的。因为他曾告诉我一个故事：陆大在南京时，聘请德国教官为顾问，曼克特（原希特勒参谋长）为首席顾问，其他教官都是德国陆大出身（此批教官直至汉口军官训练团时期才回国）。曼克特告诉布尔林，所有讲义都需要送顾问过目，布尔林即表反对，不肯接受。曼克特又说，只准教授普通的战术，有系统的高深理论则不能讲。我听完布尔林的报告，立即召询学生，又索看曼克特等德国教官的讲义，果然只有普通的战术指导，没有高深的理论。我由是想到在保定时，日本教官所讲的，也只以战斗及指挥统率纲要为主，都是些普通常识而已。当时克劳塞维茨的《战争论》已有日文翻译，名为《大战原理》，但是日人对我们保密，在坊间竟买不到。后来由留日学生以高价由日本买回，译成中文，共八册，在陆大出版。但译文不佳，而且只译出前半部，后半部仍是日文。译出之后，既无人看，更无人讲。中国最高的军事学府，竟不知有战争原理，何以能培植出高级的将领和幕僚人才？因为没有高深的学识，就无法指导战争，所打的仗不过糊涂仗而已。日本与德国同样是想分割吞并中国的帝国主义，自然不愿教授中国军官高深理论，使中国强大。我恍然省悟之后，即在陆大特别注重这一方面的教育，但是学员们对高深理论的课程并不表欢迎，而我的立意所在，也只是着重在培养少数将才，因为参谋幕僚要多谋少断，指挥官所需要的是明决果断，而没有高深理论基础，实不能谈战术、战略的。

当时聘用外国教官也是一大问题，普通的课程可以靠他们，高深理论就不行了，因为世界上没有一国不自私的，例如美国最新的学说，最好的科学、机械和医学人才都是秘而不宣或是不准出国。我了解此点，首先就要拣选教育处长，作为推动教育的原动力。我曾请军令部给我全力支持，回国留学生由我优先任用，但历任教育处长中有留美的，有留法的，俱成绩奇差，甚难令人满意。此法行不通，乃邀请龚浩担任教育处长，而以杜建时为之副，陆大教育才走上正轨。教官的任用尤难，军令部支持下，我尽量用留学回国学生任课，最困难的是各科教材，因为所使用的多为陈腐不堪，内容落伍，学员曾要求讲授战史的人才，战史教材更付缺如。我遂商请军令部，请驻同盟国各武官于驻在国搜集战史资料。驻法武官唐某向法国国防长表达拉第要到欧洲第一次大战战史，共一百零五册，内有二十五册地图及各兵科学校讲义，共装十六箱，重达四百公斤。刚在法国装船，欧战已于二十八年九月发生；运到昆明，滇越铁路又告中断，总算历尽艰困，才运到陆大，实在得来不易。其他英美方面材料，也有陆续搜集到的。我成立陆大图书馆就是以此为主干而再加以扩充，战术方面的资料，则可由各战区供给；再搜集各国制度、机构等资料，就是军制学、兵役法等的教材，加上南京、汉口大迁移的实例，稍加整理，就成了很好的动员学，我这样一想，内心真是兴奋不已。只可惜知易行难，没有人继续去做，终于没有成功，中国的建军也没有成功。诚如蒋委员长所说的建军只是精神的建军，而不是原理的建军，实际情形，确是如此。

4. 传统教育方式的改革

先是二十七年六月，希特勒于承认伪满洲国之后，企图与日本建立同盟，为示好于日，将所有德国在华顾问调回，当时德法已成对立之势，法国乘机示好于我，继派军事顾问至中国，首任总顾问为白尔瑞。但当时杨杰前往莫斯科，已与俄国签订后援助协定，所以也有俄顾问到中国。所幸俄法已有联盟，两国顾问不致冲突，不过多半派到军队中工作。

二十八年夏，中枢才决定将法国顾问调到陆大授课，陆大原来的教育时间不变，另外安排预备时间供法顾问上课。在建军方面，法顾问不愿讲，只愿讲战术。法国的战术思想和我们的不同，德法是世仇，彼此猜忌很深，但两国紧邻，交通便利，通讯灵活，国土又小，所以观念中没有遭遇战，只有阵地战，而且认为遭遇战是落伍的思想。他们曾批评中日战争是殖民地战争，引起学员抗议，结果白尔瑞亲向我道歉，并说明是翻译的错误，原意只是指殖民地型态的战争。因为欧洲地狭人稠，交通方便，军队富于机动性，工业潜力雄厚，军火计算以吨为单位，而中国则是以“颗”计，更缺乏机动车辆。中国如此，日本亦然，所以有这样的批评。

法国顾问的特长在炮兵、骑兵等各兵科的战术，讲得极好，极切实，我在陆大常考察中国教官，他们对这一方面的观念就模糊得很，追溯原因，陆大最初几期是日式教育，只徒具形式，未确立基础，加以当时学员不是带兵官，都是司书、书记之流，自然不能彻底了解。

法国顾问给我的帮助、启发极大，我遂开始计划改革的方案。

陆大的传统教育方式，一班自入学至毕业，都由同一教官教授。但教官的学识有限，若是学步兵的，对炮科等其他兵科就不了解，其他各科亦多类此。因此各兵科间互不相通。而且教参谋作业的俄国教官，教后勤补给的又可能是德国或日本教官，全盘教育就不是连贯的。所以自第十七期起，开始兵科战术教学及分发到部队，或各兵科专门学校中去作兵科实习。教官方面，每一教官专门负责担任一科。每一战术课目，有宿题作业，共达一千二百小时，三年之中，几乎每日都有战术课程，学员受此战术磨练，毕业之后，作战当毫无问题。这是我在陆大的第一项改革。

在军事学上，攻、防、追、退四字包括了全部战斗纲要，这是德、日军事学家集多年经验写成的。但战斗的唯一目的在歼灭敌人，故战斗纲要的结论是“攻”，防、追、退三者都只是攻的手段而已。在战术思想中，西方没有遭遇战的观念，但在抗战期中却常发生遭遇战。遭遇战有预期的，有非预期的，都包括攻防追退在内，于是我又命名各司专科的教官，以一共同假想敌为目标，集中商讨教学、宿题、考试等问题，如此在教育方法上也能彼此联系，步调一致。这是我所作的第二种改革。

因我曾建议陆大应与最高统帅部同进止，所以自第十七期及特五期始，迁至重庆老鹰岩。自我在陆大开改革之风，十八期以后，即完全因袭推进，教育更形切实，以上改革都经蒋委员长及军令部长的全力支持，幸而稍有成绩，可以说我在陆大三年半的建树，是颇足自傲的。

二十八年九月一日，德军进攻波兰，欧洲大战开始，此时陆大教育已有战场实例可供参考，推演改进后，又返回影响军事思想，领导军队，这可算是陆大的颠峰时期。当时陆大有编译处，编译欧战及各国武官搜集之资料，刊出于陆大季刊，风行于全国军队。其中德俄小部队战斗实例，对各部队的教育作用最大。惟过去在各国习军事的留学生中，以留法的最糟，因大都不甚精通法文，自然谈不到学习心得。其中有张少杰及傅家仁二人，因其留法学军事，由我向部队中指调来陆大任职，特别予以重用，但实际上几乎一无所知，而且彼此之间不肯合作，遇事互相掣肘。还有一任教育长郗思绥，是留美学生，也是一无所长，在遵义时，我到重庆由郗代理校务，怠慢俄国顾问，俄总顾问福尔根竟至正式向何应钦提出辞职，要下旗归国，同时三位白俄老教官也曾表示抗议，结果将郗撤职查办，但留美学生中也有极好的，例如侯腾，曾任十七期班主任及陆大编译处长。

5. 建军与军事思想的困惑

法国顾问不久完全离去，苏俄顾问继至，后因参加昆仑关战役，陆大仅余一工兵顾问，我因此问他愿否与三位白俄教官见面，他说：“都是俄国人，有何不可？”但斯达维斯基坚决反对，并以辞职威胁，结果，仍由其他二位教官见面，此一工兵顾问，被调回国，在俄国大使馆中即遭处决（传说俄国使馆中有特别禁闭室，专用以杀人）。

俄国副总顾问扎里瓦洛夫兼陆大顾问，并主持授课，我由此看出俄国军事教育方法活泼而实在，相当成功，教学成绩较之德国顾问有过之而无不及，高等司令部勤务演习计划，其他教官都不敢尝试，俄顾问却能做出来，后来军令部命令两师对抗演习，因军队都调往昆明作战，无部队可派，即改为演习此计划，由扎里瓦洛夫指导，极为成功，惜演习时我已于三十一年五月离开陆大。

何应钦曾说："万教育长刚到陆大时，只有三号字的印刷机一部，教官也是军队中不要才调来的，现在则一切都告齐备。"除了建房屋、购印刷机、设图书馆之外（另有一蒋百里图书馆，是百里师的夫人将先生藏书捐出的），最大的改革是生活改革。自十七期及特五期起，修建学生宿舍，每四个人一室，这是陆大三十年来的创举。此外为训练教官，又成立研究院。只有一点是我最大的遗憾，即建军及军事思想问题始终未能解决，清末三十六镇的建立，就是建军的尝试，北伐之前，也曾以黄埔为基干编练军队，但都没有功，主要原因有二：一为缺乏建军的假想敌，例如北伐之后原应以日本为假想敌，依日本编制确定我们的兵制。既无假想敌，军事教育也没有目标。其次未曾确立与兵源有关的兵役制度，这更是建军的基本问题。例如日本的熊本、北海等兵团，都是在一个地区征调、补充兵源，所以更易造成士兵爱护团体的荣誉感。而兵役制度首创于德国，因凡尔赛和约规定，德国陆军不得超过四万五千人，德国就利用此制度，轮流训练国民。我国对这段渊源毫无所知，募兵积习又不能消除，自然办不好。我虽然注意到这个问题，但德国顾问避而不谈，俄国顾问也推称要先向本国请示，后来找到白俄教官布尔林，利用各种有关法令，作成问题作业来教学，终是孤掌难鸣，未能得到重视。

在军事思想方面，克劳塞维茨“战争是政治的延长，是政治的工具”这一思想，支配了百余年之久，之后，鲁登道夫“全面战争论”继起，在一次大战后，鲁登道夫著大战回忆录，提出全面战争论，认为人生就是战争，国家的目的即为战争，政治、外交、经济、交通、教育等，都只是战争的工具。这一思想支配了德、日两国。我们在抗战时曾讨论到究竟应采取哪一种学法，最后仍决定采取克劳塞维茨思想，我想，德、日所以能复兴，我们所以会落伍，这也是一个原因。德国名将毛奇曾说：“德国的胜利，应该归功于小学教师。”归根结底，陆大教育不能贯彻，原因在军官教育的基础不够；军官教育失败的原因，则在国民教育的未能普及和不健全，后来我任湖北省主席时，特别注意教育，也是有鉴于此。

6. 离开陆大与调职军校

在陆大三年半的实际经验，使我对办军事教育与训练颇为自信，因为我对教育目的、时代意义的了解，相信尚无其他人能比得上，至于战术、战略的指导，蒋委员长可推为亚洲第一人，例如不在华北与日军作战却选定上海（一二八之役），以及中条山战役所实施的战术；前进要不顾虑后方；后退要向敌后转进；都具有过人的远见，但是蒋委员长对教育、训练、战略的原理没有整体的研究，这也是囿于所受日本军事教育的缘故，所以在建军方面，直到今天，还不能有全面系统的建军计划。军事学校所教的只有用兵之学而无建军之学，我若不办军事教育，也是一样无知。自从出任陆大实际工作，才注意到这问题，可是我在陆大的努力，仍得不到人赞同。有一位陆大十期的朋友童翼（沛乡），担任陆大教官，曾对我说："教育长再继续三年，陆大成功国家也成功。"可说是惟一的知音。直到台湾，才完成部分的军事动员——兵役法，还是三十九年彭孟缉主持保安司令部秘密训练时，研究动员及兵役问题，请教两位日本教官负责完成的。

民国三十一年五月，我率领陆大十七期及特五期参谋旅行（即毕业旅行）到西峡口，白崇禧正在当地温泉游泳，即告我何总长应钦来电话，促我赶回重庆，因已发表我为中央军官学校教育长，我颇为惊异，早在四月间蒋委员长要我办中央训练团，我就已答应，因我主持陆大时间久，想变换环境，同时也无意再从事军旅，要转文职，中央训练团是极合适的位置，现在突然调我到军校，依然是军事教育工作，实非所愿。遂马上打电话给何总长力辞。何说，先来了再说吧。回到重庆，看见命令公事都已到了，次晨见何，何告我这是蒋委员长的决定，我辞以与黄埔毫无渊源，且历届教育长都是黄埔出身，我去必然难办，何则告我，军校教官多为保定或陆大学生，非我去不可，我正无可奈何，却听说张治中力保王东原担任此职，我又去见张，代我力辞，张一口应承，不料蒋委员长依然坚持。

是日下午四时，蒋委员长召见我，其时他因别事正发脾气，余怒未息，仅说："我要你去为我整顿军校！"我答："请校长考虑。"蒋说："我已考虑过了，你快去吧。"临出门，蒋又告我已命张治中送我赴任。次日蒋亲到陆大行布达式，由阮肇昌（绍文）继我任，王东原兼陆大政治部主任，辅助阮，蒋委员长致训词称："陆大自入川以来，一切都能依教育计划及我的意志彻底执行，所以能有今日成就，现在我要万教育长为我去整顿军校……”陆大地位本较军校为高，但军校的势力远比陆大强，因军校自黄埔创立以来，一直是蒋先生的本钱和基础，他每到成都都住军校内，因此能付以军校重任者，都是他心腹信任的人，布达式举行后之次日，蒋委员长召见我，他正接到军校学生闹事，在成都打店铺、闹戏院的报告，气愤异常，拍桌大骂原任教育长陈继承训导无方，随即告我八字原则：“整肃军纪，转移风气。”又送我三万块钱。

二十四、 军校教育长时期

1. 就职演词与整饬校风

民国三十一年六月三日，张治中送我到成都就职，全校学生阅兵后行布达式，我的就职辞很简单："本校创自黄埔，削平军阀，统一全国，抗战五年，已奠定胜利建国基础。近更与世界强国并肩作战，所有将帅与披坚执锐干部，大多为我军校各期同学。国家之光荣，即我军校之光荣，我校与国家休戚相关有如此之甚。今后，承先启后，继往开来之重大使命，应由本校现在之学生负担。本校责任如此重大，而我本人才力浅薄，何能负荷，故受命之初，不能不深感惶恐。但我想本校有其革命之传统，三民主义之信仰，亲爱精诚之校训，坚苦卓绝之一贯精神，我校长伟大之领导与历次训示，及前任务教育长成规章制，行之已久，本人只有以勤补拙，信守弗渝，并与全体教职员共同努力，一致遵行，以完成我校长所赋予之使命，发扬黄埔固有之精神。"

任何国家的军事教育，皆以军官学校为主，军官学校是军官养成教育，最为重要。所以日本士官学校毕业典礼时，天皇必到，以示隆重。军官学校以后的深造教育有陆、海、空军大学及参谋大学等，至于各兵科学校则有各种补习或召集教育以资深造，养成教育是一种“由外打入”的教育，目的在培养学生对主义之信仰，对国家的爱护与荣誉感，良好的生活习惯，优秀的学术技能，以及坚毅不屈，视死如归的精神，以期成为标准的现代军人。陆大的教育则是一种发自内部的教育，以高深的学问及战史修养的涵泳，养成深沉刚毅的将领，而军校教育又为陆大教育的基础。

黄埔军校是中央军官学校的前身，原为建立党军的基干，所以原名中国国民党军官学校，后改称中央军事政治学校，北伐后迁南京，改名中央陆军军官学校，三十五年行宪后，又删去“中央”二字。

到任之后，首先考察军纪问题。青年学生没有不具向上心和荣誉感的，所以我在军校教育长任内的经验最为轻松愉快。我告诉他们，以后唱戏和放映电影由学校自己办，就不必常到成都市内起纠纷了。成都市内不是不能去，惟茶馆等人品混杂地方最好不去，不如去祠堂街的书铺翻翻书。至于吃饭，为了身份，不要去小馆子，宁可少吃些，一定进大馆子。这样从提高学生的荣誉感着手，他们果然都能自动遵行，风气为之一变。

2. 军校的组织系统

军校的组织庞大而严密，编制人员约有一万四千人，内包括学生约六千人。教育长负学校实际责任，教育长总办公厅下分设人事、文书、档案等室，此外有经理、总务、会计、教育四处。教育处下分步、骑、炮、工、辎、通讯、机械化等科，负责各兵科教育。校中学生共两期（第十八、十九期）四总队，每一总队三大队，一大队三中队，各设队长。中队以下有排长，此外有高等教育班（我任内的有九、十、十一三期），班主任孙元良，学员都系军队中级干部调训者，训练时间四个月到一年。有军官教育队，包括战术研究班、技术训练班、校尉班、军士班等。政治部与教育处平行，蒋委员长对政治部主任必亲自遴选（在我任内先后由萧赞育、顾希平担任）。另有特别党部，教育长兼特派员。

在名义上，军校尚有九所分校，惟实际上是由军训部管理，仅教育计划与本部相同，毕业生名义也在军校。九所分校的校址及负责人如下：第一分校，陕西南郑，刘仲荻；第二分校，湖南武冈，李明灏；第三分校，江西瑞金，沈发藻；第四分校，贵州独山，韩汉英；第五分校，云南昆明，唐继麟；第六分校，广西桂林；第七分校，陕西西安，胡宗南；第八分校，湖北均县（鄂北）草屯武当山下，徐祖诒；第九分校，新疆迪化（成立较迟，在盛世才服从中央之后），龚愚。

成都中央军校占地很广，校本部在北校场，此外尚有西校场、南校场、皇城坝、草祠堂、青年宫等地。校中器材图书都很丰富，中文图书四万余册，日文书五千册，英文书三千册，法文书六千册，典范令三百余件，共计约六万册。

到任后半个月，蒋委员长莅校参加十八周年纪念，亲自召集教职员点名。过后，即要我将老教官撤换，并限三个月内完成，这批教官都是保定出身，资格很老，但暮气太深。我得到军政部的合作，给予各种优待，又加发退职金。在八月二十七日孔诞那一天，由全校学生为教官送行，很圆满地解决，共更换了二百八十五人，西峡口有一军官训练团也在此时一并裁掉。

3. 军校教育生活与国际观感

军校的教育，很容易办，学生又都很优秀，所以我最有兴趣，也最感愉快。教育和训练不同，教育是涵润的，是求百年之功；训练是现实的，是求一时之效。但军校教育必须兼而有之，在入伍教育时以训练为主，而军官的培养则以教育为主。我考察军校教育觉得最大的缺点是不确实，其次是缺乏良好的教育方法。这种缺点由北洋新军传到保定速成学堂，再传到黄埔。黄埔最初几期，六个月就毕业，自然确实不起来。方法的不讲求，是因为老教官蔽于积习，所以改革也很困难。例如基本教练时，一个教育班长要管九个人，一个一个地来，在一小时操练中，每个人才分配到六七分钟。我即纠正他们，先教方法，然后让学生同时操练，既能充分利用时间，又使学生有适当的休息。其他如射击教育、接敌运动及战斗教练等，也特别切实讲求。又如行军训练，我不管学生体力如何，强迫行军，由成都到青城峨嵋山，在夏日下全副武装，途中只休息一次，抵达之后立刻展开演习，结果学生毫无问题，教官却受不了。这样不顾一切地严格锻炼，才能奠定以后的基础；教育出来的学生才会成功。

示范教育，也很重要，利用各种既有的图表、沙盘等教育器材，并尽量使用现地示范，务使学生切实了解，可说是采取了世界上最新颖的教育方式，加以教官多为陆大的学生，所以很能了解我的意思。这样几年之后，军校教育成绩大有进步。杨杰于三十三年自俄返国前，曾考察法、英、俄等国军事教育，到成都来参观我们的教育训练方式，也甚表赞同，认为只有战术战略素养是不够的，基本的战斗动作也很重要。

军校教育的目标在养成现代化的优秀干部军官，我尤其注重不分兵科的全能军官的培养，青年学生都很优秀，有朝气，有希望。但是因为学生太多，教官、器材有限，成绩未如理想。至于精神教育方面，责任在教官和队职官，所谓作之君（在操场、野外时）、作之师（在教室时）、作之亲（在日常生活休息时），这是办教育的人每天必备的三付面孔。

我努力使教育做到实在，不只重形式，其他海、空军校及各兵科学校教育长常到成都参观，我都是任意抽一队表演，决不使某一队专作表演之用，只有战线上的补给勤务一项，我命令校尉队专门负责，研究解决战线上的补给问题。

军校学生招生，在四川原极方便，但要顾及各省份的名额，使川籍学生不致占名额太多，所以又要到敌后招生。当然仍以四川籍学生的比例最大。

三十五年，我考察各分校之后，决定取消，全部并入总校。西安第七分校有其长处，即可以充分利用军队中的武器和教官，但是专重形式，只求表演，不顾实效。昆明第五分校最为腐化不堪。均县第八分校竟连枪都没有，以假枪代替。独山第四分校，华侨学生很多。迪化第九分校，我们曾派了四百名入伍生前去，都有自愿报考的。（入伍生是报考军校未曾录取，但曾接受军校预备教育的学生，当时入伍生团有一千多人。）

国际贵宾抗战时到中国访问的，几乎无一不到军校参观。例如美国罗斯福总统的私人代表威尔基，是由朱绍良陪同经新疆、兰州到四川。参观过军校学生演习及技术训练后，极为高兴。当时军校门岗卫兵都是入伍生担任，威尔基住在军校内，早起散步，与卫兵闲谈，发现竟都能说英语，也很惊讶。威尔基在其所著《天下一家》一书中，特别提到中国的军事已经现代化，就是参观军校后的感想。其他如美国副总统华莱士、英国国会议员访华团及华侨团体等，都曾来参观。英国议员中有一位工党议员，对内子所领导的妇孺工厂，特别感到兴趣，并说从此才明白中国抗战所以能支持这样久，实在是因为中国伟大的人力。回英国之后，即广为宣传。这所妇孺工厂，蒋夫人经常陪同各国议员、大使、公使等来参观，所以胜利之后，内人也得到胜利勋章。英国议员由顾维钧陪同在军校内吃饭，听说学生中有沦陷区青年，并有直鲁青年训练班等，又在敌后设有省政府，都惊讶不置，经我向他们解释，日军只不过占领了点和线，大部分土地仍在我政府控制之下，他们才了解日本的力量并不如表面的大。

4. 军校具有安定后方的潜力

四川的政治情势最为复杂，蒋委员长到成都时特别告诉我，只专心办教育，不必和任何方面往来。所以我在成都四年，绝不参加任何宴会，只有川康绥靖督办邓锡侯招待国际贵宾时，才应酬一下。此外就是贵州省主席吴鼎昌来成都时，由我们几位朋友轮流作东，所以成都人说，四川人必须讲应酬才能办事，只有万将军不应酬也能办事。军校平日不许人参观，只每年阅兵时开放一次，成都人对军校很有神秘感。

三十二年，中央要川军周晓岚一师（原隶属于刘湘）让出泸州、叙府的防区，以作为大军进攻滇西日寇的集结地，成都行辕主任张群要邓锡侯将周部调川北，邓不愿，勉强调到荣县，就不动了。蒋委员长非常不高兴，恰巧邓在医院中割盲肠，忽传说有刺客手持土枪行刺，于是成都空气甚为紧张，谣言四起。张问我有何意见？我告诉他，有军校在此，你尽可放心大胆的做。其实我早有准备的，军校虽在成都，本地没有部队，但距离不远的简阳就有驻军，成都的空军（毛邦初、王叔铭）都经常和我保持联络，归我指挥，一旦有变，军校的教育处就是作战的参谋部。不久军校在成都演习街头巷战，都使用空炮战。一夜之间，炮声隆隆，演习在事前已报告行辕及通知有关各机关，但张群事前未得通知，整夜没有睡，忙打电话问我，还责怪我不事先通知。邓锡侯等也以为我在作实力示威，颇为紧张，周晓岚本人原在成都，演习后次日，周就跑回部队，把队伍调离防地了。

另有一次成都发生地方军人和警察冲突，警察竟不敢站岗，我正在重庆，何应钦告诉我，要我赶快回成都。我立即电告教育处长：明日全校学生全副武装到北校场举行纪念周。次晨，学生队伍在城内武装游行一周后到北校场集合，第二日地方军队就撤出城外，警察才又复岗。后来驻蓉五十六军军长潘文华向行辕报告说，谣传军校内在构筑工事，又有地道可通武当山（刘备登极处），成都人心恐慌不安。张群因有军校作后盾，态度也很强硬，答称刺客尚未解决，军警冲突后，军队还没安置，且等两件事都办妥了再说。还有西康省主席兼二十四军军长刘文辉的势力分布川康境内，但部队大都被潘文华控制，刘在成都有两个办事处主任，一是对付中央的，一是对付四川军人的，可见川省军政的复杂。

其后军校学生一总队要在成都北门外演习，驻军彭光汉怕乘机要解决他，竟命令军队进碉楼戒备，又扬言要上山打游击。但我为避免谣言，演习反不能不照常举行，幸亏此时河南发生大旱灾，饿死达三百万人，潘文华举办赛马，以募捐救灾，经过河南代表请求，我答应亲自参加，以释嫌忌，并要军校学生也参加，才逐渐冲淡了紧张的空气，我又邀请省议会议员参观军校，始平息谣言。

5. 军校的党务训练与辅导工作

中央军校开始原是党校，以后始属中央，但仍不脱国民党传统，所以政治教育以三民主义为中心，除由政治部教官担任教课外，并请各大学教授演讲各种问题，各大学校长如陈裕光、黄季陆、梅贻琦、吴贻芳都需有联络。

党务训练是军校中心工作，重点则在小组，军校的小组与一般社会的小组不同，较为单纯，只注重理论的讨论，每次纪念周以后，就在大操场上分开作小组讨论，学生发言都很热烈，梁中铭兄弟曾将此画入画册。其次为中山室活动，每一队都设有一中山室，室内有各种娱乐器具，每室每年至少要举办两次竞赛活动，如歌唱、戏剧、球类比赛等。所以军校对学生思想的考察，方法极为自然，无需特务等组织，政治部主任多半由早期黄埔毕业生充任，如顾希平、萧赞育等。

为了军校教职员子弟的教育问题，又办了黄埔中学及小学，对外面也招生，因为利用军校的设备器具，所以另办中小学都很方便，

此外军校还辅助办理夏令营，三十一年及三十三年在灌县两度举办，所有人员、器材、设备全由军校包办，政治训练班也由军校代训。其后发起青年从军，在成都成立军事教导团，也是由军校办理。当运动发起之初军管区参谋长徐思平（是我陆大的学生，留日学测量，颇有口才），到三台县的东北大学号召，讲演完毕，学生数百人立即报名从军。各地纷纷响应，因此就在成都成立教导第二团，军管区的司令是张群兼任，因见军校的房屋、服装、武器等都齐备，就委托我代办，程泽润是兵役处长，转向我打官腔，说学生都没弄到，怎么能开班。我说："号召学生从

军是你的责任，我不过负责训练，你要这样说，我可以不管。”后来程向我陪礼，才算了。办教导团和军校完全相同，只不过在管理上稍为放松而已，所以教导第二团的成绩，较重庆的第一团为优，军政部、教育部及家长们到军校参观，没有不满意的。

教导团一共办了三期，其后集中成都飞往印度，此事由美军派来一位中校接头，由我派郭钟、蒋学平二人与他联络，三个人负责办理，就送出了二三万人，在此也可看出美国人办事的简单、尽职、负责，若由中国普通人来做，二十个人也搞不清楚，教导团第三期以后，改称青年军，由罗卓英负责。

6. 军校对政治的影响

张群之担任四川省主席，经过一番曲折。二十六年刘湘在汉口死后，蒋委员长即要张出任，国民政府曾于二十七年一月明令发表，但四川地方军人全力反对，张不能到任，于是由蒋委员长于二十八年九月自兼四川省主席，而以贺国光为秘书长，但这不是长久之计，贺既不能事事请示，又常为地方军人掣肘，恰好张笃伦原任汉中专员，不安于位，由张群调任重庆行营副主任，后升西昌行辕主任，他特别向刘文辉（刘湘死后，川局即受刘文辉操纵）说：“蒋先生除了张岳军，绝不让任何别人任主席，何不就让他出来算了。”当时张笃伦与刘文辉都在成都出席川康建设委员会，简单几句话，张就把刘说服了。张回重庆后，报告蒋委员长说已经谈妥，蒋还表示怀疑，张说可完全负责，蒋方派贺耀祖亲携命令到成都发表，时为民国二十九年九月。

成都政治局面很复杂，唯赖军校为后援，陈继承是我前任教育长，与张群相处不洽，因陈颇有野心，竟主持川省行政人员训练。但自我继任后，绝不过问地方军政，张则以主席兼成都行辕主任，与我密切合作。

成都的政党有国民党、青年党（与刘文辉关系较深）、民主同盟、共产党等。军校平时绝不与外界接触，不过校内的机关报《黄埔日报》延安特别订阅了十五份，可以想见他们重视的程度。

三十二年十一月间开罗会议以后，在成都附近新津、双流、彭县、邛崃等地要修建七个飞机场，作为轰炸日本的飞机的基地，孔祥熙亲自在军校内监督，动员人力数十万，军校也派兵二千人协助，所有机场，多则五月，少则三月，都次第完成，而且完全靠人工修筑，颇使外国人钦服。

三十三年六月，长沙失守，后方颇为震动，我当时判断，日本只是想打通缅甸、安南的陆道，维持东南亚的军事补给线，以图自救，并无意于我们后方，否则应走西安、汉中以取成都，所以日军攻豫西时，我反告诉张群，不可不注意这条路线，其后日军不走此线，遂注定失败。等到三十三年十二月贵州独山失守，我们兵源不继，颇为危急，我也打好腹案，以十九期学生为干部，将军校编为两个师，准备作游击战，所以曾命经理处准备三个月的粮秣。

三十三年六月十六日，军校二十周年校庆，全校师生发起为校长塑铜像，并整理校史。校史的资料很丰富，以曾扩情（黄埔一期生）为主编，西南联大教授钱穆也参加编纂。铜像是由名家刘开渠塑像，刘开价三十万，我一口答应，立刻下条子付钱。所以塑成后神采生动，张群一见便叹为神奇。铜则由资源委员会供给，在空军机械厂铸造。忽然蒋委员长来电话，说此时此地不许做这样的事，像若未铸，就不准铸，若已铸成，也不许竖立。结果只得把像放在中正堂里，到三十四年由戴季陶揭幕，并作文记其事。

三十四、三十五两年，成都经常发生学潮，华西坝的华西，四川、金陵（有男女二部）、齐鲁等大学，是学潮的发源地，国民党第六次全国代表大会定于三十四年五月五日在重庆举行时，成都军政首长都先期前往参加。我到重庆住在贺国光家，侍从室主任钱大钧立即打电话来说，最好回成都，然后又要我礼拜国府纪念周时去见蒋委员长，蒋见面问了我一下教育方面的事，就派飞机送我回成都，这时正四月底，是恐怕五四发生学潮。回到成都，民政厅长孟广澎（剑涛）、警备司令严啸虎每天都向我报告华西坝学生动态，各师长也都来进谒，结果五四平静度过，只不过有学生开会进行而已，党政军首长离开后，要由军校教育长来主持，由此不难想见军校地位的重要。

二十五、 湖北省主席时期

1. 我对政治的认识

三十四年八月胜利消息传来，举国欢喜若狂，物价大跌，例如阴丹士林布由每匹二十四万落到八万。张群去重庆前，我特别劝他最好出任与日本和谈代表，因他与日本关系很深，又曾任外交部长，去主张维持日皇地位，可以拉拢日本人心。其次又劝他不可再回川省主席任内，因六年之中，用太极拳手法安定后方，支持中央完成抗战，功劳虽大，却得罪了四川人民。当时每年要征粮一千六百万担，盐税五十亿，平均四川五千万人口，每人要负担十元。而四川政治，因不能大刀阔斧地改革，也毫无进步，还是留在中枢较好。张颇以我的话为然，但后来仍回四川，已不能有所作为了。三十五年一月政治协商会议在重庆举行，我又曾劝张不要参加。我又主张蒋委员长于胜利后以世界英雄身份出国一游，暂时委政他人，可惜未被采纳。

抗战胜利后，对于军校的复员，我是有很大的计划，因为当时我对办教育有兴趣，也有信心，我计划选北平西郊作新校址，不然就改在凤阳，不料三十五年四月间突然发表我为湖北省主席，当时各省主席大多已发表，这一来实大出我意料之外，前一晚委员长打电话来，要我次日就去重庆，次晨，又来一电话要我直接飞湖北，不必再到重庆，军校则交教育处长刘伯龙代理。刘后因军事失利，在衡阳为顾祝同枪毙。

中国的军事理论家太少，我在陆大时就注意对理论的研究，虽然对此并无特长，但很有兴趣。以后蒋先生要我去办中央训练团，我就决定向政治方面发展，因为训练团中各种训练无所不包，接触面很广，不料却调我到中央军校。我对军事教育也颇有兴趣，就决定要为国家的军事基层干部奠定基础，本来已为军校拟定了远大的计划，希望能继续做下去，谁知又突然调我为湖北省主席。

我对实际政治是没有经验的，不过却常常思索，中山先生的建国方略分为军政、训政、宪政三阶段是很有道理的。民主政治是以英、美为目标，英美人少地广，资源富庶，教育普及，民主政治自然成功。至于德、日的政治成功，也是因为生活水准高，国民教育普及，人民知识提高所至。所以政治关键可说在国民教育。而我国文盲占百分之八十以上，对政治也素无认识，在教育上补救已是太迟，所以有“训政”的一个阶段，我有这一认识，从事湖北省政，真觉诚惶诚恐，毫无把握，我只有一个理想，就是以办教育的精神来办省政。我从小受教育，就深知富国强兵的重要，但古人说：富而后教，行之已数千年，我们几时才能富呢？所以我觉得这话有毛病，应该是：教而后富。现代已进步到机械时代，无论农业、工业都需要新知识，而中国还停留在人赶牛耕田的时代，如何能富，所以政治的根本还在教育，其他措施都只是治标的办法。

2. 派系和人事

主持一月行政必须有班底，和任何方面的派系，必须有联系，才可以获得信赖，不致事事掣肘，因此，回鄂省主政，我首先考虑到的就是人事问题。当时党派，国民党内的有CC、青年团、政学系，党外有民社党、青年党等，我在党内不属任何派系，但我自己没有班底，成都的湖北人很少，我只带了两个人：一是主任秘书熊道琛，是川省府主任秘书周君亮推荐的，湖北存古学堂毕业，北京政府高等文官考试及格，曾做过县长，为人老练稳当，公事也熟；一是汪民桢，原是我军校的秘书，后任湖北省府人事处长。

蒋委员长虽然要我直接去湖北，一个人如何去呢？还是非先去重庆不可。一到重庆，推荐信纷纷而来，但我想找的没有来，来的又不能要。我最初想找朱怀冰为秘书长，朱不肯，朱当时任军法执行总监部副总监，原来很有机会做湖北省主席的，为陈诚的小圈子排挤掉了。贺国光则极力向我推荐邓翔海，邓在沦陷前做过江苏吴县县长，后在军委会委员长侍从室第三组，当时正在新疆任民政厅长，我本无成见，就接受了。

不久我进谒蒋委员长，提到省府改组的问题。蒋说："秘书长可以用邓翔海，别的不要动，等到湖北看过以后再说。"陈立夫知道了，就来问我见过陈果夫没有，我答：还没有去见，但秘书长人选蒋先生已经同意了。陈又要我去和陈果夫商量，我没有去，因为邓和陈不睦，我又见了行政院长宋子文两次。当时行政院没有实权，宋只注意金融经济问题，对各省省政毫不关心，只叫我和秘书长蒋梦麟谈谈，对我的问题也不答复，我不过是想知道中央对省府有何指示，既然没有，我就索性不问。

当时的湖北省：民政厅长王开化，财政厅长吴嵩庆，建设厅长谭岳泉，教育厅长钱云阶。此外武汉绥靖公署主任是程潜，副主任是孙蔚如和刘膺古，参谋长王天鸣，警备司令郭忏。郭很想做省主席，由陈诚推荐给蒋委员长，所以郭人事都布置好了。不料搁了几天，蒋委员长突然选定了我，并立即打电话给我。何成濬自退役后，无事可做，很不得意，恰巧湖北省参议会选举议长，他就以省参议员当选为议长。张知本当时也是省参议员，想竞选议长，却很客气先推何，后来张有事见何，被碰了个冷钉子，于此也可见何之为人了。

我到湖北时，拒绝送往迎来，尤以大乱之后返省，更不愿惊动乡里。三十五年四月接事后，五月就到南京开田粮会议，这时蒋委员长授意我改组省府，要我与陈诚、朱家骅商量，陈要余正东做民政厅长，朱要王文俊做教育厅长，财政、建设则不动。余正东是青年团关系，当时正在陕西当专员，王文俊是留法的，学教育。省府委员有熊国藻、吴良琛（兼保安副司令）、郑逸侠、周苍柏、管泽良，汉口市长徐会之，秘书长仍是邓翔海，这时才到差。

3. 战后的湖北

湖北的情形，我在此时彻底研究了一下。抗战撤迁之初，除了英国人投资的武昌第一纱厂，所有工厂、学校、机关都拆走了。敌伪统治数年，可说毫无建设，而湖北一省，就分属四个战区：鄂北（老河口一带）属第五战区（司令长官李宗仁）、鄂西属第六战区（司令长官孙连仲）、鄂南属第九战区（司令长官薛岳）、鄂东属第十战区（司令长官李品仙），只有中间武汉一带，由敌伪盘踞。一省之内，有敌、伪、奸、匪、游五种组织，都是就地征粮抽税，任意推派，人民的负担和痛苦可想而知。鄂西情形稍好，鄂北第五战区，都是杂牌部队，最糟，当地粮食搜括净尽，要经由巴东、兴山等县重山峻岭之区运川粮入境，全都调征民夫搬运，人力物力，损失不赀，而人民无饭吃，有时还要买军粮。湖北被敌人占领的五十四县，都被彻底破坏，甚至房屋没有一间完整，武汉三镇内，兵营都夷为平地；汉口的旧街，一扫而空，房屋的木材做了燃料，石头则被拿去修飞机场。抗战胜利后，除我以外，也没有人注意到湖北实际的情形，王东原只做了几个月的省主席，自然管不到，上海救济总署的负责人也只在武汉巡视了一下，不了解全貌。而复员以来，军队经过鄂境的很多，依旧征粮征物，所残余的一些也在复员以后被摧毁了。

湖北在平汉路未通车前，是九省通衢，汉口的商务，甚至胜过上海，而长江横贯本省，又有汉水等支流遍及各地，湖北是相当富庶的。但是由于人谋不臧，战前受教育的人数统计，竟然居全国倒数第四位（最后一名是新疆）。我就任后，详查全省小学生人数，只有六万人，而实际数字是二万人，是王东原先生认为报少了，面子不好看，才多写上的。我于是特别注意教育的发展。

抗战时鄂西在陈诚主持下，实行计划经济和计划教育，颇为成功，经济上成立企业委员会，下设七个公司，以省银行为中心，控制一切商业贸易。人民计口授粮，中央的盐税也由他分配（是蒋委员长亲自同意的），各地的粮食管制不许流通，甚至甲乡的粮不准到乙乡，竟因而有饿死者。后来始稍加放松，棉纱也管制，集中到重庆去买。所以鄂西的政治非常安定。至于教育上，取消私立学校，学生一律公费，并且毕业后一定能就业，因此严格限制学生的名额和提高品质。但所有这一切都是靠陈诚一人的力量，复员之后，陈一离开，就推行不通了。

胜利之后，省府没有实权，计划经济更行不通，省的预算由中央控制，每月由中央发给经费。县是行宪后的自治单位，财源尚有三十二项，而省只有三项，可见省只是一个空的名义。三十四年政府曾有命令：三十五年的田赋、兵员免征。但三十五年召开田粮会议，蒋委员长宣布，田粮不能永远免，非征不可，湖北应征的田赋数字是二千七百多万元，居各省之冠。江苏是前清时赋税最高的省，也不曾达到这个数目，我仔细研究，才知道这个错误是陈诚在鄂西时造成的。但抗战时多出些可以，现在却不行，为此我与粮食部长徐堪大起争论，后来经田粮处长及财政厅长改订为一千一百多万元，而以每元抽实物四斗，另征借四斗计算，再经力争的结果，减为每元三斗，借一斗半，共为四斗半，计每年要缴纳二百万担，预借一百万担，但省属地方团队，公务人员、学校等开支也要由此附加征收，加起来每元就成了五斗九升，省议会始终不肯通过，我反复说明，始改加四升为省的公粮，成为每元四斗九升。

4. 复员与接收

我到任以后的前一段时间，主要是做复员和接收工作。全省七十一县，抗战时沦陷了五十四县，但往往县城是敌伪，乡间仍然属我方游击队控制，所以一县常有两个至三个县长，复员接收的工作因此很混乱。

稍稍安定以后，来自重庆及原在鄂西的党政人员都回到武汉，派系问题即由是产生。其时，省党部主任委员方觉慧，书记长吴大宇；青年团方面，干事长余拯，书记刘先云。省参议会议长何成濬，副议长习文德，汉口市长徐会之，议长张弥川，市党部主任委员袁雍，青年团干事长郎维汉，无一人能摆脱派系关系。只有政学系没有势力，因当时杨永泰已死。省党部是 CC 的势力，省府组织中则有党有团，但以团的势力较盛，这是陈诚在鄂西时形成的。本来中央军校完全是团的势力，就关系而言，我应该较接近团，但实际上我在军校时从不过问这些事，故与团的关系也不深。起初，我颇考虑应该多搞党团关系，还是专心做事？最后决定只做事，不考虑派系；为事选人，不为人选事，所以始终超乎派系之外。

初接收时的局面最混乱，日俘住在武汉的有十五万人，由湖北负担粮秣，各处的军队也逐渐来了，把工厂学校都驻满，使工厂不能开工，学校不能开学，而只有先复工、复学使人民安定之后，才能展开工作。好在我的军事关系很多，逐渐使军队撤离湖北。当时驻鄂南的邱清泉部军纪最好，还帮助地方建设。

第一年内，我召各县长、专员到武昌述职，由此了解各地情况，对全省情形得到一个轮廓，并且也藉此加以考核。为表示重视县的地位，并为地方树立模范，我特别征得朱怀冰同意，任朱为黄冈县长，授予全权，由朱调了三位县长任科长，厅长任为秘书，又聘徐源泉为县议会议长，接着我又任石毓宪为黄安县长，除了这两个特例，其余县长都是由中央分发经考试及格的，绝不任用一个私人。

工厂的烟囱冒烟，人心才能安定，社会才能繁荣。但工厂不能开工，厂房为军队所占固是原因，同时也缺乏资金。我召集武汉工商各界及四行二局的负责人，组成武汉工商复员会，促成行局向工商业放款，收效很大。对小型工商业，则由省银行以小股贷款辅助；有英国股份的工厂，我也限他们克期开工；新闻界各报馆请我吃饭，也要求贷款辅助，我立即答应由省府借款一亿元作为买纸的周转金。

5. 从发展教育入手

我在省主席任期由三十五年到三十七年，计两年整。三十五年正值谈谈打打的时期，全省最为安定，仅有共军李先念的一支，还在河南境内，是以我也能从容做事。我对政治并无经验，但是肯虚心学习，常召开座谈会。在教育方面，我则把老教育家及新任学校的校长分开两次座谈，我以为湖北的教育失败，张之洞是始作俑者，张以“中学为体，西学为用”的主张，挑选秀才到日本留学，都进八个月的速成师范，这批人语言不通，上课靠翻译，生活思想都很守旧，八个月所学的还不及初中程度，但在回国的轮船上相约发誓，回国后要抬高日本地位，以自抬身价。这批人回国就成为地方士绅，把持地方教育，所有道、府、州立师范学校都由他们来办；更与各地地方官狼狈为奸，垄断学产，办教育竟如同做官。所办学校，西学仅有皮毛，更无中学之体。民国以来，军阀当权，根本不管教育，只有武汉算有几所学校，地方几乎无教育可言。所以我首先全力发展小学，规定每保要办一所中心小学，本来每保常无一所小学，到我离任时，有一保办六所学校的。师资自然是一大困难，但我只求有，不求好；识字总比不识字好，甚至认别字也比不识字好，所以当时有道士充任教师的，同时我号召人才下乡、教育下乡、游资下乡、事业下乡。

小学只能求量不求质，但中学则须求素质好，所以我鼓励私人兴办中学。石瑛在武昌办蘅青中学，派了位代表来见我，要求补助一亿元，我立即答应，打电话叫财政厅长筹款。这只是一个例子，只要学校办得好，我都予以补助，有一所荆南中学，办得很差，我马上下令停办。以往湖北学生，考武大常交白卷，我于是召集各中学校长，宣布以学生录取武大人数为补助标准。三十六年有一所学校学生一百零四人报考，一个也没取，我立刻将校长撤职，次年果然大见改进。至于初中则以考取高中的人数为补助多寡的标准。

我和教育界人士相处很好，常约请武汉、华中、中华等大学及国立师范学院的校长、院长吃饭谈话。华中大学原名文华书院，创立于清同治十一年，是教会办的，复员后联合湖南雅礼等五所学校，合并而成华中大学，校长韦卓民，广东人，与地方素不往来，独与我相得。中华大学校长原为陈时，后为王震寰（现任教政大）。我组织的武汉经济研究会、乡村建设研究会等，都是利用暑假，由教授率领学生下乡实地研究调查，然后提出报告，收获实不少，武昌的永丰乡竟成为实验模范区。

6. 工业建设与人口调查

在交通通讯方面，我也很注重。政令下达，全靠通讯。我规定由省到县通讯线的架设，由建设所负责；由县到各区乡镇的则由县府负责。复员之初，完全没有通讯系统，到三十五年底，由省到各乡都已畅通，我常以电话讯问各县情形，湖北的水陆交通向来没有办好，我也尽量只求通，不求好。

我计划在武昌至石灰窑地带建设一个重工业区。此一带有长江的水运便利，又可连接粤汉铁路，并且工业用电也方便，可惜没有机会实现（这就是中共现在正发展的青山工业区）。石灰窑的钢铁厂有一座四百五十吨的熔铁炉，是战后日本广田钢铁厂赔偿中国的物资，原预备设在马鞍山，经我向翁文灏争取，才改设于石灰窑。当时大冶铁矿的储量估计约有六千万吨，我同时还计划利用当地资源，设一水泥厂，在鄂南建一发电所。巴东到房县的神农架，有广达三百多平方华里的原始森林，都属针叶林，我计划开采木材及设立纸厂，由省府投资，每月耗费三亿元，到三十七年四月，第一批木材已运达汉口了。善后救济总署要设立两所玻璃工厂，一在上海，另一所则成为六省争取的对象。因为鄂南有丰富的玻璃原料，我极力争取。听说总署要二十亿，我立即通知省银行行长郑逸侠筹办，结果果然被我争到。可惜到我离开湖北时，还没有完成。

建设武汉大桥的计划，在战前就已开始。我请茅以升（钱塘江大桥总工程师）、杜重远（平汉铁路局长）、谭岳泉（建设厅长）、夏光宇（粤汉铁路局长）成立筹备委员会，由我担任主委，每月由省府拨款一亿元为工程费。当时英美都愿意投资，因时局关系没有成功，否则早已完成了。现在共产党所修筑的武汉大桥，就是依据我们原有的计划建筑的。

长江三峡的杨域安（Y. V. A.）计划是全国性的大工程，不是一省所能办到的。我只计划疏导汉水上流，在均县附近建筑水闸，以减少水患，水利部已经派测量队前去丈量，后也是因为内战的关系，没有实施。

武汉大学的医学院也是由我支持成立的。我和武大校长周鲠生同到教育部与朱家骅商量，获准。医学院院长是位外国人，看中了国立师范学院的校址，结果由我在粮款项下拨出一笔钱为师范学院另建校舍。

复员之初，我向各县长询问所属人口，总无确实答案，所以决定举行户口总调查。这次调查由民政厅筹备了四个月，动员了三十九万多人，先作教育准备，由省到县，由县到区，由区到乡，逐层派人督导，真正调查工作规定各地同日举行，只花了一天时间，调查结果逐层向上报告，集中到省府，又费时两个月。这次调查，对教育社会情形分析很详细，除南漳、□□二县（有一县名忘记）外，总计全省人口较战前减少六百万，全省男女比例为四十二比三十八，男较女多二百万，只有南漳、五峰两县女多于男。

7. 清理敌伪物资与整顿财政

汉口敌伪物资的清理，由我负责。我发现伪中储银行的地下库房里藏有蒙古（热油）烟土数百箱，重达四十多斤，价值六七十亿元，我报告中央主张烧毁，宋子文却要我送去南京，我又去电蒋主席，获得批准，就在汉口中央公园里烧毁，整整烧了一昼夜。这是笔大财产，当时程潜、何成濬都反对我的办法，我一概不理。

我常到各县巡回视察，就随时在各地召开区域性的行政会议。三十五年，我首先视察宜昌第六区，由水路前往，沿途遇到乡镇村庄，都登岸访问，特别注意当地学校情形。地方上听说我要看学校，都赶紧筹办。在监利时发现公文政令与地方上的实际情形相差很大，依据中央命令，三十五年全国免役、免赋，但地方收入，全赖田赋，不得已，就实行摊派，而保甲长乘机中饱，地方团队到处要索，弄得鸡犬不宁。监利县议长向我建议，摊派为害太大，不如将田亩分为上中下三等；上等缴一千元，中等八百元，下等五百元，如此全县可实收五亿多元，加上其他税收有一亿多，县府收支可以平衡了。这建议已送到省府，我于是去电秘书长，要他核准办理。但省里回电说，万不能准，因此办法与财政收支划分办法不合。我又和身边各部门负责人商议，在条文中找出一项“捐献”的名目，然后由各区量出以为入，于是通令各县遵照办理。这是各区行政会议，可就地发现问题，立即加以解决的好处。

张群于三十六年四月任行政院长后，召集各省主席会议时，我就提出这项以田亩等级为捐献标准的量出为入办法，获得行政院赞同，后来湖南仿行我的办法，改征米谷实物，我仍征法币自然吃亏，便也拟改为征实物，因此而与省议会发生大冲突。

三十五、三十六两年，湖北棉谷都丰收，谷贱伤农，米价由一斤六百元跌至二百五十元，要一百五十担谷才能做件外套。我命省银行信托部贷款一百亿给县市银行，大量收购，以抬高谷价。

财政厅长吴嵩庆是个干练的人才，他在湖北举行税务人员考试，录取了十九名大学生，三名专科生，加以训练后，分发为各地税务局长，以整顿税收，税务人员廉洁的风气由是树立；吴又严格控制预算，绝不随意挪用一文，将公粮与积谷收归财政厅；因此周转方便，公教人员每月都能按时发薪，生活也安定，虽然币制变动，但有公粮实物，是以影响不大。我对新闻界的补助费，就是公粮积谷扫仓的积余。

当法币贬值时，各地都以大洋或米谷为交易单位，我向张群建议，不如开放，准许银元公开流通。张同意我的办法，却不敢做，因对粮与盐不能控制。

英国大使及商务访华团曾向我提出，由英国商船直接到汉口买货出口，不要在上海转手，但行政院受上海商人包围，没有批准，这几次交涉的翻译都是由华中大学校长韦卓民担任。

8. 湖北的政治派系纠纷

胜利以后，促成全国各地人事混乱，人心浮动，纲纪败坏，选举是一大原因。自三十五年召开制宪国民大会，制宪代表成为天之骄子，接着准备行宪，立监委及行宪国民代表，均须提名公开竞选，因为人事纠纷、党派斗争等，层出不穷。

和选举相关的是汉口改为院辖市的问题。早在民十六年刘文岛担任汉口市长时，就有改为特别市的计划，但是当时何成濬是湖北省主席，坚决反对，所以汉口成了省辖市。不料何现在改任议长，一反而赞成改制。徐会之是汉口市长，和市议会都活动要改，因我常骂徐："从前汉口有租界，所以整齐清洁，胜利之后，租界收回，你又反把汉口搞到乱得不成样子。"徐和省议会见我就怕，所以想使汉口脱离省府。但汉口改属牵连湖北财政问题太大，我于是进谒蒋主席，同去的还有广东、辽宁两省主席也都反对将广州、沈阳改为直辖市，汉口还可以，广州、沈阳一改，两省的省政府都无地容身了。独有于右任争取要将只有二十五万人口的西安改为院辖市。蒋主席只是笑，说："只是为了选举，是吧。"原来院辖市至少可以增加五位国大代表，有利副总统竞选，所以程潜极力支持将汉口改制。

随之而生的是派系问题。民主政治应有党与党的竞争，但和我们党内派系斗争，程度大有不同。湖北闹得还不算凶，听说最厉害的是湖南，有所谓锥子、镰刀两派，竟至动武杀人。湖北的派系，早在鄂西时就有 CC 与青年团之争，在省参议会里，有民主宪政与湖北论坛两派，前者重要人物是习文德，后者以刘叔模、贺保三为主，是石瑛（字蘅青，鄂西时省议长，与陈诚对立）的基本干部。另有一十人团，是湖北 CC 派的核心，主要人物有钱云阶、袁雍及省党部王维时等，以拥护何成濬为目的。湖北地区又素来有上下五府之分，上五府是荆州、襄阳、宜昌、郧阳、施南，下五府是武昌、汉阳、黄州，德安、安陆，地域区别，由来已久，下五府因交通便利，民智早开，人才辈出，始终占上风，直到抗战时省府迁到鄂西，上五府才逐渐抬头。

何成濬初任议长时，还很和省府合作，到三十六年元旦宪法公布实施前后，何就大肆操纵活动，事事和省府争持，他掌握省党部与省议会，又和武汉金融界关系很深，同时，他曾历任湖北省主席，行营主任等，势力雄厚，根深蒂固，所以使省府很感为难。何与省府对立的主要原因，是我的作法皆对他不利，我常到各地视察，探求民隐，两年主席任期，大半在乡下渡过，议员最怕也最恨我这办法，因为对各地的事，他们反不及我清楚，就无法再操纵民意了。

9．军官转业与学潮

三十六年春，湖北的军官总队有四千多人，齐集省府要职业。我先将他们安置在葛店，分别加以训练，并常去讲话，向他们说明湖北的问题和困难，及地方基层干部的重要性。再以葛店为示范区，分别由军官试验担任乡长、保长等，实习地方行政工作，然后分发到各地自治干部或编练地方团队。各省都感头痛的事情，反使我实现了“人才下乡”的口号。

学生经常闹学潮，尤以三十六年最多，一次是国立师范学院学生到武昌请愿，因师院迁到荆州后，师资经费都不够，学生就要求迁回武昌，恰巧教育部次长杭立武在武汉，告我教育部有在鄂中设立大学的计划，我就以此答复学生，并允许设专车请武汉教授到荆州上课，把他们说服送回。

最严重的学潮发生在武汉大学。三十六年四月，我正不在汉口，武大学生要求提高待遇，上街游行，贴出“官肥民瘦”、“反对内战”等标语，被看热闹而觉不平的伤兵驱散，到六月一日，武汉大学就发生了惨案，那天我正在省议会报告，武大校长周鲠生在南京，忽然武大的五位院长及教授代表来找我，告诉我军警在早晨包围武大，枪杀三名学生（内有一名台湾学生），另三名受伤。我赶回省府，打电话给武汉绥靖主任程潜，程气很盛，说："不要理他。"我告诉他学生可能会游行，他说："院长要游行就抓院长，是教授就抓教授!"并说这是中央的命令。

当时武大学生愤激异常，要抬尸游行，我忙打电话给代理校长，保证由我负责解决，但千万不要再游行。这时行政院长张群来电话，问我是什么人下的命令，我向他报告，据程潜说是中央党部秘书处的命令，各省同时行动，按名单逮捕共党学生，武大是由武汉警备司令彭善执行，但处理不当，致出了问题。次日，周鲠生和杭立武都赶到，我就到武大向学生演说，学生要求惩凶，我一再劝阻不可提出任何要求，但可负责向中央报告。原来蒋主席对这事很关心，每天来几次电话，要我处理，但不得接受学生提出任何条件，第三天，蒋主席下令将彭善撤职查办，弥天风波，才逐渐平息。

10. 行宪国大与立监委选举

宪法公布后，于三十六年冬，全国各地举行行宪国大及立监委员选举，我觉得很是高兴，渴望民主政治可由此成功。选举必须争取人民，所以当湖北各县市有名望的候选人来见我，希望我支持时，我都劝他们亲自下乡向人民讲话，一方面教育人民，启迪民智，一方面可争取真正选票。确有人这样奔走各地，把鞋都跑破，结果竟然没有当选。

先是在行宪过渡期间，中枢改组，青年、民社两党参加政府，湖北省府也增加李毓华（青年党）、张笃宣（民社党）为委员。是年秋，开始候选人提名，湖北成立选举事务所，由余正东（民政所长）、杨锦昱、李毓华、张笃宣组成，我是主任委员。国民党另外有一选举指导小组，由党政合组：指导委员鲁荡平、方觉慧、余拯，书记长吴大宇，副书记长刘先云。另外有何成濬及我参加。

我想得太天真，叫候选人下乡，不料提名由中央决定，他们反而向南京跑，再没人跑下乡了。决定候选人初步名单时，都在我官邸开会，才能躲避包围，每天在我家吃两次饭，常谈到午夜才散。先谈立委名单，我提出：学识、声望、品格、能说能写的原则，经大家同意后，由第一区开始讨论起。一个个候选人提出让大家批评，往往一个人讨论一整天，一区要经过好几天。例如三区的钟蒲生，是何成濬全力支持的，我知此人品性不佳，坚决反对，结果改为候补。又如二区的人才太多，徐源泉、夏斗寅、刘文岛、孔庚、胡秋原，因为地位、声望的关系，都全部选上，陶希圣只得了个候补。湖北的选举实在相当公正，尤其立委的水准相当高，优秀之士大都能当选，例如六区恩施、饶凤璜，就是真正选举出来的。

至于湖北国大代表选举，因要包括各阶层各产业界人士，人数既多又杂，无法详细考查，所以水准不齐，这是无可奈何的事。

省议会选举监察委员时，青民两党的省议员曾被拒于会外，经我说服两党的朋友到省府开会，分别选举，不过两方都能尊重我提出的原则，所选出的监委和立委一样，都表现得不错。

11. 辞职离鄂前的形势

共产党刘伯承部尚在河南、安徽境内活动时，我就判断他一定要到湖北来，因湖北两年丰收，存粮很多。这时《动员戡乱纲要》已经颁布（三十六年七月），赋予县长全权，我就开始巡视各地，动员组织民众，更动不擅军事的县长。我决定的原则是坚壁清野，不必死守城镇，但共产党的力量太大，终不是我们所能应付。

我所得的消息常较行辕的迅速正确，有一次国军两师由浠水到广济，被共产党一日夜行军四百里，包围缴械，县长由溃兵处得到消息，即以电话向我报告，而行辕还以为打了胜仗。只有一次，忽然传闻阳逻（距武昌东北数十里）被刘伯承攻陷，而武汉竟无一兵可派，我立刻派警察及保安队到阳逻江边布防，后来才知是误会造成一场虚惊。事过三天，百姓才知道此事，原来百姓探听情况，只看主席公馆有没有动静，今我家平静如常，自然不起恐慌。

三十六年十月，安陆被围，县长胡受谦是谷正纲介绍来的，原是天水专员，安陆被围时，行辕有部队却始终不去援救，结果城破，胡殉难。

康泽在襄阳任第十五绥靖区司令官，我也全力支持，但康指挥不动部队，后来终于三十七年七月十七日襄阳失陷被俘。到此时共产党已经不可收拾，而大家仍在闹省长民选，省议会也对我不满，我见大势已去，遂辞职，举张笃伦自代。

我交代后数日，张来拜访我，说："武樵，连日来考察湖北情形，据各方所谈，知道你是做事的，只是环境不许你做下去。这两年来政治的清廉，干部水准的优秀，实在难得，我一定照你的方针去做，一定要对得起你。"但张的作风一反我的作为。

我在湖北两年，无补于国家，无补于地方，总算各报与舆论对我说了几句公道话，但我自信，若在承平时代，也许必有一番成就。

二十六、 战略顾问时期

1. 离鄂赴京

三十七年四月我辞了湖北省省主席，政府调重庆市市长张笃伦接任，并发表我为总统府战略顾问。张笃伦飞鄂履新这一天，到南抚机场去接的有省议会、省政府、新闻记者、地方士绅等，我也去接他，但坐我车里没下去，此时丝毫不为外界的景象所激动，心里坦荡荡的，送张笃伦到住所后即驱车回家，飘飘然地，觉得很轻松很愉快，自问自己学力修养能使自己到达这里几近"无我"的境界吗？或者是最近这几个月的经历使我厌弃了政治呢？

尤其在行宪后我当湖北省选举监督那一段时日，指导小组每天在我家开会到深夜。外人不可进来，可是竞选的人不客气得很，任何丑事都做得出来，我看政治实在是太龌龊了，从事实际政治的人要讲争权力、争地位、搞派系，我不争权力、争地位，又无派系，现在不做官了，离开政治了，心境坦然。

交代后我搬到汉口住，张笃伦特别来讲他的观感，认为我确实是做事的，用的人也很优良，一定要照我所做的去做。此时他的弟弟张笃宣不干省委，谭岳泉辞建设厅长，他们说："过去留不留是能力问题，今天的留不留是人格问题。"看情形我住在汉口对后任实在不方便，加上南京有朋友来信要我去，便在五月离鄂赴京。

2. 总统就职与翁文灏组阁

我初到南京蒋主席召见我，要我带兵，我一口辞了。此时正副总统刚选举出来，订于五月二十日举行就职大典，我也参加了。提起副总统的选举，我是帮程潜竞选，李宗仁曾打电话要我支持，我坦白告诉他我已答应了程潜。程潜失败了，中央大力支持的孙科也没成功，就这件事看来我觉得处理得很不好，既然党宣布不提名就放手让人自由竞选，现在所支持的人落选很难堪，而最严重的是弄得程潜、李宗仁满腹怨气，离心离德。

总统就职后接着的是组阁问题，本来总统属意于张群，不料立法院一次假投票何应钦得票超过张群，张群即离京赴川，照理应该提何应钦，但总统与何之间有解不开的结，早在十六年北伐军自山东退回浦口时，蒋先生召集将领会商，李、白说宁汉可以合作，有蒋在不能合作，何不讲话，蒋先生只好下野到日本去，不久回来复职，何在徐州指挥军事，请蒋先生复职的电报迟到两天，王柏龄召集黄埔学生拥护蒋先生，所以蒋先生告诉当时总司令部秘书长贵州人李仲公说："你告诉敬之，这时候我没有他一样成功，他没有我，他完了，叫他放明白点。"他亲自到徐州，一张条子把何调为总参谋长，此后没给何什么实权，此次假投票居然得票最多，在军中何没有力量，而在政治上竟有这样大的力量，益增其不安，在这种情况下才推出翁文灏组阁。

翁文灏以文人组阁，对各方面都无恩无怨，但没有班底，一切都由陈布雷筹划，翁文灏与我原为旧识，战后为了“广田钢铁厂赔偿”一事，我曾到大冶汉冶萍公司去和他谈过几次，他支持我的意见，争取在大冶设厂，可惜时局变了没完成，但与翁关系不错，他当行政院长后见到我说：“那时要是我当行政院长绝不要让你离开湖北。”

3. 战略顾问位高而闲散

我在南京就住在战略顾问委员会，会址本是战前周佛海在西流湾新盖的房子。

战略顾问委员会名义上是军事最高建议及储备战时高级指挥官的机关，负责研究或检讨与战略有关之军、政、经等问题，战略顾问即为委员会委员，名额十九名，都是曾任上将中将的现役军官，由政府特任，这种组织的原设计者眼光远大，其用意在仿宋太祖之杯酒释兵权，战略顾问地位尊崇，每人还可用秘书、参谋、副官各一，卫士两人，汽车一辆（汽油由公家供给），这样可使放下兵权的人觉得地位还过得去，人事方面也可安插几个人，国家所费不多就把他们安定下来，用意甚佳。不料越到后来办法越变得大失原意，不明白的人把一切配备都取消了，只余下一个空名，实在不对。

战略顾问委员会主任委员是何应钦，但由龙云代理，后来白崇禧任主委，亦由龙云代理，这一点我也觉得总统处理得很不好，为什么不实授给龙云呢？

我内人没跟我到南京，一个人住在战略顾问委员会内，每天生活就是自己弄饭吃，倒也很舒适。后来总统第二次召见我，要我到青岛做绥靖司令兼市长，我又辞了。第三次又召见我，要我到徐州当剿共司令部副总司令，兼不兼兵团司令再作商讨，我还是辞了。顾祝同当时再三要我去徐州，他说："徐州那里刘经扶做总司令，因为你离开久了，情形不熟，先去当副司令，以后再负责其他职务。"谆劝再三，我仍未接受，告辞回寓，便写了一封信给他，买了船票就回汉口。

二十七、 中央训练团教育长时期

1. 中训团的改隶

我离开南京不久，顾祝同到处找我，知道我回汉口后就打电话给我说："总统要你到青岛、徐州你都不去，现在要你做中训团教育长。总统将就你，要你到此为止，你可答应了吧！"我只好答应下来，再由汉赴京，定在八月一日接事。

中央训练团的历史不错，本来是军官训练团，改中训团时我是起草人。中训团隶属于中国国民党中央党部，由总裁兼团长，行宪后改隶行政院，归国防部指导。总统很重视这种训练，仍兼任团长，而实际由教育长负责。

我接事后发现问题很多，设备不好是小问题，最严重的是训练对象的问题，譬如军事班受训的全是被俘过的军官，好像其他的军官都不要训练的样子。我下令八月三十日下午为止，以后拒收被俘军官，其余的我集合他们讲话，他们被俘后再逃出来反而趾高气扬，自以为功，我坦白说出他们的错误，说不但社会看不起，连儿女妻子也看不起，大家表面欢迎，内心在耻笑你们，我讲到他们都哭了。我提出“复仇”的口号，振奋他们的斗志，他们纷纷要求再上战场，我把已毕业的送国防部分发。不幸的是大局始终未能好转，后来我在团里又发起“勤王”运动，希望各地党、政、军人员奋起作战，终无补于事。

2. 大局的崩坏

三十七年八月我到南京接中训团教育长，一直到三十八年一月眼看大局已无法挽回才率中训团离开南京，这半年多是大局崩坏最黯淡的日子。

远在三十五年，由于通货膨胀，法币贬值，民间已私自以现洋或米谷为货币标准，我就对行政院长张群建议索性准许民间流通现洋，没被采纳。可是在经济上始终拿不出办法来，到了后来国家预算动辄是天文数字——千万亿。最受打击的是士兵军官公教人员，领了薪津转瞬贬了数倍，工商业也大受影响，民心士气无法维系，政府拿出的办法是发行金元券以代替法币，一元金元券合法币三百万，限期收兑法币、金银外币。金元券于三十七年八月十九日颁布发行，我们也希望它能稳定经济，一手造成金元券发行的财政次长徐柏园在国防部很乐观地认为可以维持下去，没想到失败了，失败得很快很惨。从前法币虽然已成问题，但仍可在乡间流通，现在金元券竟下不了乡，它不能靠都市的使用而维持下去，通货加速膨胀，财经困境无法打开。

在军事方面，三十七年三、四月后就渐趋不利，六月开封失而复得，七月襄阳失而复得，但康泽被俘，国军战场太多，要守的城市太多，处处设防，处处挨打。郑洞国守着最北的孤城长春，一切补给端赖空运，郑洞国领了钱就在京沪一带换现洋，情况极乱，所以何应钦建议放弃长春撤到沈阳。这时我每星期一参加总统府会报，亦曾主持过一次训练方面的会报，大家无所不谈。有一次谷正鼎说到王耀武在汉口财产是数一数二的，责他贪污不法，总统说："不至于吧！"到了九月二十七日济南失陷王耀武被俘。大官要员贪污枉法影响民心士气，仗就难打了。还有一次大家要求总统不要庇护孔令侃以维系人心，这要求亦无结果。

当济南失陷时，国军在东北、华北、徐蚌仍掌握许多要地，具有巨大潜力，我向总统提一个建议，大意是："当此生死存亡之秋，我们应集中兵力，选择战场，把所有人力物力投掷在一个战场上，不幸而败是无法挽回，另作打算，胜了是决战的开始。"我把重点放在集中兵力选择战场上，这是主动的攻击，希望不要像现在处处要守，处处挨打，备多力分，无法兼顾。

事实上，以总统的智慧，应该不至于有三十七、三十八年间惨败，但几乎每局都败下来了。这有其失败的因素，总统具有英雄本质，使他坚持必须亲自指挥军事。为了明了战场实况，他冒险在每一个吃紧的战区出现，把整个战区的指挥官——总司令、兵团司令等等都集合起来开会，他听取每人的报告才决定了战略，要大家执行。问题就在各个带兵官是否得到正确的情报？是否肯把实况报告出来？是否敢把自己的弱点宣布出来？无疑的，总统所得的报告要打很大的折扣，他的决定当然成问题，何况战争是瞬息万变的，说不定会议一结束情况又不同了，这是总统指挥全国各战场的缺憾。

在指挥系统方面的漏洞更大，刘斐主管作战，郭汝瑰是参谋次长，后来是徐州剿总的参谋长，郭忏是联勤总司令，这三人常常和程潜在某一朋友家抽鸦片。程潜在南京常碰到我，对我也不避讳就大骂总统。郭忏是靠刘斐支持的，他替刘斐在广州建了一栋房子。有一次郭忏说："我是国共两党的联勤总司令。"因为许多新仓库都给共产党接收去了。广州撤退前夕，把联勤总司令部取消了，其用意即在避免算账。郭忏是有意或无意的被刘斐等利用不得而知，但刘斐、郭汝瑰很显然的是替共产党工作的，我们的命令还没有发出，共产党早就知道了，敌明我暗，焉得不败？

总之，成功有成功的条件，失败有失败的因素，一到要败了，百孔千疮，一切并发症都来了，于是东北丢了，华北吃紧，华北丢了，徐蚌会战也紧跟着惨败，于是李宗仁等出而提倡和谈，总统被迫下野。

3. 总统引退与和谈

当战事逆转后，消极的人就提出与共产党和谈的建议，也有的在总统府会报时提出，甚至提到总统暂时下野由李宗仁代理。总统无所不听，还笑一笑，没讲什么。到十二月底，李宗仁、程潜等公开倡导和谈，要求总统下野，湖北湖南参议会，河南参议会都越轨发出电报，电报中将“蒋中正”与“毛泽东”并举，最严重的是华中区行政长官白崇禧也有电报到中央，认为不能打，只能和，要和早和，即刻决定。中央没答复，可能又打了一个电报，这时召开中央委员会讨论，邵力子说：“不能和就要打，不能打就要和。”主和的人认为：“是和或是走（指总统离开）必须选择其一，为了国家，当然要和，但不走就不能和，一切决定在于蒋先生走与不走。蒋先生离开南京，或者有办法。”好像认为总统一走即可达到和平，许多党国要人都很消极，就是张群报告结论也是“能和”。

这时主和要角张治中也很活跃，在重庆的时候我们是前后邻居，往来频繁，胜利后蒋先生要他去西北，他想去东北，很不高兴。他的干部分两派，一派主张不去，一派主张暂时去。

有一个晚上，他来我家谈论此事，我说："为何不去，最好莫过于西北了。"他问我是何理由，我说："东北，日本人建设了四十年了，已经有基础了，所有的工矿产业机构都需要专门人才，你拿什么去接？你到东北不能保持日本人留下的现状就算失败了，你能办到吗？你到西北，情况就不同了，左文襄公的功业至今万人怀念，但西北在今日仍是一片荒凉，在政治方面朱绍良到那里是焦头烂额，你去了，失败的责任小，如果成功了，便是西北王，那还了得。不错，西北有困难，对付俄国很不容易，但那也有方法解决，你把美英力量引进去，不让俄国独占，把新疆造成国际性的地方，同时掌握对内交通线，甘肃非抓在手里不可，以甘肃作为后路，自然进退裕如，从前在左文襄公就是拿陕甘来经营新疆的。"他听了我的话很高兴，说："绝对去。"没想到他到西北后与俄国人靠在一起，设立什么"西北公司"，搞经济合作。郭寄峤说他住的房子讲究极了，豪华极了，儿女都送到美国，但还喊打倒豪门。现在居然放开西北来主和，我的话他是听不进的。

南京的谣言满天飞，新闻记者天天打电话到处问总统几时下野。三十八年总统发表元旦文告，呼吁和平，不计个人进退以促进和平，到一月二十一日就宣布暂行引退，由李宗仁代总统职，进行和谈。

4. 武汉见闻

当总统引退前夕，中训团奉命经由武汉撤到广州，我尽量把机构收缩，只保持一个空架子，撤退时方便，要用时随时可用，不致发生困难。

我们坐船到汉口，白崇禧知道了打电话约我去谈话，把总统骂得一塌糊涂，我关心的是李宗仁怎么处理总统离开后的军事、经济问题，能打的军队有哪些？财源如何筹措？本来认为美国不给钱是由于总统不走，是否李上台美国就援助？李对未来整个国家政策是怎样的？可是两人意见南辕北辙，当然谈不拢。这时张治中也在武汉，他打电话找我，我讲共产党如何如何，他也听不进去，谈些不相干的话。后来他当和谈代表，一去不返。

到汉口的第二天，张笃伦来看我，把折子一丢，就说："武樵，你来刚好，我要跳江了（因为白崇禧逼他）。"我说："有这么大的气？"他说："我干不了。"我说："朋友还是朋友，我说老实话，有资历的看不起这个烂摊子，没资历的干不上去，这局面拖不久的，赶快准备第二步，还是到鄂西去，利用水路到恩施去，留必要人员，控制交通工具，把路线弄好，与湖南先联络，必要时由湖南到恩施，恩施是重庆的门户，要干到那里去干。"他说："以后就这么做。"我说："我以朋友建议你要这样。"后来省主席还是换了朱鼎卿，而张笃伦后来也动摇了。李书城去石家庄见过毛泽东，回来时，张笃伦还请他吃饭，李书城、张难先，耿伯钊、喻育之这班人活动和平甚力，吃饭时大家起来为"和平万岁"干杯。李书城见到我太太说："我到石家庄会到毛润之，他对我非常好，我看你们不要走了，你们带了小孩不方便，就是走到台湾，也要解放的，我看请武樵就在汉口不要走了。"

在汉口耳闻目触的是一片谈和的景象，虽然白崇禧召开军事会议喊出"备战谈和"的口号，但我看已经迟了，士气松弛，谈打亦打不下去，能打的只有张淦兵团，滇军鲁道源五十八军亦在此，但上下游防线太长，刘伯承、林彪共有十七个军，若由下游切入江西，连退路也没有了。我看很危险，就在农历正月初二（一九四九年一月二十九日）离开武汉到长沙去。

后来和谈破裂，武汉方面军队南撤，省主席朱鼎卿被俘。朱鼎卿是陈诚的人，本来是华中区供应司令，控制所有华中方面的枪械弹药物资。在南京时，有一次总统找我去把人遣走，把房子关了，要我做汉口市长兼武汉警备司令，我说："我不去。"他说："为什么?"我说："不敢增加先生麻烦。"他说："到不可收拾时你去。"我保朱鼎卿做，他说："不可，他做供应司令。"后来白崇禧保朱鼎卿做湖北省主席，李代座当然照白的意思发表了，白这一着棋很厉害，他看不起主席的位置，并非见爱于朱，而是要拿华中供应司令，要是总统还在位绝不接受。

5. 程潜的行径

三十七年春我辞湖北省主席时，曾和行政院长张群讨论继任人选，他提到程潜，我说："如果没有其他安排，让他做湖南省主席比较好，他在湖南被称为家长，老气横秋，可以说真话，在湖北就不同了，做主席有利害有是非，有利的恭维他，有害的反对他，毁了他也毁了湖北。"结果还是由张笃伦接。这时程潜是武汉行辕主任。

副总统选举这一幕太使程不满了，在南京时见到我就说总统的不是，行宪后把华中区交给白崇禧，而发表程做长沙绥署主任（管辖湘赣两省军事）兼湖南省主席，程在七月下旬离京就任。到了年底，眼看国军不利就与李宗仁等倡导和谈，逼总统下野，他的想法和做法与我大相径庭。

旧历年底长沙的报纸就刊载我要到长沙过年，内人是长沙人，许多亲戚住在长沙，我又急于离开武汉，这种报导不是没有根据的，而我也在旧历正月初二到长沙，一到后报纸就登出来了，当然我不能不去见见程。见面后他又大谈蒋先生如何不对，从中央政策到个人行为没有一点对。第二天请我吃饭，同席的有仇鳌（奕山），席间谈论到晏勋甫（曾任程的参谋长）将接徐会之做汉口市长，程说："三个月的市长有什么好干的。"仇说："晏是草包。"饭后我和仇去看晏，一见面他就说："呀！你们两人来得很好，我们湘、鄂、赣三省联合主持和议，可以左右全局，安定局面，三省议会已到汉口了，你们两位都有号召力量，你们来了，一定可以成功的。"原来晏也是主和的。此时程潜的二小姐程博素更想分化我内人，她说："我爷讲了万伯伯是蒋介石走狗，非走不可了，你老太太年纪很大，又带了小孩，还是不要跟他走，靠爷也有饭吃。"讲得太露骨了。为什么他们会这样呢？我无意中听仇鳌讲："辛亥革命是湖南人打的天下，广东人出了头，北伐是湖南人打的天下，浙江人出了头，现在又是湖南人打天下。"言外之意是湖南人这一次应该出头了，所以湖南人应该一致拥护毛泽东，这是程潜、仇鳌等一班人的地方主义色彩的思想。另外，替毛泽东活动的章士钊另有一套说法，他说："中国历史上打天下的都是草莽英雄，都是武人，好不容易有一个文人打天下，开中国历史的先例，文人为何不拥护？"这些说法对不对是另一问题，但影响的确太大了，我看湖南迟早要出乱子，由于在长沙还有一些亲友要安置，中训团也还摆在汉口没车撤退，我必须留在长沙几天，便对中央社记者说："请发一电报说我明天早车到广州。"次日报纸果然登出来了，我便潜居下来。

我在长沙潜伏——可说隐居——三个半月，一面处理自己要做的事，一面也密切观察程潜的做法。程潜素以曾文正自居，然而现在的行径恰与曾文正相左，曾文正以湖南经营天下，程潜把经营天下的兵尽量调回湖南，宋希濂他调不动，陈明仁、黄杰都回湖南（后来黄杰并不跟他走），当然是想以湖南军队作他的政治资本，此外在财经方面省政府发行二百万银元券，以一元作主币，一角、二角、五角作辅币，拒用中央的金元券，在三千万人的社会中二百万绝不够用，因此只能在长沙使用，不能下乡，更谈不上往外省流通，这等于是自杀。更荒谬的是停止征兵征粮，鼓吹解除武装放下武器，其做法很显然的是准备独立，然后再向毛靠拢。

我在长沙冷眼旁观，出外时穿短棉袄，偶而在外面碰到熟人，望望然而去，他们以为我早走了，不会是我，而我在百忙中还到旧游之地走走，到了旧历二月底，一切都安排好了，才到广州去。

6. 广州与奉化之间

李宗仁上台不久，行政院就迁到广州去，李即命行政院长孙科返南京，孙不理会，李遂开始倒阁，三月八日内阁总辞。李宗仁提名何应钦组阁，派白崇禧、吴铁城到杭州向总统请示，总统有亲笔信支持何组阁，其实何要过过行政院长的瘾，总统还能挡吗？蒋何之间的不愉快不会消除的。张群说："何当行政院长，老先生怎能高兴起来？"我到广州时，孙科内阁已倒，本来我准备拜客，忽然知道广州警察局长李铁汉到处找我，李找到我后说总统要我到奉化去见他，并再三嘱咐我不要讲出来。

我先飞上海，换船到宁波，再坐车到奉化溪口，住在武岭学校招待所，沈昌焕、徐复观，谢然之、任卓宣、陶希圣等都在这里。当天侍从武官夏功权就陪我到慈园谒见总统，我把离京后在武汉长沙一切见闻坦白告诉他，他好坏都听，谈后一起吃饭，饭后蒋经国陪我去蒋太夫人墓园行礼。翌日专派一名招待陪我游览雪窦寺、育王寺及其他胜迹，有时沈昌焕、徐复观也一道去。有一天总统招待我去和他家人一起吃饭，在家里放电影，亲切得很。最后一天，我向总统说："我们这一次把共军当作内乱是一种错误，共产党对内是内乱不错，但对外斯大林拿国际共产党来包围我们，对美国说：'这是中国内部的事，不要干涉。'而在我们国内，共产党用民主人士包围国民政府，最后包围蒋先生你一个人。人心瓦解，政府崩溃，没有大力无法挽回这不了之局，今天我们对内蒋先生应以总裁地位领导国民党和民青党两党一致支持李代总统，设法保障长江以南，能支持多久算多久，对外蒋先生要领导抗战时的盟邦领袖反共，以国际共产党为目标，由李代总统去对付毛泽东，而蒋先生以苏俄及国际共产党为对象。"总统很表赞同（后来他到菲韩两国是否受我的话影响不得而知），我要辞出时，他说："中训团可撤到福州厦门或者汕头，选一个地方撤去。"

我离开奉化后先赴南京，此时何应钦已组阁了，我问他如何做法，他说："钱没有，兵多不管用。"在这情况下，许多人寄望于和谈，中央经常开会讨论和谈，我发现顾祝同也参加这类会议，参谋总长是刚性的，国防部长是政治性的，政府没下令不打，参谋总长就只能讲打，就是下令停战也还要备战，还要鼓励士气作再打的准备，我对他说："今天蒋先生不在，李先生不管军事，你参谋总长等于是最高统帅，政治决定在中央，与你无关，你所要关心的只是'战'！就是中央要和，你也要讲'战'，就是已谈得快成功了，中央还要问你意见，你还是要鼓励部下打，不要关心和谈，不要参加这种会议。"这时军心松懈，官兵领了金元券转瞬贬得一文不值，我向顾祝同建议发现洋给官兵，稳定军心，说不定可守住长江，不过这建议也只说说罢了，就是顾祝同赞成了也没有力量去做。

不久眼看和谈要破裂了，何内阁迁广州，我也到广州处理中训团迁厦门的事。此时白崇禧也到广州来，我约了两位朋友去见他，一见面他又埋怨总统，他说："总统交给李德公了，不错，兵，李德公指挥不动一个，钱，带到台湾去，李就有天大的本领也没办法。"李、白很希望总统出国，李代总统没有三个月就逼宫。正说的时候何应钦来了，他说："李德公让我来分蒋先生的兵权，蒋先生要我掩护他的兵权，德公利用我分蒋先生的实力，蒋先生利用我保存实力，我成为轴心，两面不讨好，我也不干了。"不久我碰到顾祝同，他说："白健公在汉口要钱要械，扩张实力，存汉口的四百万现洋已完了，现在到广州又要四百万。他一部如此，其他的怎么办。"此时一个现洋换九元港币，一元港币换一百万金元券，经济已临崩溃边缘，军事上未有转机，更严重的是人人消极，没人想到要守要战，都想撤退，我在中训团发动勤王运动，鼓励就是一人一枪也要战下去，但并无效果。

中训团是总统最重视的训练机构之一，他指示我撤退事宜就是希望我切实掌握以备他日之用，我一定要达成此一任务。我想把中训团撤到距台湾最近的厦门，先到厦门看看。到了厦门后知道情况复杂，由于陈嘉庚的关系，厦门大学不知潜伏了多少左倾分子，好在总统在厦门亦有部署，警备司令石祖德、警察局长刘树梓都是侍从室的人，秩序维持得不错。我离厦门后再经上海到奉化晋谒总统报告一切，他赞同我的决定，辞出后又到南京看看。

7. 撤退

我从上海乘特别快车到南京，车上乱极了，椅子都破烂了，铁路局能勉强维持通车已算不错了。在下关下车，更见一片萧乱，海军司令部关门了，城北只有傅厚岗还有电灯，城内国防部还有电灯，人心惶惶，纷纷疏散。只有城南本地人聚居的地区，以及夫子庙、秦淮河等地，还是花天酒地繁华如昔，本地人安土重迁，说什么也不肯疏散。我住在中央酒店，客人很少，酒店亦不供饭。我以为南京至少可维持一段时期，勉强留下来看看，但没几天形势越来越紧张。四月二十一日晨，我女婿从参谋总部来说下关已有炮声，共产党要渡江了。不久，郭寄峤也找来了，他说："你还在这里睡大觉，赶快走，还有车到上海。"我即乘快车去沪，同车的有马鸿逵等。次日，江阴炮台戴戎光叛变，京沪路被切断，我乘的算是最后一趟的快车了。

我在上海住了几天，要回广州没有机票，交通处长是我的学生，他自己替我买也买不到，后来遇到航空署署长，他替我买了一张到香港的霸王号机票。在离开上海前夕，我到街上看看，满街是卖家俱卖旧书的。平常一部黄绫的《三希堂法帖》五千大洋买不到，现在只卖五十大洋。二十四史论斤出售，许多好书便宜极了，但买了带不出来，徒呼呜乎，感慨万千，一夜睡不着。此时我表弟与表弟媳不肯出来，表弟媳与章士钊是表亲，她讲上海有外国人住着没事的，哪能走，走了生活怎么办。有些人就像他们舍不得在上海的财物，只好留下来听天由命。

我由香港到广州后，发现情势每况日下，我想我们已丧失了作大规模会战的本钱，但我们绝不能承认就失败了，我们可以打游击，因此我想由中训团训练游击干部，训练地点选择在重庆。此时中枢无人统筹大局，何应钦不干了，阎锡山正在组阁，李宗仁到广西去，奉化电话不通。后来知道"总统"在复兴岛指挥上海战事，我判断他一定会到台湾的，便在五月二十五日来台。恰好上海也在同日沦陷，"总统"秘密到高雄，我与谷正纲一起到。

高雄要塞司令部蒋经国接待我们，并引见“总统”，我向他报告中训团的事，他同意我的决定，但留我在台湾，我暂住在台北铝业公司招待所，不久便主持革命实践研究院，没再到大陆去。到年底重庆失守，中训团人员撤到台湾的不多，颇感痛心。

二十八、 来台以后

1．革命实践研究院的成立

一九四九年六月，总统在台湾召开军事会议，参加的都是他亲自指定的，虽然他在大陆上遭受到如此重大的打击，但他主持会议仍是从从容容的，气还没有衰。他提出我们的缺点对方的优点，检讨我们的失败，讲得很坦白，与会的将官可以随便发言，他也很注意听，结论是只要有革命信心还是有办法的，半年的准备，再图反攻，相信三年有成。最后指示大家分成几组讨论兴革事宜，后来孙立人提出“建立革命大学”案，“总统”批“改为雪耻学院”，指定我和王东原、张其昀、王世杰、谷正纲、孙立人为筹备委员，王东原为召集人，后来讨论定名为“革命实践研究院”，短期调训重要干部。

八月一日，总裁办公室在台北草山（后易名为阳明山）成立，以黄少谷为秘书长，下分秘书组、军事组、政治组、理论研究组、总务组，分别由张其昀、王东原、谷正纲、陶希圣、陈舜畊等负责，“总统”以国民党总裁身份指导全国军政，但想不到在某些方面竟得不到陈诚（辞修）的支持。

陈诚在一九四九年一月五日接台湾省省主席，对安定台湾贡献不少。七月十九日行政院决定设置东南行政长官公署，任命陈为行政长官，陈在八月十五日正式就职，负东南——特别是台湾——区的军政全责。“总统”要成立革命实践研究院，要过问军政大事，陈本人并不说什么，但他部下有一种“大陆都丢了只剩下台湾这一点点，你还要问事干啥?”的想法，或者认为“还要训练，过去在大陆那么多训练，有成效吗”。陈对革命实践研究院很冷淡，他底下的消极抵制，最重要的是王东原也因此消极。

王东原是接近陈诚的，早在何键做湖南省主席时，王东原就与陈建立关系，陈在湖南之有力量，王东原是一重要关键。陈以庐山训练起家，王做了五年多的中训团教育长，两人没有理由反对训练，然而在政治上权力之争，有时连父子间也避免不了，陈对革命实践研究院的设置很冷淡，王东原对“总统”无法交代，因此开了几次会王都不到，我和张其昀、王世杰、孙立人等解决不了问题，连院址设在哪里亦解决不了。有一次“总统”亲自在第一宾馆召开会议讨论革命实践研究院组织章程，参加的有陈诚、黄少谷、王世杰、林蔚和我，好几个人，最后讨论到院址问题，陈不讲话，“总统”问陈有没有房子可用? 陈拿一张纸折了又折，睬也不睬，“总统”很难堪，林蔚看下不了台，连忙说：“再想办法，再想办法。”就散了会。后来王世杰提出利用第二宾馆做院址，每次召训四十人，每期四个星期，“总统”答应了，但每期增训二十名。

院址决定后，王东原还是不肯干，后来“总统”要我负责，我说：“暂时由我代理。”“总统”说：“你不管，干好了。”“总统”任院长，派我做主任，实际主持院务。

2. 主持革命实践研究院

第二宾馆是日本式的房子，附近另外有一户人家，其余是烂泥坑。我们利用楼上作卧室，楼下作教室，开始召训干部。照“总统”指示海陆空部队都挑出最优秀最负责任的高级干部来受训，唯独东南长官公署挑的是不受重视的高参之类，很显然地又是一种消极的抵制。

第一期在十月十六日开班，“总统”亲临演讲“解释革命的意义”。这一期训练五个星期，第一星期主要是讨论军事、政治、党务改革方案，我同学员一起生活，我对他们说：“从前我们在政治上官吏与民众脱节，在军事上军官与士兵脱节，在横的方面文官与文官之间、武官与武官之间没联系，现在我们一切从头做起，我与你们接近，回去后你们与民众与士兵接近，了解他们，替他们解决困难，我们还有希望，我们要有信心。”学员极受感动。这时有办法的人纷纷把子女送到美国、送到国外，眼看台湾是没有希望了，没救了，士气消沉，人心惶惶，但是一个星期的训练后学员们大不相同了，个个雄心万丈，个个表示要从头做起，自己订了生活公约，并切实遵守，气势大变。一个星期有此效果十分满意，加强了我们办这种训练的信心。

八月二十三日“总统”飞重庆，要陈诚以院务委员兼副院长，我对他讲了，他说：“谁讲的?”不肯当，为了把关系弄好，我请他以院务委员主持院务，但是他始终对院务不积极，我们以后用钱不找东南长官公署，他当“行政院长”后，我们不找“行政院”要钱，实际上“总统”切实抓住“中央银行”，做起事来不会在钱方面受陈的掣肘。

我在草山主持了四年的院务，先训练军事干部，以后是党政干部，确实有效。军事最有效果最成功，他们回去后立刻实行四大公开，予人耳目一新，社会也受到影响，但在行政方面收效不大。后来吴国桢当省主席，受训学员回省府后要实行四大公开即受吴责骂。大体上讲来，最初的成效最大，对台湾的趋于安定与进步贡献殊多，越到后来效果越差，这是环境使然。一九五二年到第十八期，我因病赴东京疗治，由彭孟缉代理，再过两年，我才辞职由张群接任。

3. 政工与兵役制度的树立

陈诚不只不支持革命实践研究院，在许多方面也与“总统”发生磨擦。陈不满“总统”始终抓住“中央银行”，抓住军权，不满蒋经国干政工。当蒋经国要办政工干校，要建立政工制度时，常到第二宾馆来。有一天“总统”和陈诚在第二宾馆讨论此事，两人到一间房子去，我在外面听到“总统”说：“我不妨碍你台湾的事。”陈说：“不是我的台湾。”“总统”说：“我是建立制度，总理从前对我说：‘满清之能有三百年天下，是顺治康熙建立了好的政治制度。’我忽略了总理的话，所以失败了，现在我们回大陆，一样要建立制度，与台湾不相干。”又听到“总统”讲了一句：“我们也是寄人篱下。”为了政工制度，两人冲突竟如此严重。关于兵役制度“总统”也是瞒着陈建立起来的。

“兵役动员制度”在大陆几十年没能建立起来，到台湾却很快完成了。“总统”很沉痛地说：“两次亡国才得了这个动员制度。”这制度参考日本的办法，请来日本专家才拟定出来，最初请的是根本博，因为是由汤恩伯请来的，“总统”不用，秘密叫彭孟缉请来冈村宁次，不让何应钦、陈诚知道。陈问这件事，

"总统"都说没这回事，等到要办军事训练班了，才宣布出来，陈好不开心。这件事是彭孟缉完成的大功。

"总统"对陈仪也很信任，不料最后陈仪竟要汤恩伯挟持蒋先生，陈仪派人去见汤恩伯，在香烟内写了信要汤师法西安事变故事，挟持"总统"而不害他的命。在军事上如何部署，如何监视"总统"，最后如何靠拢。另一封信介绍一个人当主任秘书，由他监视"总统"，等等。结果陈仪反而被扣到台湾，秘密交给彭孟缉，陈诚也不知道。要枪毙陈仪时，陈诚不愿意，彭孟缉拿陈仪的信给他看，不得已才答应了。

这几年"总统"对彭孟缉予以不次的提擢，固然在一九四七年二二八事变彭处理得不错是一原因，而最主要的还等于是受陈诚之赐，在大陆李宗仁等对"总统"这样犹有原因，到台湾陈诚竟也不愿意他问事，而陈是他一手培植起来的。在大陆他培植胡宗南、汤恩伯、陈诚，重点放在陈，陈在大陆也确能处处仰体意旨，陈到台湾才不过做了几个月省主席，而且主要政绩如改币制，三七五减租都是在"总统"支持下完成的，如今竟这般对待"总统"，"总统"能再像从前随便信任别人吗？别人是如此的不可靠，所以他一步步被逼着只信任自己的儿子，他一生重视军事，在台湾他要抓住军事，他要抓住人，因此彭孟缉因缘际会、青云直上，从台湾保安副司令一直做到参谋总长。

4. 对现状的观察

我从十几岁参加革命起，经历的事可说不少，现在退到台湾来从事工作，我们希望台湾这条船不要出问题，希望能达到我们的愿望。对于"总统"，我可说追随他时期最长，对他忠贞不渝。多年来的观察，我看"总统"很想做圣贤，也作过圣贤修养，他讲仁讲爱，谈论王阳明，谈论孟子，眼光很大，但他是英雄本色，豪杰心肠。他用人始终是双轨制的，可说是活用辩证法的矛盾统一律，最后统一于他，他对许多人、许多事，喜作直线领导，有时收到效果了，但有时属下的矛盾发展到自乱阵营，结果削弱自己，大陆的失败不是没有原因的。当一九四八、一九四九年之际，世界共产党包围他，中共打击他，美国反对他，许多人——包括本来反对他的及他的部属——骂他，连他一手培植的人也对不住他，这是他难过的地方，但他也不是没有责任。

“总统”一生重视军事，看不起政治，认为政治照行政计划做就可以了，他在旁看看而已。几时听说他召见过部长？但在军事上要用一个团长，事先调查得清清楚楚，还要亲自召见，对空军大队长、海军舰长也是如此慎重。到台湾后，在政治方面他让陈诚去干，陈诚由“行政院长”做到“副总统”也可说登峰造极了，他底下的人当然希望他坐二望一，薛岳在第三次选举“总统”时主张不修宪，十分微妙。幸而陈诚今年去世，他死得其时，死得其所，再迟就不行了，他今日地位已是极峰，再发展下去就不好了，他的死是他的运气。

有人揣测将来会由何应钦、张群或者请孙科回来接陈诚的地位，这是不了解情况的人说出来的。“宫廷”对何应钦都不好，“总统”对何还是忌刻的，孙科在台湾还有旧势力，怎会要回来增加麻烦？不错，张群是最提得出来的，但蒋经国对他还是“老伯，老伯”的尊称，即使张群肯做，林森也还是不方便。分析结果，是严家淦较有可能，现在严家淦做“行政院长”什么事都要请示，在政治上不像从前有风险了。

在军事上，蒋经国已能掌握了。参谋总长彭孟缉在任时有百分之七十是替“总统”做事，百分之三十是替经国做事。老人像陈大庆等，一两年内要下来了，人事如此，组织方面也有很大的变迁。

我忠于国民党，我信仰三民主义，期望国民革命成功。当时我说："中国数千年来社会很少激变，不能抵挡二十世纪革命的潮流，但要想国民革命成功，先要把社会搅乱，像长江的水先搅了才能沉淀才能澄清。"到了抗战时，有一次在军事委员会中我对"总统"再强调三民主义的重要性，我说："现在很多因素搅乱社会，政治亦很混乱，我们要拿三民主义渗进去才能澄清，没有三民主义，会永远混乱下去，我们不要怕它乱怕它烂，只怕我们没有东西渗进去，如果现在整个社会是一盆浊水，快把三民主义当作明矾放下去。"几年前这种想法，现在还是这种想法。

附　录

近代军事教育家——万耀煌先生

潘光建

前　言

中国自满清末年，创立新军，培养军官人才，前有陆军小学、中学及保定军官学校，中经黄埔建军统一中国。清末为培养参谋将校及指挥官，有陆军行营预备学堂，此乃陆军大学之前身，在中国军事教育之层次上，自清末以至民国一九五一年止，概略区分为养成教育及深造教育，亦即清末之保定军校与民国十三年创校之黄埔为军官养成教育之所，陆军大学则为深造教育之所。

在中国近代军事教育上，著有功绩而有盛名者，仅浙江海宁蒋方震（百里）先生、浙江象山徐培根先生、湖北黄冈万耀煌先生三位而已，可以称为中国近代军事教育家而当之无愧者。百里先生留学日本德国，道德学问，不仅闻名国内，为北方军阀争相罗致，在德国留学时任德军中实习连长，曾为德国兴登堡将军所赏识。清末保定军校成立，第一期校长原为赵履泰，赵为陆军总长段祺瑞之同乡同学，段氏欲把持保定，以为统驭全国军队之手段，乃因开办初期，准备不周，管理不当，遂酿成风波。北洋军驻保定之第二师师长王占元派兵围校，逮捕学生代表，引起参众两院之质询，南方各省有各省自办军校之议，袁世凯乃电请百里先生为保定军校校长。此时百里先生正应蔡松坡（锷）之邀，在赴云南途中，接袁电后，欣然北返，盖百里先生早有建立国防军伟大之抱负也。百里先生到校之日，千余学生热烈欢迎，全校士气为之一振。百里先生之教育方针，取我国历代名臣名将，忠诚为国、智勇兼备、立己立人者为经，以德国军人之欧洲骑士精神——不欺凌弱小之风格、日本军人武士道的精神——为主尽忠精神、以及中国游侠之性格——轻死生、重然诺的精神，以此三者为纬。百里先生要将这经纬，冶铸于一炉，可想其瞻望之远大。在军事课程上，于基本训练、战斗训练时，常以身作则，万耀煌先生（保定一期，百里先生之及门弟子）之日记对百里先生曾有一段回忆说："品格之高，学问之深，态度之庄严和悦，处事之公，循循善诱"，仅为百里先生德望之一斑而已。因保定军校之办学进步，引起陆军部主官之忌，尽其排挤之能事，对经费、器材之供应支援，藉故拖延，百里先生忍无可忍之下，乃集合全体师生，以庄严态度训话，大意谓："我要求于学生者，学生都能彻底奉行，我对学生应负之责，我未办到，我未尽校长之责，我自己应该处分自己，以谢天下。"言毕令全体立正，先生转身取手枪自戕，事闻于袁，立请日本使馆军医及最好之护士（后来成为百里先生之夫人）抢救。百里先生自伤愈后，即未返保定，一直以在野之身，贡献其对国防上之卓见。抗日战争发生，百里先生在武汉发表过许多谠论，笔者那时候尚在中央陆军军官学校当学生，记得最清楚而对抗日战争之民心士气有鼓舞作用的，有：

“胜也好，败也好，就是不要跟他（指日本）讲和。”另有“英雄跳，我们笑”，讽刺日本军阀得意忘形的一句话。当时陆军大学校长是军事委员会委员长蒋中正兼任的，设教育长实际负责学校人事、行政、教育等全权。二十八年抗日战争如火如荼，蒋公无法兼顾，而陆军大学正由南京向内地迁移，已从长沙再迁贵州，尚在广西途中，教育长由周亚卫代理，蒋公乃请百里先生为陆军大学代校长，百里先生于二十八年八月在长沙视事，后由湘桂入黔，百里先生不幸于十一月四日，病逝广西宜山县军次，葬于宜山西门外鹤冈之麓。

余生也晚，闻百里先生之名，而无缘受百里先生之教，如先生当时健在，笔者于民国三十三年入陆军大学二十期深造之时，可能得列门墙，对中国近代第一位杰出的军事教育家，不能亲受其薰育，实为一大憾事。

培根先生是笔者陆军大学的老师，培公先后毕业于陆军小学、中学，尔后入保定军校第三期，民国八年后又入陆军大学第六期，民国十七年后又赴德国留学，可说学贯中西。民国三十二年，蒋公以陈仪为代校长，以徐老师接替阮肇昌将军为教育长，至抗战胜利，陆大复员南京，设在孝陵卫。

于一九四八年十二月由南京迁广东黄埔，一九四九年迁至台湾新竹，至一九五一年，陆军大学改制为国防大学，培公调任国防部副参谋总长，一九五四年接任国防大学校长，一九五九年蒋公成立国防研究院，培公受命为教育长，以至于一九七一年止。培公担任陆军大学教育长为时约九年，国防大学教育长为时五年，国防研究院教育长为时十二年，统计培公为中国军事深造教育付出之心血与汗力，凡二十四年之久，是中国近代军事教育史上，担任重责，时间最长的一位。可以说对中国军事教育最有贡献的一位，就是徐老师。培公不但国学造诣甚深，且外文修养亦高，他在陆大期间，不仅督促教官进修，而且以教育长之尊，常亲自到各班期授课。当时笔者在陆大二十期受业，培公将德军进击法国与俄国之战役，称为“飞甲前期”，将盟军登陆欧洲称为“飞甲后期”，可见培公对战史战略之独具慧眼。培公并命陆大印刷所套印欧洲五十万分之一比例尺之地图，发给学员，每人一份，悬之寝室墙壁，使受业者可按每日报载之欧战消息，按图索骥，明了盟军之作战进度，对战争之观察、战史之记录，实身受其惠。培公在校期间，为人态度严肃，一丝不苟，然接待学生又使人如沐春风，对校风校纪之维持，铁面无私。我期在校时，有一同学不假赴成都结婚，老师知悉，为慎重计，亲来临堂点名，确定其旷课，以两天时间，在讲堂上坐听，其目的在肯定该生确未请假外出，且旷课两天之久。培公立即呈报军令部予以开除学籍，虽经当时有力长官关说，而军令部徐永昌部长，坚持原则，支持学校，故培公之执法得以维持。

有关百里先生与培公老师之办学经过及德望学养，均已有名家为之撰文颂扬，唯独万老师耀煌先生之一生，尚无文章报导。万老师在中国军事教育上之经历，与百里先生及培公老师稍有不同，即百里先生虽经历养成（保定军校）与深造（陆军大学）两阶段之校长，但时间既短，长才未展，殊堪浩叹，史称汉李广数奇，则百里先生则为近代之李广也。培公老师，历经陆军大学（深造）及国防研究院（党政军联合作战之教育与建军教育）教育长，但未从事养成教育工作。惟万老师，既经养成教育（军官学校）、深造教育（陆军大学）、精神教育（军官团将官班、中央训练团、革命实践研究院），党政军联合教育三者集于一身，为中国近代军事教育家中，所仅有的一位老师。我想百里先生、培公老师已有人为他们两位撰文传世，毋容我再赘述，而笔者忝列万先生门下，愿将万老师所贡献于国家者，书之于文，俾与百里先生、培公老师共享盛名。

一、群治学社与辛亥首义，及陆大深造

万耀煌先生字武樵，为湖北黄冈之望族，生于清光绪十七年（民前二十一年，公元一八九一年）。最初受私塾教育，读四书五经，为取得科名之基础，时湖广总督张之洞提倡新教育，设两湖师范，并有附属高小，武公乃就读该校，始受近代之新教育。年事日长，始闻革命之道，参加日知会，受革命思想之浸润，知富国强兵之道，乃经慈母应允，於光绪三十三年十日，以万奇之名，投入北洋新军湖北第二十一混成旅四十一标三营当兵。在军中与大冶黄申芗、安陆郭抚辰、宁乡章裕昆、慈利唐牺支、房县丁人杰、京山曹振武等，发起组织群治学社，表面为砥砺学问，实则奉同盟会主旨共谋参与革命，当时社约极为简单，惟绝对守密而已，而吸收同志限于士兵，不吸收军官。以后武公由当兵而进陆军小学、陆军中学（均在湖北），及升入保定军官学校（在河北保定）乃离湖北，遂与群治学社疏远，但尔后群治学社逐渐演变为振武学社、文学社等，成为辛亥武昌起义之原动力，则群治学社在精神上之创导，功不可没也。

清宣统三年六月（民前一年，公元一九一一年），武公由武昌陆军第三中学毕业，升入保定陆军军官学校，队上任职军官、教官，多为日本士官毕业生与保定速成班毕业者，大部极为优秀，教育军士则选自北洋六镇中基本训练及品德较优者充任。训练之精神教育，重在灌输忠君爱国之思想，术科则采用日本士官入伍训练的教范，内务整齐清洁，可与日本士官学校媲美而无逊色。是年（辛亥）八月十九日，武汉枪声一响，消息传至保定，

武公曾秘密谒见第六镇统制（相等于今日之军长）吴禄贞（吴氏为湖北云梦人，日本士官学校第一期毕业），时驻防保定（吴才气纵横，同情革命，早为袁世凯所忌，武昌起义后，袁世凯派人将其刺杀于石家庄）。武公企图说服吴氏在保定起义，响应武昌起义，吴命其高级将校曹文思接见，曹为武公当兵时代之营长，故武公将真意表明，曹允转达。八月二十七日（武公日记所载日期）为孔子诞辰，武公企图再次晋见吴氏，曹氏告以袁世凯对吴已有疑心，果然袁将吴氏外调山西巡抚时，在石家庄将吴刺死。武公本人行动，亦为校方怀疑，乃藉机离校，由保定乘火车赴天津，由天津搭轮南下，在船上，船长宣布：上海已独立，并推革命党人陈英士为上海都督。武公仰慕陈氏已久，抵上海后即赴上海县城海防厅晋见陈都督。陈氏闻有青年军人自保定军校南下求见，立即亲自接见，交谈之下，陈氏告武公曰："都督府成立以后，府中一个正式军人都没有。"要留武公在都督府当参谋，帮他训练。与武公同行之同乡同学张笃伦就留在上海任卫队长，武公则以自己为武汉群治学社发起人之一，今日阳夏战事正酣，当年的同志正在浴血前线，所以急欲赶去同生死，向陈氏恳请准予返鄂。陈氏见武公去意甚坚，乃授以沪军都督府派赴鄂军都督府联络参谋名义，厚赠旅费两百银元，并携带陈氏亲笔致黄克强函，嘱武公面交黄氏。于是武公搭轮赶返武昌，武公抵武昌后，首先到鄂军都督府晋见黎元洪都督，黎氏对武公过去当兵、进军校、组织群治学社，在保定拟说服吴禄贞起义事，垂询甚详。立委武公为鄂军都督府参谋。翌日武公携陈英士先生函赴设于汉阳城外昭忠祠之战时总司令部晋谒黄克强先生，黄氏接见后，坚留武公为战时总司令部参谋，随军行动。武公对黄先生钦慕已久，能有机会随他作战，当然极为欣喜，当年以二十岁出头的青年军官，身兼沪军都督府参谋、鄂军都督府参谋、革命军战时总司令部参谋三职，可以说是非常显赫了。在辛亥首义之阳夏战役中，黄先生因渡汉江攻坚而失利，惟因武昌首义，全国各省纷纷举义或独立，故清廷不得不与革命军议和，但停战令文告必须双方最高统帅用大印，始可征信于外交团及双方部队，此时鄂军都督黎元洪因阳夏战役不利，已由武昌西迁，武公自告奋勇，单骑追至葛店，面报黎都督，将黎大都督大印携返武昌，在清军与革命军之停战令上加盖大印，不但停战立即生效，而使革命军由叛逆变成正式之交战团体，对革命形势之扭转，厥信功甚伟。湖北大老张知本先生在武公七十华诞时赠诗中有“葛店追黎大有功”；武公八十华诞时赠诗中有“走马挽黎驰葛店”，即是指此事。不久南北议和，清廷于二月十二日下诏退位，民国成立。武公之由保定南下参加武昌作战，一般人误会，以武公既在保定军校，何以又能参加武昌首义，此中细节，阅此即可了然矣。

早在民国元年，武公经田桐、居正之介绍入国民党，因返保定复学，故未完成义务，民国三年，国父成立中华革命党，经蔡济民先生之邀，重入中华革命党。保定军校因武昌首义后陷于停顿，民国成立，陆军部下令召集原来在校生以及应届毕业之陆军中学学生，复校上课，是谓正式之保定军校第一期，一直办到九期，代之而起者是黄埔军校。民国以来，高级将领多为保定军校出身，关系中国政治及军事甚大。保定军校最初之校长为赵履泰，他是段祺瑞同乡同学，又为袁世凯所信任，因管理不当引发风波，各省有自办军官学校之议，袁乃电请蒋百里先生为校长。而百里先生办学又遭多方掣肘，遂有百里先生举枪自戕以谢天下之事，使百里先生能继续主持保定，展其所长，可能扭转北洋军成为国家军队之局势。百里先生离校后，由日本士官出身之曲同丰继任，对武公曾参加武昌首义极为注意，想找机会开除武公。此时保定一期同学，筹印百里先生著作，武公亦参与其事，不过武公知学校对他态度，故先向连长刘凤池报告，说虽参与百里先生著作之筹印，但决不参加校章规定以外之事，愿意守纪守校规，好好读完保定军校学业。幸有此一说，使队职官对他怀疑冰释，得以品行九十分以上，名列十名之内，毕业于保定一期。

武公于民国三年毕业于保定，当时北洋各军凡袁世凯之系统，对保定南方籍之学生决不任用。山西阎锡山正在整军，乃不限省籍，大事延揽，而南方各省，则无门户之见，此为民国十三年后之黄埔军校与革命军中，重要队职及教职，几乎都出身于保定之原因。武公分发回原省服务，分到第一师第二团，驻在武公故乡黄冈，师长为石星川，旅长为朱兆熊，团长为胡廷佐，团营长与武公在武昌起义后曾在一处工作同志，知武公分发该团，不但高兴，且表热烈欢迎。武公在该团见习半年，然后在民国四年经由排长而升连长。保定军校毕业生，按当时规定，毕业后在部队服务二年以上者，可以参加陆军大学入学考试，此一规定与北伐成功后，陆军大学归国民政府参谋本部管辖时稍有不同，后者之规定，凡接受养成军校，包括黄埔及各省讲武堂，毕业后必须服务五年，并有带兵之队职经历者，始为合格，其条件比早期显然已经严格了。武公虽有带兵队职经历，但服务未满二年，仍被特许参加考试。初试在武昌，复试在北平，由参谋本部与陆军大学组成考试委员会，主持复试事宜，尔后均按此方式进行。

陆军大学初称陆军随营军官学堂，于光绪三十二年四月（民前六年，公元一九〇六年）创校于保定，隶北洋大臣，段祺瑞为督办，第一期分速成与深造两班，学生均系北洋各镇新军中考选，两班总人数仅七十余人。尔后招训对象，除北洋各镇外，普及南方各省新军，民前一年改称陆军预备大学，隶参谋本部，民元由保定迁至北京西直门内崇文观，始正式名为陆军大学，仍归参谋本部管辖。武公系陆大第五期学生，民国六年一月入校，不久驻荆州之湖北第一师（师长石星川）及驻襄阳之第九师（师长黎天才）与川滇黔靖国军联络，组成湖北靖国军，黎自任总司令，石副之，因反对直皖两系之北洋军阀而通电独立，称为“荆襄自主”。武公在陆大，因荆襄自主之领导人士，纷纷电催回荆州一行，乃透过蒋百里先生之关系，得到学校默许，乃离京返鄂。当武公赶抵宜昌附近时，荆襄靖国军在袁世凯北洋第三师（师长曹锟）与在四川之吴光新师（段祺瑞之内弟）夹攻之下，节节失利全军瓦解，黎、石出亡，仅夏斗寅收集残余，退往公安，尔后成为寄食湘军之鄂军。荆襄自主既败，武公乃于民国七年返北京复学，在校期间，颇受监视。民国八年最后之参谋旅行及毕业考试两大重要学业未完成前，武公决心放弃一纸文凭，应山西保定同学杨爱源之邀，赴山西军官教导团任职。惟尔后陆军大学同学录，第五期名单上，仍有武公之名，下注有：“未与毕业考试”之字样。

二、随侍夏寿康先生返鄂及参加湘军

民国八年武公之舅父夏寿康先生出任湖北省长，催武公返鄂随侍，武公本欲由山西转赴外蒙工作，此时不得不放弃赴边疆工作之意愿。夏寿公原任北京平政院院长，相当于今日行政法院院长，位高事闲，极适合寿公之年龄与健康，惟鄂人旅京人士，高唱鄂人治鄂以及黎元洪与总统徐世昌等之敦促，寿公始受命返鄂。返抵汉口欢迎者数千人，当晚寿公在武昌之行馆，即为北洋军第二师师长孙传芳，受湖北督军王占元之命所包围，警告寿公不要接任省长，幸寿公之秘书长饶凤璜（与寿公为同年翰林）与王占元之参长何佩镕为小同乡，乃派饶前往交涉。何亦认为太不像话，乃与王占元分析利害，撤去包围，寿公即向徐总统辞职，徐氏派王士珍南下慰问，并陪王占元拜访寿公致歉，寿公乃于汉口设行署接印视事。寿公好友王芝祥在京闻讯，特选精于国术，善于射击之壮士四人，赴鄂任寿公之卫士，行坐不离，随身侍从，有古侠士之风。武公返鄂后，建议寿公成立湖北自卫武力，事为督军王占元所闻，以为省府如将自卫队训练完成，必将对军阀不利，乃向徐总统、陆军部函电反对，因此徐总统又派王士珍南下，劝寿公解散自卫队，寿公以环境恶劣，乃坚辞省长返北京闲住，从此闭门谢客不问政治，于民国十二年与世长逝。

武公于护送寿公返北京后，邀游鲁晋，并赴关外，时张作霖拥有东北三省，设东北讲武堂培养军事干部，颇有问鼎中原之野心，适湘省援鄂自治之战开始，应在湘军中服务之保定、陆大同学相邀，遂南下长沙，参与湘军宋鹤庚之幕僚。所谓湘军援鄂自治之战，为民国九年后盛行联省自治中，湘人治湘、鄂人治鄂观念之发展，以挣脱北洋军阀之压榨，湖南省长赵恒惕在孔庚、朱兆熊、金永炎等（都是赵氏日本士官同学及同盟会会员）入湘策动，出军援鄂，当时湘军拥有兵力计：第一师：师长宋鹤庚，辖第一旅旅长贺耀祖，第二旅，旅长唐生智。第二师：师长鲁涤平辖第一旅旅长张辉瓒，第二旅旅长刘铏。另有两个混成旅，一个支队，支队长何键，此外即为寄食湘军之鄂军夏斗寅部。此役以赵恒惕为联军总司令，宋鹤庚为前敌总指挥，主力沿粤汉路北进，北洋军以孙传芳为主力，由孙兼前敌总司令及中路司令。援鄂军虽在湖北蒲圻战胜北洋军，占领汀泗桥，斯时北京政府以吴佩孚为两湖巡阅使，萧耀南为湖北督军，孙传芳为长江上游总司令，湘军以众寡不敌，乃与吴佩孚订城下之盟，赵恒惕引军退回长沙，仅保湘人自治局面，此役后吴佩孚得以掌握长江中下游之大局矣。

湘军援鄂失败，武公返里侍奉太夫人，到民国十一年，湘军第一师宋师长一再催促返湘，宋氏悬缺以待武公一年之久，武公感其盛情，乃重返长沙。此时唐生智已升师长，武公与湘军中高级将领都是保定军校先后同学，故虽在湘军中当参谋，但颇受师团长等敬重，当然武公自感寄人篱下，处境艰难，英雄无用武之地。

民国十一年湖南宣布自治，赵氏被省议会选为省长，而谭延闿在广东亦极思返湘执政。当时湘军分成两派，一部倾向于谭，一部倾向于赵。其间谭氏以赵氏勾结吴佩孚，组北伐讨贼军，企图重返湖南，但未能如愿，谭氏率领湘军一部退回广东，编组建国湘军。

三、鄂军参谋长与参加北伐

鄂军残余由夏斗寅率领，为吴佩孚所逼，退入湖南为赵恒惕所收编，近乎寄食湖南之客军，夏氏知武公与湘军中高级将领私交公谊，乃向赵氏请求派武公为鄂军参谋长，夏氏并亲自力邀，湘军中武公之友好亦一致劝武公协助夏氏重整鄂军。当时鄂军为湖北唯一流落湘境之部队，处境甚苦，武公基于乡情私谊以及责任感之驱使，乃应夏氏之请，赴湖南永兴参与鄂军。当时官兵薪饷靠当地税收，带兵官赖吃空额维持，兵源补充困难，官佐素质良莠不齐，武公到职后，第一是成立军官班，请保定同学充任教官，以期提升干部素质。第二是部队装备之补充，武公透过王家堤河工督办李隐尘先生之安排，得见湖北督军萧耀南（与武公同乡同里）请求支援。萧氏为名正言顺计，赋予鄂军一个湖北第二混成旅之番号，发给步枪一千五百支及机枪四挺，鄂军始有武器之补充。第三是秘密派人赴夏氏故乡麻城、罗田一带招募新兵千余人。当时驻鄂之各北洋师旅，不要湖北人当兵，因此招兵经过，极为顺利，居然有自备旅费，至湖南报到者，实为招兵史上之奇闻。

民国十五年春，唐生智逼走赵恒惕自为省长，拥赵之叶开鑫部，退出岳州，投向吴佩孚，吴委叶为湘军总司令兼湖南主席，遂引发一场湖南省长夺权之战，叶军进长沙，唐投向广东，被国民政府委为第八军军长，武公之同乡同学刘文岛出任该军政治部长及党代表。同年六月五日，国民政府任蒋中正先生为国民革命军总司令，准备北伐。武公建议夏氏，必须表明立场，乃秘密赴穗，晋见蒋总司令，愿献身革命阵容，蒋总司令嘱迅速回湘，掌握所部待命，此为武公受知于蒋公之开始。六月二十六日，国民政府发表命令，以“夏斗寅为鄂军第一师师长，万耀煌为参谋长，七月一日编入第八军之战斗序列”，但唐生智似不愿接受。武公自广州返湖南后，即着手整编鄂军，辖步兵三团，武公自兼第一团团长，当时员额，实不足一师，好在革命军有句口号，就是“向前方补充”，故尔后历次战役，俘虏北洋军官兵，一律改编收容，此孙子兵法所云：“卒善而养之，是谓胜敌益强”（作战篇）。唐生智不愿鄂军参加北伐行动，留鄂军第一师在湖南益阳，蒋先生于八月中抵长沙，武公晋见，坚持愿在第一线，担任进攻武汉，任何困苦、牺牲，在所不惜。时武公保定军校同学贺耀祖为吴佩孚属下师长，另一同学谢冰如为贺之参谋长，乃向蒋先生进言，对贺、谢进行策反，蒋先生认为可行，武公乃密函贺、谢，认为乃参加革命之最佳机会，万不可错过，于是贺派谢赴益阳，由武公陪赴长沙谒见蒋先生，表达效忠之诚，蒋公立即发表贺为独立第二师师长，此亦武公胜敌益强之策略也。

民国十五年八月十八日，蒋总司令下令总攻，以第八军为中路军，由长沙北进，势如破竹，鄂军第一师为预备队，仅武公率第一团在后跟进，到达岳州时，获悉吴佩孚所属之宋大霈师尚有步兵一团，官兵约千余人，拥有步枪千余支，野炮三门，尚未撤退，武公乃大胆将之包围，予以缴械，将人员武器补充第一团外，多余官兵及武器后送至长沙，补充其他各团。此一战役，鄂军第一师未发一弹，已获得了人员武器之补充，革命军向前方补充之口号，得此实证，孙子胜敌益强之说，信不诬也。

汀泗桥一役，为北伐军与北洋军吴佩孚在粤汉路上之一大会战，鄂军第一师进入鄂境后，受命攻击汉阳，驻守汉阳之湖北第二师师长刘佐龙，原为参加武昌首义之人士，十余年来在北洋军中，郁郁不得志，当武公率部得占汉阳附近之蔡甸时，刘派参谋彭进之前来连络，谓："刘氏已与蒋总司令接过头，只要革命军一到，他立即撤退。"吴佩孚闻蔡甸失守，立命精锐支援刘佐龙，不意刘先一日已引导革命军进入汉阳，刘则受命为革命军第十三军军长。吴佩孚乃弃守汉口北退，于是汉阳、汉口相继光复，而武昌则经革命军围攻四十余天，终在北洋军第三师之团长贺对庭内应下，引导革命军进入武昌城。

武汉光复后，鄂军第一师向北直扑平靖关，此地为豫鄂两省之战略要点，为兵家必争之地。吴佩孚北退，以魏益三、靳云鹗、田维勤、寇英杰四个师布防信阳，魏益三乃武公保定军校、陆军大学两度同学，武公遂对魏进行策反，并邀约靳等起义，双方在汉口谈判成功，吴佩孚信阳防线，由此瓦解。此事经武公从中策动，使北伐军减少了不少阻力，信阳之役，亦可称不战而胜，胜敌益强之例，对吴佩孚之失败有决定性作用。平靖关策反成功后，武公奉命光复鄂西之京山、钟祥、荆门、当阳、宜昌、沙市各地。于十六年初，鄂军第一师改编为国民革命军独立第十四师，从此鄂军成为历史名称，而武公辛苦经营之地方部队，终于成为国家之正规部队，亦皇天不负苦心人也；武公则升任副师长兼参谋长。

四、再度北伐

十六年初，独立第十四师奉命移驻宜昌。此时左派不仅把持了革命军总司令部，也把持了各地工会、农会、妇女会，掀起各项运动，各乡村到处有打倒土豪劣绅之事件，引起民间互相斗争残杀。十四师之政治部主任包惠僧发动游行，遂与十四师忠贞官兵发生冲突，而北洋军阀之于学忠等乘机进攻宜昌，武公以众寡不敌，放弃宜昌向沙市转进，并电报中央，斯时中央为中共所把持，竟责备十四师不该弃守宜昌，当时十四师在中央不信、军阀夹攻之情况下，处境之苦，可以想见。武公在十四师干部会议上，以光明磊落，明确坚定之态度，表示立场，使当时笼罩于阴霾下之十四师官兵，精神为之一振，并于十六年五月十三日，武公与夏师长联名发出通电，中国国民党党史上称为“元日反共”，而同时共产党又在长沙发起起义，为湖南省防军第三十三团团长许克祥所反对，许氏通电反共，在中国国民党党史上称“马日反共”，时为十六年五月二十一日（元、马两字为诗韵韵目，元代表十三、马代表二十一，从前电报日子均用诗韵程序依次代表）。

独立十四师转至沙市，处于孤军奋斗之局面，只有突破重围到长江下游去接受蒋总司令指挥始有出路，十四师之通电震动了武汉政府，决以重兵在武昌纸坊一带星夜布防，阻止十四师之东下，十四师转进至崇阳时，武汉政府为分化武公与夏斗寅，首先发表命令免夏师长职，任武公为第四混成旅旅长，次由武公保定同学聂世馨携谭延闿、何键、李品仙、龚浩等亲笔信，到崇阳力邀武公担任新职。武公不动声色，一面与南京蒋总司令连络，一面部队秘密转进至浠水，斯时南京蒋总司令发表夏斗寅为新编第十军军长，武公为第一师师长，张森为第二师师长，佘延为第三师师长。武汉方面，唐生智以与武公私交甚厚，故尽一切手段笼络，武公以唐本人有领袖欲而无领袖才，且学识品德，俱不足服人。蒋百里先生以唐为保定一期中杰出者，曾劝唐对第一期同学多加援助。惟武公在湘军以及鄂军寄食湘军之时，唐完全虚情假意，且暗中加以抑制，故其说客无功而退。此时唐已利令智昏，集结大军有东下之势，七月间新编第十军已由鄂东开入安徽之太湖、宿松一带布防，进可以威胁武汉，退可以为南京之外围。八月间，唐生智派何键来邀夏军长在湖北黄梅晤谈，由武公代表前往，接待仪礼甚为隆重，会后，何氏一再强调："北伐各军均服从唐总司令，蒋只有一个军，何能成事，武汉政府已下令讨蒋，由唐督师东下"，"尔后扩充军队，扩张地方，高级将领、省主席等要职，自非这些老朋友莫属"。武公知何氏威胁利诱并动之以情，虚与委蛇，谓：回报夏军长后再复。武公返军部后举行会议，决定反唐，也就是决定反共，乃由武公代表夏军长赴南京面报蒋总司令，不意蒋公已宣布下野，军委会由何应钦、李宗仁、白崇禧三人负责，命令新编第十军退守安庆，如再受压迫，可退大通。此时北洋军阀孙传芳以六万之众渡江南犯，占领栖霞山、龙潭等地，南京震动，第十军奉命兼程东下，孙传芳以破釜沉舟之心，倾全力进攻南京；南京方面，何应钦、白崇禧均亲临火线督战，一场激战，孙部精锐消耗殆尽，南京得以转危为安，史称龙潭之役。在武汉之唐生智依然执迷不悟，举兵东下，不意所部大部随谭延闿归向南京中央，唐知无作为，只好通电下野，一走了之。

以上是第一期北伐，武公最大之贡献有三：一为策反刘佐龙，二为策反魏益三，使北伐军不战而胜，胜敌益强，三为坚持转进安徽、安庆，不受唐生智威胁利诱，使南京中央在龙潭一役中，无后顾之忧。由此可见武公对用兵谋略之深，对国家民族忠贞之坚矣。

南京军委会于九月初颁布北伐计划，命第十军先行渡江，肃清津浦路西侧之北洋残余，第十军将士用命，士气高昂，孙传芳部虽有第十师、第十三、十六混成旅三部，但未作坚强抵抗，向北后退，第十军乃进占滁县。十一月初，第十军列入第一路军作战序列，总指挥何应钦与军长顾祝同前来滁州视察第十军，发现第十军中大多数干部系保定军校毕业生时，甚为惊异，其素质与中央军以黄埔生为主干者，大可媲美，此即第十军在北伐、剿匪、抗日战争中，回奏战功之因素也。第十军奉命由滁县北上，十一月十三日与卫立煌之十四师同时光复蚌埠，孙传芳残余败退徐州。十二月底革命军第一路军与西北军冯玉祥部，于徐州外围攻击北洋军阀之直鲁军及孙传芳残余，经激战后攻下徐州，武公与冯玉祥部之军长鹿钟麟由此订交，武公谓鹿氏有大将之风。北洋军在此役中，拥有装置七公分以上加农炮之装甲车队，尚有七吨重之战车，然以如此优势之火器，竟未能拒止革命军之攻势，足见战争中胜负之决定，并非依赖有形之武器，而是以无形之精神力量为主。北伐军光复徐州后，十二月二十日由何总指挥应钦领衔各军师署名通电请蒋先生复职。蒋总司令应国人之请，于十七年元月四日回京后受任北伐全军总司令，盛赞新编第十军在蚌埠、徐州战役中之贡献。民国十六年一年中，为武公最艰苦之一年，宁汉分裂，武公由沙市突围东下，编入北伐行列，而第十军之能征惯战，服从命令，对革命之忠，终为中央政府所肯定，亦为蒋公知遇更深，从此雨过天晴，迈向坦途。十七年初，武公率第十军之第一师担任徐州警备，武公除着重于部队之整训外，对徐州之治安，力加维护。一月十八日军委会将新编第十军政为第二十七军，第一师改为六十五师，仍以武公为中将师长。二月九日，蒋总司令亲临徐州，主持夏斗寅就军长职及武公之就师长职并晋升中将之仪式。

此时为革命军最盛时期，蒋总司令亲兼第一集团军总司令，山西之阎锡山任第三集团军总司令，在陕西之冯玉祥任第二集团军总司令，分沿津浦路、陇海路、平绥路，向北京、天津，分进合击，并以李宗仁之第四集团军为总预备队，沿平汉路北上。武公所部受命以济南为目标由徐州北上，沿途与鲁军激战，伤亡甚重，终于攻占泰安，张宗昌于五月一日退出济南，蒋总司令于当日进驻济南城。

日本军阀企图阻挠中国之统一，乃悍然出兵山东，并于五月三日惨杀我外交特派员蔡公时先生及戕杀济南军民万余人，史称五三惨案。蒋总司令洞烛其奸，一面以外交方式与日方谈判，一面密令大军绕道渡过黄河，继续北伐，使日方狡计无法得逞。当日军在济南城中发动惨案时，武公与保定、陆大两度同学之谢冰如尚在城中，闻讯立即潜行出城，赶返师部，下令戒备。夏军长因病赴沪疗养，中央命武公代理军长兼六十五师师长，又奉命指挥独立第三师，以津浦路以西为作战区域，以旧沧州为目标。武公于徐州光复后，招募一批绿林好汉，自备马匹武器，编成一个骑兵连，在武公谆谆善导与军纪约束之下，颇知守纪，北伐过了黄河，正面太广，这连骑兵就成为机动性搜索与快速攻击性之有力部队，虽然张宗昌拥有一支白俄佣兵骑兵队，但是纪律太坏，奸杀掳掠，无所不为，河北人民恨之入骨，故第十军骑兵连所到之处，老百姓就群起协助革命军赶走老毛子，所以第十军之北上，几乎兵不血刃，于六月二日占领旧沧州，由此可见军纪为军队之命脉，惟有军纪严明之军队，才是王者之师。

六月三日第十军进抵天津以南之惠丰桥。（奉军张作霖于此日向关外撤退，为日军炸死于皇姑屯）。惠丰桥为通往天津之要道，张宗昌在此设有坚固之桥头堡阵地，并以第七军之重兵驻守，武公正欲发起攻击，而张宗昌所部居然不战而退，天津遂失去了屏障，武公除电报蒋总司令外，并通报友军。此时驻守天津之北洋军褚玉璞，其前敌总指挥为徐源泉（字克成，民国三十五年行宪后，被选任立法委员，为武公之黄冈同乡），武公以同乡之谊，派人与徐联络，劝他与革命军合作，徐立派车至惠丰桥接武公赴天津一行，此为北伐期间，革命军中第一个师长进入天津市区者。徐源泉已下令，未经他本人亲笔命令，一律无效。褚玉璞见此情况，乃自行离天津。武公在天津为徐总指挥设谋向蒋总司令输诚，必须透过受蒋公信任之何成濬、方本仁、蒋作宾三位湖北老乡，代为转达诚意。徐氏总算达成了投效中央之愿望，使天津兵不血刃而下。此为武公在第二期北伐中，策反徐源泉，使革命军迅速进入北平，革命大势遂定，武公算是做了一次幕后无名英雄。东北少帅张学良因日军在皇姑屯将其父张作霖炸死，且受蒋公之感召，乃于十七年十二月二十九日通电服从国民政府，东北易帜，至此北伐告成，全国统一。

五、国民革命军之整编

十七年年底东北易帜，北伐结束，全国统一，国民革命军乃从事编遣。当时除东北军外，全国军队计二百五十万之多，国家财力无法负担如此庞大之军费，由蒋公率领之第一集团军首先开始，缩编为十三个步兵师。第十军缩编为第十三师，师长仍由夏斗寅担任，武公被中央任命为十三师三十七旅旅长。此次整编最大之遗憾，为第二、三、四各集团军未能按政府编遣之命令，彻底办理，仍然拥兵自重，此为美中不足之事，亦为尔后形成内乱之根源。

北伐统一后，国军之编遣，因地方派系及少数人之野心，乃有十八年一月间，李宗仁、唐生智等称兵武汉。蒋总司令于三月下令讨伐湖北共产党，十三师正在皖西一带，奉命归第二军军长朱绍良指挥，由皖西进入鄂东，在该地之桂系军原为胡宗铎与陶钧两师之防地，并有大别山长崖关险要，有一夫当关万夫莫敌之势，不意十三师前进之际，突然放弃，桂系各军，在讨伐军长江两岸分进攻击之下，向鄂西撤退，中央军队遂兵不血刃进入武汉，蒋总司令于翌日进驻汉口，除夏威率残部经湘西回桂，留在鄂西之桂系部队，接受中央命令，改编为六个步兵师。同时冯玉祥之西北军部分将领亦通电反对编遣，出兵豫西。中央于平定桂系之乱后，下令讨伐西北军，十三师列入第二路军总指挥刘峙指挥下，担任武汉警备及平汉路之护路。此一战役经过虽为时一月，但进行中情况非常复杂，此时唐生智再度为蒋总司令所重用，在郑州代蒋公行使总司令职权，不意西北军将领，因冯玉祥始终在太原遥控，其部下石友三、韩复榘相继投诚中央，适张发奎由湘桂入粤，中央以石部能战能守，乃予以补充后南调援粤，石友三于十二月初在浦口发生兵变，唐生智知石兵变，张进军广东，居然通电叛变。中央令夏斗寅以十三师师长兼二十一路总指挥，指挥蒋鼎文之第九师，陈诚之第十一师，沿平汉路北上。中央此次对唐之讨伐，政治运用重于军事作战，第一委阎锡山为陆海空军总司令、兼北路军总司令，第二运用分化、策反。在十三师当面之唐部为龚浩与刘兴两师，不但为武公在湘军中之老友，且与龚浩由陆军小学、中学、保定、陆大四度同学，亦并未因私废公，于确山一带激战后，退守漯河，此时军心瓦解，唐不得已于十九年元月逃往天津，所部纷纷向中央无条件投降，到此由北伐成功后之整编国军所引起之变动，已告一段落。

六、中原之战

民国十九年初，李宗仁联合阎锡山、冯玉祥，拥汪倒蒋，当时蒋总司令以各个击破战略，以刘文岛拉拢湘军，以朱绍良牵制广东叛军，中央军以徐州为核心，由陇海、平汉、津浦三线并进，以郑州为目标。武公此役中，初期分驻淮县（陈州）至周家口之间，担任维护交通要点，继之推进漯河，兼漯河警备司令。此时粤桂军虽由广东入湖南，惟孤军深入长沙，为中央军驻江西湖南各军分进合击，张于久战之余，退出长沙，归顺中央。武公驻漯河时，居然有过去的湖南督军汤芗铭，以湖北同乡关系，派说客企图说服武公倒蒋倒夏。另有阎锡山方面亦派武公之族弟倚吾来说“以湖北主席为饵”，武公坚决回答：自民国十五年北伐受知于蒋先生，每役必与，拥护中央，此志不移。此两人均无功而退。由于津浦路上，阎军攻占济南，蒋总司舍命贺耀祖到兖州主持，将十三师由平汉路转用于津浦路，十三师三十八旅旅长卢本棠以十三师先遣，受贺指挥，坚守曲阜孔庙圣地，晋军以优势兵力进攻，并以炮兵轰击城墙，卢旅长于坚强抵抗之中，一面作战，一面修城，血战四昼夜，因陈诚率十一师之支援，晋军于七月十四日撤退，卢旅长以守阜有功，蒋委员长特为晋升中将，并传令嘉奖。卢旅长能征惯战，但武公以后晋升二十五军军长时，力保卢晋升十三师师长，终未获准，武公乃将卢调为副军长，仍自兼十三师师长，一直到抗战时，始将十三师师长职务交由黄埔四期之方靖接替。

曲阜之战为中原大战胜利之基础，中央军以刘峙为总指挥，区分为左、中、右三路北进，武公之十三师为中路军，由左翼军之迂回，迫使晋军后退，中央军遂于八月十五日克复济南，因张学良派兵入关，蒋总司令乃将黄河以北战区交张负责。中央军集中陇海线对付冯玉祥，十三师师长夏斗寅兼第二纵队司令，指挥十一、十三两师由济南南下，然后西向郑州。冯以重兵集中陇海路，第二纵队所经之地，西华与鄢陵，并无多大困难，至许昌始遇冯部之吉鸿昌，经激战后，吉鸿昌突然投降，西华一带之刘桂堂（河南人称他为刘黑七）等亦纷纷投降，于是中央大军包围郑州，冯玉祥于众叛亲离之下退回陕西，中央以冯旧部杨虎城率拯陕军进西安，为陕西省政府主席。中原大战到此结束。

七、回鄂东剿共

中央分别在湘、鄂、赣、闽各省进行剿共，其中尤以豫鄂边境之罗田、黄陂、孝感、麻城、黄安、广济一带，为患最烈；中央以十三师自师长以下将校官皆以鄂东人为主，故蒋委员长指定十三师负鄂东剿共之责。夏师长经常离师部在武汉，不太顾问作战，故武公在前方，常以旅长身份，兼负全师指挥之责，全师官兵因武公在该师之德威，无不乐于接受。

二十年元月，武公率部先后收复广济、黄梅。十三师进抵麻城以北，为红四军运用人海战术以四万之众包围，十三师终日激战，威名遂流传于共军中。十三师在鄂东地区，一面追剿红军主力，一面招抚流散，使地方渐趋安定。至二十一年五月夏师长斗寅辞第十三师师长，国府正式任命武公为十三师师长，卢本棠为副师长。上海一二八事变，蒋先生已为中央政治会议任命为军事委员会委员长。六月间成立豫鄂皖三省边区剿共总司令部于武昌，由蒋公自兼总司令，命武公率十三师负责鄂中。武公率部进入鄂中京山、钟祥一带，见满目荒凉，庐宇为墟。十三师进剿时，贺龙已渡汉江退沔阳一带。武公正欲渡汉江南下沔阳，突奉蒋委员长兼任豫鄂皖三省剿共总司令之令，令十三师再赴鄂东。武公于返武汉述职时，曾规劝夏斗寅主席，效法当年太平军乱时，官方与胡林翼政军相处和洽之例，极力配合军事，尽地方官之责，同时效法张之洞办教育造福地方后代子弟，但夏以有职无权为憾，并未接纳武公善言，一年后即告下台。

武公在武汉晋见蒋委员长，报告剿共经过及组织民众事，蒋委员长极力嘉许，并促武公立即返防，以四句秘诀面授武公，即轻装奇袭、夜行夜袭、便衣远探、神速机密四者。鄂东之共军为徐向前所部，在共军中骁勇善战，经武公之十三师与友军卫立煌、陈继承合力围攻之下，向西撤退，惟其红军第二十五军邝维勋部则仍流窜于鄂东地区。蒋委员长下令十月底一律肃清，否则以纵共论罪。武公于奉召述职之时，申述剿共战争不可操之过急，必须以政治与组织，使共产党无法生根潜伏，如一时将它赶走，仍无法根除。蒋委员长接受武公意见，将前令收回，嘱武公安心在鄂东负责清剿。豫鄂皖三省剿共军事，历三任剿共总指挥，首为刘镇华、次为卫立煌、最后为张学良，国军战史上只载江西剿共史迹，不知这三省中牺牲了多少人，地方、民众、国家受害之深，都无详细记载，实为战史上之最大遗憾。

八、调江西及庐山训练

民国二十二年国军江西第四次围剿失利，又逢闽变，共区扩大至闽北、赣东赣南。中央乃令十三师调江西参与围剿。武公率部先到抚州担任警备，整饬当地军纪治安。二十三年四月武公受命以十三师师长兼第二纵队司令，归北路军战斗序列，于赣东闽西之线以西之瑞金包围前进，其他东、西、南三路军亦以瑞金为目标，步步为营。武公率第二纵队辖十三师与第八师，为北路军之左翼部队。部署已定，蒋委员长为检讨失败之经过，乃于江西庐山五老峰下设军官训练团，蒋公兼任团长，陈诚为副团长兼教育长，召集各军师将校，予以两星期之精神训练与剿共战术，训练时间虽短，但因蒋先生亲自督训，所选队职人员，均一时之俊彦。武公以学识资望，受命担任连长，连长为亲兵之官，武公以师长职务重任连长，与学员相处，一如当连长之带士兵，早晚点名，检查内务，临堂讲听，从不懈怠，此为武公与蒋公相处较长之时间，自然易为蒋公所赏识，尔后蒋公曾有一私函与武公，谓“吾弟资深品高，其望为诸同袍之模范”中可见一斑。

九、长途追剿

第五次围剿，因南路军之防阻不密，共产党（毛泽东、周恩来、林彪、叶剑英等）乃举全力突围，于是展开一场长途追剿战。武公判断共军西行必入四川与徐部向前在川北会合，中央军全师重整部署，向西进剿，武公率第二纵队由江西东部瑞金附近，折而向西，惟共军行动飘忽，实在无法捕捉，由江西入湖南之汝城，尾随共军毫不放松。在湖南省境，经宜宁、郴县、桂阳、临武、嘉禾、宁远、道州各县，有时走直线，有时曲折迂回，所经途径，皆湘南崇山峻岭，羊肠小道，行动困难。重武器有时必需拆卸，分装肩负。中央虽有合广西廖磊、广东张强两师在粤桂境内围堵，但均未施出全力。共军从容越湘西而入贵州。武公所率之直辖第十三师，有时只得单独进击。共军于二十三年冬，主力经湘南之东安、武冈、洪江折而向西，入贵州境内所谓苗区之天柱、三穗、施秉、黄平各县，从此如入无人之境。时薛岳为第六路总指挥，负责湘黔境内之追剿，共军入黔后，原拟进攻贵阳，幸薛岳先发制人，武公此时，本追击共军向遵义途中，闻贵阳有警，于二十四年元月九日兼程赶返贵阳（据韩文源中将之回忆：他此时正奉委员长之命在贵阳，而贵阳因所有旧黔军为共军击破，溃不成军，几成空城，幸十三师赶回，始转危为安）。蒋委员长于二月初，重整部署，以何键为第一路军总司令，刘建绪为前敌总指挥，由湘入黔。龙云为第二路军总司令，薛岳为前敌总指挥，由云南进入黔境。三月底共军已进入四川之古蔺（四川永叙之东，川、黔边界），似有转向西南，进入云南之威信（云南东北角川滇黔三省边界处）模样，但共军行动飘忽，突向贵州占桐梓、遵义，南逼贵阳。知贵阳有备，又绕道南下，经青岩、惠水、长顺、紫云，渡北盘西上盘县（贵州西南与云南交界）。十三师继续尾追，每日行军里程总在一百六十华里以上，然共军装备又轻且走捷径，使国军无法截击。

共军入贵州盘县后，诚如前述所谓入无人之境。一股西窜入滇境，由宣威南下白水，西越霑益、寻甸，窥向昆明。另一股走西北，由宣威至会泽、禄劝、元谋，欲由金沙江入西康。武公率第二纵队一路追剿，入云南境后，归薛岳指挥。薛岳除命吴奇伟、周泽元两部，于金沙江畔乘机围歼之，命武公于元谋一举堵击，阻共军南下云南昆明。武公正由元谋向西康边境进军，突又奉命折回武定，又由武定折返元谋，最后知情报不确，使部队走了许多冤枉路。共军日夜流动，欲偷渡川康滇间惟一之天险金沙江，可惜云南之龙云未能彻底烧毁江中渡船，而西康之刘文辉，更未遵命在金沙江北岸全力堵击，致使共军越江入西康，武公率部追到江边，却无一船可用，望江兴叹，此皆龙、刘自私，以为共军肃清后对他们不利，使长途追剿，功亏一篑，为之深惜。

共军既渡金沙江，武公率部沿江北上，寻找渡口，于滇北之巧家渡金沙江西入西康、滇北一带，俗称倮倮区，水粮俱缺，往往数十里无可饮之水。由巧家渡江入西康之宁南，又属黑白夷人区域，人口稀少，但武公率部进入宁南时，竟然有夷人箪食壶浆以迎，虽仅仅一羊一鸡，而武公厚赐银元一百元，夷人认为从来汉人只有剥削，今有将军予以回报，乃破天荒之大事，甚为感动。

武公由西康之宁南北上，进入西昌时，共军已渡过大渡河，进至川西北之山城、懋功、理番、茂县一带与徐向前会合。武公奉命先坚守西昌，至六月间始奉命北上，沿川康公路，经龙州、卢沽、登相岭、小相岭、保安、海棠、富林等地，穿越夷区，登山涉水，始抵汉源。武公在西康东部所经的穷乡僻壤，有些小地名，连西康人士都不知在什么地方。蒋委员长命武公暂在汉源整理，尔后再开雅安。七月初武公抵成都谒见蒋委员长述职，又奉命开四川锦阳。此次长途追剿，共军在金沙江已陷绝境，若非龙云与刘文辉纵敌自大，当可在滇康边境，以竟全功。民国五十年间，共军在香港曾发表其“二万五千里长征”中许多战役，提及金沙江一役，谓“若万耀煌之十三师再前进一步，彼等将死无葬身之地”。

武公驻绵阳整补，而委员长利用此一调整部署之空档，在四川峨嵋山报国寺办军官训练团，再命武公为峨嵋训练团第一连连长。这次训练，着重在精神方面，亦即要求军官守法、守纪、服从、爱民等武德修养。以西南各省部队之将校为主，揭示建设川滇黔为民族复兴根据地之目标。武公事后感觉到此次训练中，与西南各军之将校，经一月之坦诚相处，情感非常融洽，受训将校受蒋委员长之感召，对国家民族之观念提高，对政府之向心力提升，为此次训练最大之收获。

峨嵋训练结束后，武公匆匆返绵阳率部出剑阁，于九月底进入陕西宁强，此时武公奉命擢升为第二十五军军长，辖十三师及一四〇师，再入甘肃成县，经徽县折向西南郑，布防陕甘边境，负责修护川陕、陕甘公路及清剿王三春，为南郑一带恢复了安定秩序。川陕公路由成都至汉中（南郑）段，在武公手上完成，亦为第一个乘车通过此线者。

民国二十五年元月间，共军贺龙所部盘踞贵阳附近，武公奉命兼第五纵队司令，指挥十三师及二十三师，由南郑兼程折回四川綦江，向黔西进军。在黔西一役中，十三师又展其神勇，使共军不支而退，乃克复黔西、大定两县城。此役十三师之武营长率全营在追击途中，遭共军反噬，全营覆灭，蒋委员长特电嘉奖，阵亡者从优抚恤，生还者一律晋级厚赏，虽可告慰于生死，但武公自领军以来，首次遭此损失，心中仍不免戚戚也。

在大定西进途中，在桃源附近与共军遭遇，贺龙亲自指挥，发誓必须消灭十三师，红军方有出头之日。故又在此激战，十三师伤亡千余人，然将萧克、贺龙两部之精锐消耗殆尽，十三师乘机进入云南之镇雄，实施扫荡，然后折返贵阳，担任贵阳绥靖。

二十五年六月两广李宗仁、陈济棠通电抗日，所部开入湖南。武公奉蒋委员长密令，由贵阳直趋桂林，七月中抵达湖南衡阳，两广事变已用政治手段化解。第二十五军赴广东暂归广东绥靖主任余汉谋指挥，十月间北调洛阳，又调咸阳，归副总司令张学良之指挥。

以上长途追剿，可以分为两个阶段，第一阶段：由江西经湖南、贵州、云南、西康、四川、甘肃，陕西等地，凡八省，计程约在四千公里以上（将近一万华里）。第二阶段：由陕西汉中回师绥靖贵阳，及两广事变后，又奉调北上经粤汉、平汉、陇海三线转运，越湖南、广东、湖南、湖北、河南、陕西等地，凡六省，计程亦相当于五千公里以上（将近约一万华里），历时两年，行程两万华里，昼夜奔波，席不暇暖，武公之辛劳可以想见矣。

长途追剿八省行程概要表

①江西境内：抚州（临川）—宁都—瑞金—西越诸广山，行程概计约二五〇公里。

②湖南境内：桂东—汝城—郴—桂阳—嘉禾—零陵—东安—武冈—洪江—至会同入贵州，行程概计约八五九公里。

③贵州境内：由会同入天柱—三穗—施秉—黄平—平越—瓮安—遵义—大定—威宁—由威宁入滇，行程概计约九〇〇公里。

④云南境内：由威宁入宣威—霑益—会泽—劝禄—元谋—巧家—由巧家入西康，行程概计约五五〇公里。

⑤西康境内：由云南巧家渡金沙江—宁南—德昌—西昌—汉源—雅安，行程概计约五五〇公里。

⑥四川境内：由西康雅安入川—绵阳—广元，行程概计约五五〇公里。

⑦甘肃境内：由四川广元入甘—成县—徽县—入陕，行程概

计约二五〇公里。

⑧陕西境内：由甘肃徽县入陕—汉中—宝鸡—咸阳行程概计约二五〇公里。

注：作战行军行程，不可以直线距离计算，以上略加宽算，总共四一五〇公里。

十、西安事变

二十五年十月三十一日为蒋委员长五十华诞，驻节洛阳，一时将星云集为蒋委员长祝寿，武公此时初识张学良。十二月初，蒋委员长亲莅西安，召见西北之高级将领，指示机宜，随同蒋委员长来西安之侍从人员钱大钧将军、邵元冲先生，应邀来西北参与机要者蒋作宾先生、蒋百里先生、陈调元先生，与西北剿共有关之将领蒋鼎文、陈诚、陈继承、朱绍良、郭寄峤、卫立煌与武公，尚有李基鸿先生等，共寓西京招待所。

中央为贯彻安内攘外之策，蒋委员长自兼总司令，以张学良为副总司令，分四路进剿，以陈诚、朱绍良、于学忠、杨虎城为各路军总司令，蒋鼎文为前敌总指挥。在这剿共战斗序列内，有中央军（陈诚、朱绍良），有东北军（于学忠），有西北军（杨虎城），各有历史背景及其教育效果。朱毛部队抵陕北延安后，一面抗日，延缓政府之剿共，一面渗透东北、西北两军，运用分化之手段。张学良、杨虎城受共军影响，于十二月十二日发动西安事变，蒋委员长被劫持于华清池行馆，各高级将领被囚禁于西京招待所。事变初起，侍卫长钱大钧为乱兵枪伤，邵元冲为乱军枪杀死亡。西安事变始末目前各方已有发表，不再赘述。惟一内幕秘密即为蒋鼎文将军纪念集中，蒋在日记中有如下之记述："万夫人周长临女士，处变不惊、机智果敢，终能不负重托，堪称巾帼须眉，可敬可佩。”（此事经过万夫人于《传记文学》杂志发表矣）至于此事经过之微妙如下：当张学良劫持蒋委员长，又翻阅了蒋公日记，知蒋公早有抗日之决心，则今日张学良以抗日要求蒋公，似多此一举。在未获化解之时，如何确保蒋委员长之安全与中央将领之安危，应早加筹划。惟此时西安城内仅有张之警卫部队，而杨虎城之主力均在西安附近，因此张首先派王以哲说服万军长，嘱武公下令在咸阳之第二十五军南移，开放甘肃至西安之道路，武公以“阶下之囚，下令何用”而坚拒之。如张之嫡系东北军不能进入西安，则不仅蒋委员长等之生命安全无力保障，张学良自身亦难保，故有此请。各种微妙的局势，在熟悉战略的蒋百里先生、蒋鼎文将军默察之下，自然也了解其关键所在，乃二十五军之在咸阳，必然尽全力阻止东北军进入西安，其目的仅为领袖及各高级将领之安全，想象中不知其中微妙也。武公既拒绝于前，蒋鼎文乃请万夫人以口头嘱咐武公之副官，带出秘讯，要二十五军南下。当时万夫人声明以一眷属身份，参与指挥大军，有损国军声誉，故相约保密，即使武公不知，连委员长也不必报告，此蒋鼎文将军当日日记所述之“不负重托”、“可敬可佩”之真相也。

二十五军突然离咸阳南下，在陕甘边境之于学忠军，兼程赶进西安，张学良乃有安全之感，可以阻止杨虎城置委员长于死地以及公审之局面发生，也是张学良自愿随侍蒋委员长返京决心的最大力量。张学良于二十五日送蒋委员长返京，尔后受政府之处分，实为张学良英雄气概之表现。而政府对张之处分，是否适当，见仁见智，各有不同，以笔者看法，当时对张之处分，为申张国法军纪，是为适当，惟尔后应大赦而不赦，是为不当。惟因此一事变，共产党经此坐大，国运如此，夫复何言？民国三十九年十二月十二日，西安蒙难将领在台北聚餐，武公有诗云：“异时逋寇窜延州，釜底游魂狡未休；劫帅竟成投鼠忌，厉民谁伐教揉谋。乘桴各抱逃秦恨，磨盾宁忌在莒忧；待扫烟霾光禹甸，悲歌敢为誓同仇。”对西安事变之后果，武公抚今思昔，痛愤尤深。民国五十年间武公就医于中心诊所之丁农大夫，适张先生亦在候诊，俟武公诊病完毕，南老在门诊室门口擦肩而过，张入室后立问丁大夫：“刚才此人，可是万武樵?”丁大夫说：“是啊!”张说：“可否请来一叙?”丁大夫赶至领药处面请武公，于是武公折返丁大夫之诊疗室，只见两老握手，仅闻“你好吗”互相寒暄之言。事过二十五年，彼此白首重逢已无当年雄姿矣，各有感慨无奈之情。惟民国七十七年中，“翻案”事件迭出之际，张学良先生拒绝为少数野心政客利用，进而发表其《忏悔录》，则为张学良先生明智之举，张仍不失为中国儒家精神之长者，可爱可敬。

十一、庐山训练与全面抗战

西安事变后，武公率部在汉中整训，达半年之久。二十六年六月蒋委员长在江西庐山办军官训练团，命武公为第一总队第一大队大队长，盖委员长已深知武公之能也。正在庐山训练期内，即发生了七七事变，蒋委员长即在此发表了有名的宣言“和平未到绝望时期，决不放弃和平；牺牲未到最后关头，决不轻言牺牲”之国策与战略。因此华北将领先行返防，以后续办一期，这两期训练，为时虽短，且又在“七七”前后，但蒋委员长抗战决心及长期抗战之战略，因此贯彻于全军，对国军之团结力、向心力有极大之贡献。

八一三上海战事发生，武公即飞西安转达汉中军部，奉命南调，经陇海路到徐州，转津浦路南下渡江进驻栖霞山，向委员长报到后，立即归第三战区司令长官部（蒋公自兼长官）战斗序列，受顾副长官祝同之指挥，进入东战场。先在小南翔、广福、陈家行一线构筑工事，受日机轰炸，损伤甚重，移防太仓整理。此时东战场已作总撤退，秩序非常混乱，吴福线既设之国防工事未能发挥效用，日军沿京沪路北上，中央政府各部门西迁武汉，唐生智自告奋勇死守南京，顾副长官邀约武公率部同行，绕道江北入安徽宣城，在途中武公参与长官部之作战机宜，故顾副长官欲留武公在长官部担任参谋长，武公婉辞此职。唐生智于十二月十二日在日军兵临城下之际，渡江北去，自毁诺言，经此中央不再重用。

十二、珞珈山训练与武汉会战

二十七年元月，武公奉蒋委员长之命返武汉筹设战时将官研究班，武公以武汉卫戍副司令名义兼办，而一切人事、经费、营舍之筹备、调用，又非一副主官所能筹措，求之当局，所得之答复为："谁交你办，你就向谁要。"武公知难而退，建议委员长，此一将官班应附设在珞珈山训练团之下，委员长乃命武公为珞珈山军官训练团之副教育长兼将官班主任，此项任务武公可谓勉强完成。此一训练团中初次召集文职官员参加受训，为尔后中央训练团成立之雏形。

六月间日军陷安庆、马当。蒋委员长设第九战区，陈诚为司令长官，兼武汉卫戍司令，武公以卫戍副司令兼十五军团司令，保卫武汉之实际责任，落在武公身上，武公当时计划保武汉必先保阳逻、葛店，盖皆武汉之门户，在此要点构筑工事，互为犄角。

原由南京迁至武汉之政府机关，于八月初纷纷西迁重庆，湖北省政府亦迁往鄂西恩施，最艰巨之工作，乃武汉两大工厂，一为汉阳兵工厂，一为汉冶萍钢铁厂，政府临时征用所有飞机、船只、车辆将此二厂西迁重庆，中国历史上虽有总动员之名，但从无如此次之后迁，做到了总动员之实。保卫大武汉之兵力，共计十三个师，均受武公指挥，武公面报蒋委员长："赋予坚守到底之任务，不必下达撤退命令，即使牺牲亦为国家争国格，为军人争正气。"蒋委员长对武公之陈述，极为嘉许，事后对侍从室主任林蔚文说："我还不知道万武樵如此负责。"武公决心为保卫桑梓，杀身成仁，但天下事难如人愿，日军由皖入豫，攻潢川、罗山，而自罗山至信阳，至汉口中间，立成为真空地带，此时武公受令率二十五军北上宣化店扼守大胜关，而赣北战场，由于川军杨森、王陵基协调不良，武公又受令兼程赶赴江西，武汉于十月二十五日沦陷，武公率部在赣北，位置已在敌后，乃奉令在此地区进行游击，武公以可以独当一面，受命之余，极为振奋。

武汉失守，湖南省主席张治中张皇失措，误信谣言，不加研判，日军远在武汉，他先行放火烧城，此为抗日战史上之长沙大火。日寇进占武汉，又下岳阳，但却屯兵不进。蒋委员长在湖南衡山召开南岳军事会议，武公奉令赴长沙待命，参与另一军事训练之计划。

十三、出任陆军大学教育长

陆军大学是中国最高军事学府。世界上第一所陆军大学，是创设在普鲁士。一八〇六年耶那一役，普鲁士败于拿破仑，丧权辱国，力图报复，先建立参谋本部，尔后成立陆军大学，参谋本部研究国防计划，陆军大学从事国防教育，两者相得益彰。日本明治维新后，效法德国，聘请复国顾问，厚予优待，尽得德国参谋本部之神髓，赖以建军，成为亚洲雄师。清末袁世凯拥有北洋六镇，于民前六年成立随营军官学堂，分深造与速成两班，此为陆大之前身，至民国元年，始称陆军大学，北伐之前，陆大所收学员，大部为北洋各系将校，极少有南方各部队之军官在校者。北伐统一，陆大由北平迁至南京，民国二十年后，蒋委员长自兼校长，中间仅有黄慕松、杨杰代理校长，此时已以黄埔学生为主干……至十七期几全系黄埔学生，武公曾谓："黄埔生给陆大带来了生气，而陆大毕业生，亦因黄埔渊源而有出路"。抗战军兴，蒋委员长无法兼顾，乃请蒋百里先生代理校长，不幸百里先生在陆大迁校中，病逝广西宜山。此时武公已由江西武宁战地，奉命在长沙待命。二十七年十二月，武公受命为陆军大学教育长，武公面报委员长，自承虽系陆大第五期毕业，但二十余年学术荒疏，不敢膺此重任而力辞。委员长指示："我派你去办教育，不是当教官，此次前去，务必以严肃军纪，严正学风为原则，不可言辞。"武公乃于民国二十八年一月赶到贵州遵义接事，至三十一年五月止，在陆大主持教育，凡三年有余。

武公至校后，陆大学员仍保持薪给由原部队供应，以及各别寄宿校外之传统，惟此时此地，必须将此传统有所改革。抗战以前，物价便宜，军官待遇尚称优厚，如与原部队军师长有渊源者，另有津贴，在校期间，有眷者可赁屋而居，甚至尚有从部队带来之服勤士兵，无眷者寄宿在外，两者生活可无匮乏之虞。抗战以后，部队有在战地无法汇款，有根本已改编，乃使在校受训之学员，有一日三餐无以为继之情况。武公见此情况如继续下去，不但教学无法推展，即学员生活无以为继，焉能安心进修，故以解决学员之生活为当务之急，建议军令部，将陆大在校之学员，一律调为军令部入学附员，其薪给由军令部拨发，至此方解燃眉之急。其次过去陆大从无为教职学员修筑宿舍，若为严肃军纪，严正学风，当以学员能集中居住为前提，以遵义离重庆太远，一则难于亲受校长教诲，二则难于与军令部连系，故武公亲至重庆附近各处，侦察校址，最后选定在成渝公路，离重庆二十余公里处之老鹰岩（俗称山洞）内之张家大湾、花秋湾等各山凹间，建筑克难营舍，包括各班期之寝室、大小教室、餐厅等，使陆大同学在教育上，能相聚一室，互相切磋，在情感上朝夕相处，培养友情，不似过去仅上课点头，下课各自回家，漠不相关者。故前者薪给之改由军令部发给，使学员能安心向学，后者对陆大同学在学术上之进修、情感上之增长、精神上之团结，实为有目共睹之事实，此为武公对陆大后期同学（自十七期至二十一期，二十二期后复员南京）之无上德政。

自民国十七年后，蒋委员长为使国军团结，故自兼各军事学校校长，而以资深望重之将领为教育长，而赋教育以全权，故实际上当时之教育长，即为一校之长，负教育成败之责，与后来军事学校只管行政之教育长在权责与精神上完全不同，此即抗日战争胜利以前，所称之“教育长制”。蒋委员长命武公出任陆大教育长时，面嘱“严肃军纪，严正学风”。故武公到校之后，学员上课，武公常亲临旁听，一则查考教官之准备以及其学术修养、仪态口齿，是否可以为师表，故教官们均警惕自励，不敢稍有懈怠。凡大小演习，武公无不参与，每次结束，武公都亲自讲评。军事演习，计划、指导、实施容易，最难者为讲评一节，盖讲评者必须具有学识、作战经验之外，对演习中之大小优劣点，均能凭其慧眼，一一铭记心头，然后讲评时，方能言之有物，往往画龙点睛，一语道破，颇不容易，但以武公之学养、作战经验之丰富，其所有讲评，莫不使听者倾服。

陆大战术教育之重点在“师战术”，师为联合兵科的战略单位，而进陆大之学员，各兵科军官都有，学步兵的未必能熟悉炮兵，学交辎通信者未必能熟知步炮，因此陆大学员进校后，例有到各兵科学校见习其基本与运用，使陆大学员成为全科军官。惟陆大迁赴重庆后，各兵科学校散处广西、贵州、云南各地，陆大学员前往见学，交通食宿不便之外，管理又感不便，因此有集中一地之构想，武公在尔后出任陆军官校教育长时，与军令部陆大教育长徐培根先生互相沟通，以中央军校有齐全之兵科教育，如陆大赴成都中央军校各兵科之见习，对陆大而言，其食宿由军校支援，对官校而言，使养成教育与深造教育打成一片，对后期军官，亦为一种精神鼓励。陆大二十期（笔者为二十期学员）就在成都军校见习，效果甚为良好。

武公主持陆大，一切从严。当时陆大学员均是青年将校正则班，年龄通常在二十五岁到三十岁之间，都经历连营长职务（笔者在校时正是二十六岁），特别班学员，纵然有官阶中少将者，但年纪也不过四十上下，这些人在军中，大小都是领导阶层，然而一当学生，谁都不大乐意接受约束，在武公严格要求下，都啧有烦言，背后给武公送了一个“排长”官职，就是讽刺武公管得太多，像排长一样。在武公七十大庆那天，有一位官拜中将，任职军长的陆大十六期学生，向武公报告说：“从前我们年轻，老师对我们管得严，大家很烦，以后数十年，我们自己带兵练兵作战，无不以严格要求部下，此时才发现老师从严之可爱，我们当年背后称老师为排长，实在不敬，今日回忆，殊感歉疚。”武公欣然含笑受之。

民国三十一年五月，武公受命为中央军校教育长，武公即电何总长应钦力辞，为什么武公要力辞？武公曾口头告诉笔者说：

“中央军校之教育长，历来都出于与黄埔军校有渊源者，我虽为国军中参加北伐、抗日等战役之中坚，亦受知于蒋公，但无黄埔渊源，故决定力辞。”何先生答云：事情由委座决定，命令也下达了，委座日内就要到陆大为陆大新任教育长阮肇昌布达，恐无法辞掉。

蒋委员长召见武公指示接任中央军校教育长，以及布达之训话，引用武公亲笔之日记如下：

一、民国三十一年五月二十五日，奉蒋委员长命令出任中央陆军军官学校教育长，晋见委员长时之简短谈话：

午后四时委座在官邸召见，问：“命令接到否？我调汝为中央军校教育长，赶速前往，陆军大学派阮肇昌接替，即刻交代即赴成都，首先要禁止学生往戏园，要负责整理。”武公当时就“请校长重新考虑，我不适宜。”曰：“我考虑过了，迅速交代即速前往。”

二、民国三十一年五月二十六日下午，蒋委员长在山洞陆军大学训话之内容：

四时委员长兼校长莅临，徐部长永昌、贺主任耀祖、张部长治中、王教育长东原先后到达，委员长步行到大礼堂，汗流浃背，亲为主持布达式“万教育长耀煌调中央军官学校教育长，以军训部次长阮肇昌继任，政治部主任李侠公另有任用，以王教育长东原兼陆军大学政治部主任”。训话首先是说：“本校自万教育长到任以来，都能本余意旨，注意生活行动教育，所有教育计划均能依照计划实施，著有成绩，现在调他到中央军校去替我整理军校，以后要比万教育长在校更有进步。”（以下从略，另注：王东原时任中央训练团教育长）

（附注：陆大之结束：继阮肇昌出任陆大教育长为徐培根老

师，培公于三十四年胜利，领导陆大复员南京，至三十七年因共军势力壮大，又辗转往上海、广州而迁台湾之新竹，培公之辛劳非外人所能道者。一九五一年，陆大二十三期在新竹举行毕业典礼，由蒋公亲自主持，武公亦应邀参加，在武公当日之日记上记有蒋公训话一段："以后每师必须有三个陆大毕业生当参谋。"不久陆大奉令停办，改制为国防大学，此一中国传统之深造学府，正式结束，殊为可惜。）

十四、中央陆军军官学校教育长时期

中央陆军军官学校，即国父孙中山先生创办之黄埔军校（正式名称为陆军军官学校，位于广州黄埔，称黄埔军校），黄埔学生在东征、北伐、统一诸役之贡献，功不可没。抗战军兴，部队亟需下级干部之补充，当时应战时之需求，除中央军校本校迁至四川成都（二十六年由南京西迁经九江、武汉、长沙、重庆而成都）外，另有九个分校，实际上分校系由军训部直辖而非由本校管理。

中央军校校本部在成都之北较场，此外尚有西较场、南较场、皇城坝、草堂祠、青羊宫等各处学舍，原为清末陆军小学、四川军官学堂、测量学堂等校址，占地极广，为四川将领出身之地，设备齐全，诚为训练之理想场所。武公对军校学生之要求，在精神上培养学生主义之信仰，对国家之忠贞，对民族之爱心与本身必具之荣誉感；在教育上要修得能带兵、能吃苦、能作战的学术技能；在生活上要保持军人至高无上的品德，成为一个标准的现代军人。这些事说来简单，但要收效极不容易，武公对军校学生，视为自己的子弟，重在发掘他们的荣誉感与自尊感；再以身教、言教、力行为标准，军校风气为之一变。武公在校所教育的十八、十九、二十之三期学生，尔后参与抗战末期，戡乱战役，来台整军建军均卓有贡献，皆武公薰陶之力也。

蒋委员长莅校巡视，指示武公谓："军校教官年龄已老者，应予资遣。"（按当时尚无退役制度，据笔者回忆在军校受训时，教官有保定各期前辈、黄埔早期学长，论年龄，最高者保定一期前辈，当时在五十左右，不过五十年前的五十岁人，是无法与现在的老人相比，所以在委员长眼光中，自然觉得他们老了一些）这对武公是一个难题，因为保定同学，资格很老，学术却有根底，在兼校长指示三个月内必须调整，武公衡量，在情、理、法范围之内，请求军政部大力支援，必须给予优厚待遇作为退职金，并于孔诞纪念会上隆重欢送他们离校，此事虽有部分尚不满意，但最后终于圆满解决，对学校新陈代谢，使学校更有朝气而言，亦未尝不是一件令人称颂之事。

在教育上，对体能与战技，武公力主从严，因为军校是培养下级干部的摇篮，下级干部在战时与士兵同甘苦、共生死，没有强健之体魄与熟练之战技，是无法为士卒之表率，也无法建功者的。当时军校学生素质很高，抗战时美国总统罗斯福私人代表威尔基来华访问，到军校参观，住在军校招待所，晨起散步，与担任卫兵勤务之入伍生闲谈，发现中国军校学生竟能说流利之英语，大为惊异，乃知中国军官之素质，已非美国人想象中之老粗矣，尔后他在所著《天下一家》中盛赞军校训练之成就，使黄埔盛名传遍美国，此为武公生平引以为荣的一件大事。

四川省地方军政首长，大都喜欢交际应酬拉关系，武公奉蒋委员长之命是要他专心办教育，所以在成都之党政军首长，以万教育长为例外。抗战时全国上下无不团结以赴，但四川似有一股暗流，川康地方军仍然要保持一点特权，如不彻底奉行中央军令，阳奉阴违，甚至对中央在成都之机构予以骚扰。不但如此，对黄埔学生之仪容好、待遇好、根底好、教育好，所有华西坝各大学的女学生也乐于与军校官生交友，进而忌嫉迁怒，经常无故闹事。后者系私人情感问题，武公惟有对军校学生严加约束，防止滋事；前者关系中央命令之贯彻与后方治安之维持，对民心士气有关系。武公乃以军校学生为基干，与成都附近之中央友军及空军互相连系，作为四川省政府主席张群先生之有力支持。成都曾发生军警冲突、学生风潮、川军拒绝移防等事件，均由武公下令军校学生进入战备状况而消弭，因此武公在中央军校培养青年将校以应战时之需求，固然功不可没，但其在成都，为中央巩固了后方，镇慑了少数野心人士，消弭了许多危机，这在抗日战史上既无记载，在近代中国史上也不会记载，武公真正成为无名英雄。

附注：抗战胜利后一年，武公奉调为湖北省主席，教育长职务由黄埔一期之名将关麟征接任，一九四七年军校改制，隶陆军总司令部，关为第一任校长，尔后由张耀明将军（黄埔一期）继任校长，一九四九年共军入四川，军校为之瓦解，至一九五〇年在台湾凤山复校。

又注：当时设有九个分校：第一分校，设陕西南郑，主任刘仲荻。第二分校，设湖南武冈，主任李明灏。第三分校，设江西瑞金，主任沈发藻。第四分校，设贵州独山，主任韩汉英。第五分校，设云南昆明，主任唐继麟。第六分校，设广西桂林，主任黄杰。第七分校，设陕西长安，主任胡宗南。第八分校，设湖北均县，主任徐祖治，第九分校，设新疆迪化，主任龚愚。

十五、湖北省政府主席时期

抗战胜利后，武公正计划军校复员事宜，三十五年四月突然发表为湖北省政府主席，实在出于武公意料之外，此乃委员长力排众议，独自决定调武公返鄂主政，与当年武公出任陆大教育长、军校教育长情形一样。武公最大愿望，乃是献身军事教育，为国家造就一批有朝气、有学术、有干劲的青年将校，来建立国军。自认为人耿介刚直，端正严肃，又无政治经验，当时委员长指示省府可暂缓改组，故武公返鄂，仅带秘书汪民桢随行，秘书长则以贺国光先生转介之邓翔海出任，其他省府委员、厅处长一律不动，以后虽有改组，仍以吴嵩庆为财政厅长（原任），谭岳泉为建设厅长（原任），而用陈诚推介之余正东为民政厅长，王文俊为教育厅长。武公志在做事，无引用私人之意图。

武公回桑梓服务，最大目标，还是办教育，认为世界强国之所以强，其基础乃是国民教育之普及。武公曾面告笔者，想在省内每乡办一小学，各县办一中学，专区办一中学，省办大学，照今日台湾情形衡量，实在不能对比，但最大困难在于财源，又狃于府会之不协调，使武公此一构想，付之流水。

鄂省在抗日战争中为主要战场，除国军以外，尚有敌寇、共军、伪军、游击队等等，都是就地征粮，甚至任意摊派，省民负担之重可想而知，三十四年胜利后，中央一度有令，湖北田赋免予征收，但三十五年戡乱，政府宣布须重行征收，当时湖北田赋之重居各省之冠，武公既要向中央力争减少田赋，又因省之预算由中央控制，故要向议会力争附加税收，以为省属机关、学校等之开支，但不尽理想。

其次武公认为政令下达，全靠通讯，武公的构想是每一乡镇都有电话通县，县府通专署及省府，由建设厅负责，到三十五年年底，大部均已通话，此为武公对桑梓所做的第一件功德。其他如工厂复员、资源开发、武汉大桥筹建、长江杨域安（Y. V. A）水利工程之计划，属于省府部分者，已开始筹划，但受人事牵肘、经费限制、戡乱战争中之破坏干扰，都无法实施，武公曾谓："他回家乡当主席，很对不起家乡人，他的省政成绩，等于缴了白卷。"武公一生亲笔日记中，惟缺主持湖北省政这一段，武公也曾谓："既然无功可述，也就无事可记。"而府会之不协调，凡事受掣肘，使武公无法放手去做，自然无事可记了。

武公虽然当省主席，但仍然以带兵的方式，要身到、手到、脚到、心到、口到，所以在主席两年半时期内，他是经常分赴各县视察，或车、或舟、或马、或步行，当时交通工具与道路状况，不如今日便利，其辛苦可以想见，同时出入各山区县分，又常有匪军骚扰，所以不但行动上辛苦，而且安全也极堪虞。也因为武公勤于亲民访察，他知道地方的情况，比由各地选出的省议员还要清楚，所以省议员对武公有敬、有畏的一种心态。

三十六年冬实施行宪，选举国代立监委以推行民主政治，武公以省主席身份担任湖北省选举事务所主任委员，在决定候选人原则时，武公力主以学识、声望、品格、能说、说写为条件，力特此一原则评选候选人，但亦因此开罪不少人。此时办理民代选举，实施民主政治，似乎有粉饰太平，操急从事，因以湖北而言，何必急于实施民主政治，而湖北省议会正大闹省长民选，武公以治乡保乡有亏职守，乃保举张笃伦以代，向中央请辞。

十六、战略顾问及中央训练团教育长时期

战略顾问委员会，名义上是军事最高建议及储备战时高级指

挥官之机构。当时担任委员者，名额十九员，都是现役中上将官，这种组织设计，似有仿宋太祖杯酒释兵权之义，因此视战略顾问之地位甚高。编制内赋予秘书、参谋、副官各一，卫士两人，专车一辆（驾驶与汽油均由公家供应），自政府迁台后，此项待遇亦随之撤销，仅空名而已。民国三十七年时，主任委员系何应钦上将，但由卸任之云南省主席龙云上将代理，龙主任化装出走，就是在代理主任委员期间的事，会址设在南京细柳湾，为战前周佛海在南京所盖之花园洋房，极为宽敞，当时从无一委员单身寄住在会内。武公于主席交卸后，带秘书一人东下，暂住在委员会内，不但享受了京官之清闲，把从长途追剿到抗战期间的辛劳，也得到了休憩之效。在京期间，蒋总统要他去青岛以绥靖司令兼市长，顾总长（祝同）又邀他去徐州担任徐州剿共总司令部当副总司令，武公面报蒋总统，一再恳辞，并函谢顾上将后，悄然买棹返鄂。

武公回武昌后不久，接顾总长电话，谓：“你不愿去青岛、徐州，现在总统要你到中央训练团当教育长，你应该可以接受，不必再推辞了。”武公在公私交谊之下，乃于三十七年八月回南京接任中央训练团，团长仍由蒋公兼任，团务由武公负全责。武公在南京孝陵卫中训团，最初办的一期军官训练，是在戡乱战役中曾被俘虏归来的一批将校。这期的训练目标，武公提出“复仇雪耻”为号召，振奋丧失的斗志，振作再战之精神。不幸大局逆转，东北华北相继弃守，共军已临长江以北区域，而中枢参与作战计划与指挥之作战次长刘斐、厅长郭汝槐居然都是共产党潜伏在我们中枢的间谍，戡乱战争失败之原因虽多，但最重要者，莫过于此。三十七年冬徐蚌会战失利，李宗仁、程潜等公开倡导和谈，迫使蒋总统下野、由李代行，而所谓民主人士，力促和谈开始，武公当时很不明白这些人的目的何在？其中对和谈有兴趣的张治中，武公以为张治中不报蒋总统知遇、宽恕之恩，竟于此时参与和谈，实有投井下石之小人行径。武公回忆，战时与张治中在重庆山洞作邻居时，常相过从，胜利后张发表为西北军政长官，但张以西北穷苦，不如东北富饶，故有怨言，武公劝他以左宗棠第二自居，但张心仍不平。

戡乱局势逆转，中枢决定南迁广州，中央训练团又不准裁撤，乃随国防部南迁广州。武公于一九四九年三月间，甫抵广州，即有广州警察局长李铁汉密访，传达蒋先生在奉化，要他去见面之讯息。武公乃由广州飞上海，转宁波到奉化溪口。在此数日时间，蒋先生与武公或游名山胜景，或泛舟湖上，对中央训练团之驻址，蒋先生指示可选择厦门，武公判断厦门离台湾较近，当时蒋公可能有将中训团迁至台湾之腹案。武公于溪口小住后，于四月十八日转赴南京与国防部洽商迁团事宜，此时南京情况混乱，长江北岸，已现共军行踪，有随时渡江之可能，笔者在南京任职国防部参谋总长办公室兵棋室主任，面报武公，请其尽速离京，武公于翌晨与甘肃省主席郭寄峤先生乘空军专机飞上海转广州，四月二十一日共军在狄港渡江。

武公返广州后，以由广州至厦门水陆交通均无法控制，而大陆局势，国军已丧失了大规模正规战之本钱，决心以中央训练团训练游击干部，以其人之道、还治其人之身，同时厦门既无法前去，决随国防部再迁重庆。五月下旬飞台湾晋谒蒋先生申述他的构想，不意蒋先生嘱他留在台湾，中训团可由副教育长率领迁往重庆。不久蒋先生要武公参与革命实践研究院之训练，继王东原后主持院务，中训团到重庆后，因共军攻占重庆，无形瓦解，武公为之极感痛心。

十七、革命实践研究院时期

蒋公于一九四八年冬引退后，隐居溪口故乡，静思失败原因，谋求革命事业从头做起之道，乃于一九四九年六月，指派王东原为主任委员，谷正纲、张其昀、徐培根及武公等为委员筹组训练事宜，经再三研究，决定成立“革命实践研究院”，直辖国民党中央委员会，由蒋总裁自兼院长，由王东原担任主任。设于台北郊外之草山，借用台湾教育会馆及草山第一宾馆与阳明山庄。此地有一小楼，楼上有匾额曰：“阳明山庄”，据闻为日本昭和皇太子时代来台休憩之行宫。尔后革命实践研究院对外称阳明山庄，以及草山改称阳明山，即由此而来，今阳明山公园有王阳明先生塑像，令人以为此地之命名，乃由阳明先生主力行而来，其实与阳明先生毫无关系。

初期教育以军队为主，分期召集师级以上将校，期以恢复民族精神、重振革命精神为目标，以改造党为中心。开学之初，王东原即以健康关系请辞，蒋总裁乃命武公主其事。武公在阳明山庄主持四年院务，先训练军事干部，军人有特殊之气质，即服从与肯干，训练回去，都能照总裁的训示，把革命事业从头做起，而实行四大公开在军中最有效果，尔后行政人员参加受训，其绩效不如军队之理想。武公那年已是花甲初度，然而精神奋发，每天自晨操、升旗起，武公必先到操场，上课时，武公必随堂听讲，用膳时三餐与研究员共进同样之餐饮，晚自修时，武公或巡视研究员分组讨论，或接见研究员个别谈话，一直到研究员就寝。凡是这一天研究员所有的活动、武公莫不参与。表面上生活起居与研究员打成一片，实际上武公比研究员起得早、睡得晚，可说辛苦尤有过之。再说研究员受训，不过四至五六个星期，但武公几乎天天如此，以武公花甲之年，长期劳累，健康大受影响，所以主办伙食之励志社主任黎离尘（已故），特为武公午餐时，加上一点猪肝汤，其色味、容器与研究员食用者，完全一样，可见黎用心良苦。一日为武公发觉，立予制止，武公之意，既然总裁要他办革命实践教育，一定要做到表里如一，才是真正的实践，黎主任也只有徒呼奈何而已。武公之健康，与其操劳及营养都不无关系。

一九五三年春武公请假赴日本求医，在松山机场送行之场面，实令人感动，毕业研究员有从中南部闻讯赶来者，约有四五百人之多，可说冠盖云集、盛况空前，另有白崇禧一级上将与彭孟缉中将亦赴机场送行，武公与白上将是在主持军校时，因军校归军训部指导，（此处不用“直辖”而用指导，盖当时校长为军委会委员长蒋公兼，而军训部又为军委会之直辖单位也），两人从此论交，武公与白上将俱为性情中人，彼此英雄惜英雄，遂成莫逆，而白又为桂系大将，李宗仁尚留美国，故武公与白上将之相交，虽纯属友谊，但对尔后武公不能东山再起，其中似有微妙之关联性。武公于一九五三年七月请辞，以后继续由彭孟缉、张群、陈诚等先后主持，这几位先生，论得蒋公之亲任，可能胜过武公，但做行政官有余，办教育则逊武公一筹。武公终身有写日记习惯，其日记本累积有大大小小的笔记簿、十行簿、日记簿等，可能有上百本之多，武公从家世写起，至军校教育长期间，数十年从军、带兵、作战、办教育的经历，交由笔者予以清稿，惟省主席时代，无一字记下，武公以愧对家乡，缴了白卷，所以一字不写，而革命实践研究院三年多时间，武公有完全的日记，武公生前对笔者说：“这部分日记，内容牵涉人事太多，不必整理。”因此革命实践研究院的许多事也就略而不谈，然而提到革命实践研究院的效果持续问题，中国人一向是五分钟热度，同时也有痛定忘痛的健忘症，实践行动变成文字宣传。这里引用一段

《星岛日报》一九五〇年十一月三十日（笔者剪报资料）一位署名千龄的作者，在“人物篇”中所写之评述，题目是《万耀煌主持革命实践》，提要是：“国民党鉴于大陆的失败，是败在空谈革命不求实践，所以要办一所专门研究革命实践的训练机关，全权主持革命实践学院的，便是蒋公介石的亲信万耀煌。”文内对革命实践研究院之期望极力赞许，对武公极为推崇，不过文章最后一段，千龄说：“国民党认为他（指武公）是一把训练好手，昨日之因造成今日之果，所以又要借重他的大才，作最后一次军事将领革命思想再造运动，不过根据以往若干次大规模的训练结果，我认为对于国民党，这次革命实践训练，并不敢给予新的评估。”这段话中如何去评估，也唯有我们自己来做了。不过早在阳明山庄刚起步时，就大胆作此假设——“不敢予以新的评估”，又似乎成见太深了。

十八、多病延年廿春

武公是中国近代军事教育史，唯一从事于养成教育、深造教育以及党政军联合教育三者俱备者，故其门生故吏为数极多。自退休后家居新店，门虽设而常开，过往闲杂人等，从无闯入干扰，宾客光临，亦无三尺之童应门，随时进出，上有党国元老、政府显要、民意代表、学生故旧，下至贩夫走卒、十三师时代之老兵，有时武公也应接不暇，但接待之际，辞色从无轩轾，十三师老兵年纪算来也都是五十几岁的人，认为昔日武公不可接近的老师长，今日成为慈祥可亲的长者，无不引以为荣，但大都仍不敢接受武公午餐招待，因为他们还是有点拘束，不敢跟老师长平起平坐用餐。武公尤其对湖北同乡后进，非常喜欢，当年办湖北文献，湖北一批年轻人像李晴芳、汪大华、刘汉杰、李楷清、胡振培等几位，都以请武公为文献发行人为荣，而武公对他们也视为自己子弟，武公时常招待他们在家中餐聚。武公家中的老厨师老聂，手艺很高，台北市大餐馆用高薪挖他，他都不去，宁愿不计酬劳，服侍武公，数十年如一日，可以说是不可多得的忠仆、义仆。在此世风浇薄之下，笔者有为他写一文章来表扬他之想法。这些湖北后进认为武公当湖北主席时，他们还是青少年，今日为主席家中上宾，敬佩武公毫无僚气，言辞恳切，所以武公生前，凡家中有喜庆大事，他们一定不请而来，自告奋勇担任各项事务。武公故世时之治丧大事，文献社诸同仁在刘先云先生领导之下，几乎负起了全部责任，尔后周年祭、三年祭，以及百年冥诞祭，无不是他们主办，甚至万夫人周长临女士的八十大庆，也是他们主办，可见他们对武公之情深若此。其次是在军医界极负盛名的邓述微中将是武公湖北同乡，武公来台后，常请他看病，当时邓官拜中校而已。但他有感于武公对后辈之慈祥亲切，是他所遇到的长官长辈中绝无仅有的一位，因此他对武公特别恭敬有礼，在台湾就有病家向医生送礼的，而医生向病家送礼者，也可能只有邓大夫与武公之间。武公晚年体衰多病，成为三军总医院的常客，一旦主治大夫认为必须留院时，武公一定住加护病房，受到特别照顾，所有大夫护士都跟邓院长一样，称武公伉俪为万老伯、万伯母，年轻的更客气，尊称武公夫妇为爷爷、婆婆者。以上这些事情，虽属琐屑，但笔者认为何以一个无权无势，无位无钱的老人，平时有川流不息的访客，逢年过节以及生日则是车水马龙，门庭若市，其故安在？说起来很简单，武公一生就是一个“真”字，门生故旧对他的情，同乡后辈对他的情，都是武公凭真情去换来的，其中无一丝勉强的，武公对人以真情，他们回馈的也是真情。

武公七十华诞以后，就开始把他从大陆上带出的一大批日记笔记，加以整理，起初不过是消遣而已。尔后嘱笔者为他清稿，原因是武公写的字既小又草，同时对人名常用号称呼，如湖北同乡中之贺国光，称为元靖或玄靖，刘文岛称为苏尘，其他军政要人，莫不如此称呼，使后辈们无法摸清楚究竟是谁。笔者将武公的日记以重要事项为主，加以标题，对人名用号之处一律引用原名，在第一册清稿交卷之后，武公极为欣慰，引发了他写作的兴趣，于是从一九六一年起，开始不断地整理他的日记，从前人说小病延年，而武公却是多病延寿，一直写到一九七三年底写完，似乎写回忆录成为他生命燃烧之火的能源。这一套回忆录，笔者前后用了十二年时间，将它清稿完毕。在这中间，武公常指出，对某人褒贬，似不宜见诸文字，以为人非圣贤，孰能无过，嘱笔者予以删除，此皆武公忠厚载道之德也。笔者于一九七五年将武公日记三十三本，全部誊清，整理完毕，当缴最后一册时，如释重负。其中十八年黄安剿共到军校教育长一段日记，由湖北文献社出版，可以聊补正史之不足。在此十二年整理清稿之中，常感武公所言无不至大至当，而学养之丰富，不仅文学修养渊博，且胸藏甲兵，可谓文武兼资，则非一般人所能深解者。

我们政府机构，从来有主官特支费项目，然武公在阳明山庄任职时，经费项内无特支费项目。武公以革命实践从头做起，就要革除陋规，所以武公月俸与一般公务员一样，仅足家用而已，武公辞职后仅有一不支薪的中央评议委员与月支千余元交通费的交通银行顾问，而一九五八年制定退除役制度，武公所得退役金仅四万余元，投资于一同乡之工厂，亦不幸倒闭，血本无归。故武公自一九四九年来台到一九六七年之间，其生活之清苦、家用之拮据，实不足为外人道。一九六八年间，事闻于何应钦上将，敬公以革命情感道义，向蒋“总统”呈述，乃由蒋公聘为总统府国策顾问，始有正常之鹤俸维持生活。

武公于一九七〇年八十华诞后，身体状况日见衰退，为三军总医院之常客，到一九七六年冬，以病况危急，再住医院，经三总院长邓述微以及加护病房各医生护士悉心照顾，全力医治下，依然无法挽救其天命，于一九七七年元月三十一日下午五时三十五分整，与世长逝，享寿八十有七。孔夫子的行道，有望之俨然，即之也温，听其言也厉的境界，笔者习而闻之，在随侍武公数十年之中，体察武公待人接物之真挚宽厚，亲切自然，做人做事，以刚正耿介，完全出于天赋，出于至诚，武公可以代表中国儒家精神之力行者而无愧。

武公遗留之著作，散见于湖北文献中，但其墨宝则遗留不多，武公法书近乎魏碑，古意盎然。最后用湖北耆老张知本（怀九）于武公八十华诞所赠之寿诗，为此文之总结：

武樵先生八梯双庆　张知本　一九七〇年

革命同志忆比肩　武昌首义记从前　运筹足智惟君最　用法有开我竟先　走马挽黎驰葛店　骑羸示众隔晴川　英风到底今犹昔　互勉收京着祖鞭

长庚朗朗焕嵩辰　君晋八旬我九旬　尚父风云腾渭滏　卫公抑戒闹淇滨　白头遥集殊高士　青眼相看启后人　君子自强从不息　负国龙马见精神

九天日月望光华　总为浮云一片遮　鞑靼虽除与开国　匈奴未灭曷为家　赣闽剿共怀前绩　江汉临民聚散沙　方叔壮献扶世运　萑苻芟靖植桑麻

民国肇兴六十年　几经沧海变桑田　鹤鸣玉宇九皋立　人是金刚为炼坚　学本孙吴称独步　寿如日月照双悬　大挠甲子循环数　绕膝鸿光作地仙